DO YOUR BEST WITH FRAMEWORKS!

決断の速い人が使っている

# 戦略決定フレームワーク45

芝浦工大大学院客員教授
経営コンサルタント
**西村克己**
KATSUMI NISHIMURA

Gakken

## はじめに

　世の中で大きな成果をあげているビジネスパーソンたちは、どのように「戦略決定」をして、チームや会社を機能させているのでしょうか。あまたある経営戦略のなかから、最良の戦略を選択するためには、1つひとつの意思決定をスムーズに行うことが重要です。その積み重ねが組織全体の成果につながります。

　優秀といわれるビジネスパーソンが戦略決定をするとき、そこには必ず「論理思考」があります。

　論理思考とは、ものごとの全体を把握し、重要な部分を絞り込み、そこに対して深く考え、最も効果的なプランを選び出し、素早く実行に移すことをいいます。

　この論理思考を高めるためのツールが、本書で解説している「フレームワーク」です。フレームワークは、1980年代にマッキンゼーなどの外資系コンサルタント会社が企業の戦略決定に使用したことで広く知られるようになりました。

　フレームワークとは、端的にいえば「枠組み」のこと。さらにいえば、モレやダブリがない状態でものごとを分類することです。モレやダブリがないことは、論理思考において欠かせません。モレやダブリがないことではじめて、全体が正しく捉えられ、それによって、正しい戦略決定ができるのです。

　さらに、現代は企業活動にスピードが求められる時代です。ビジネスパーソンの戦略決定にはスピードが何より重視されます。フレームワークを使うことで、戦略決定の精度とスピードの両方を向上させることができるのです。

　本書は、「フレームワークを理解すること」「事例を通じてトレーニングすること」をワンセットにした構成になっています。理解とトレーニングの繰り返しにより、フレームワークによる戦略決定が自然に身につきます。実例トレーニングは、多くの会社が直面している問題解決事例をもとに、リアルな訓練ができるよう構成されています。

　フレームワークを使うことにより、「全体が見えるようになる」「視野が広がる」「思考のモレが防げる」「考えるきっかけが生まれる」「次に何をすべきかが見える」といった効果を実感していただけるでしょう。現場での意思決定に役立ててみてください。

西村克己

# 本書の使い方

本書では45の戦略決定フレームワークをご紹介します。1つのフレームワークが4ページでわかるようにまとめています。前半の2ページがフレームワーク解剖、後半の2ページがトレーニングです。

## 前半▶フレームワーク解剖

ここではフレームワークごとの考え方や利用法についてご紹介します。この2ページを読むだけで1つのフレームワークをマスターできます。

- ここで紹介するフレームワークについて簡単にまとめています
- フレームワークの内容がひと目でわかるように図解化しています。図解化することで思考の流れがつかみやすくなります
- このフレームワークの定義を解説します
- フレームワークの利点を紹介します
- フレームワークの仕組みや具体的な使い方について解説します

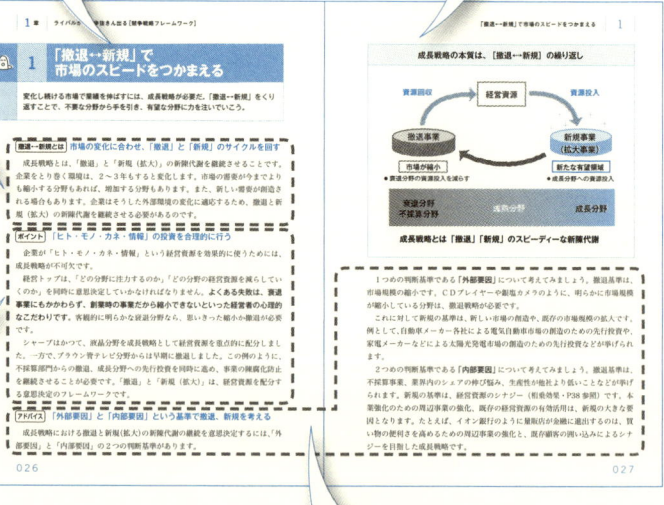

002

### 後半 ▶ トレーニング

ここでは事例をもとにフレームワークの使い方を考えていきます。
フレームワークが現実のビジネスにどう役立つのかを理解しましょう。

今回のケースの問題点についてまとめています

問題解決案について解説しています

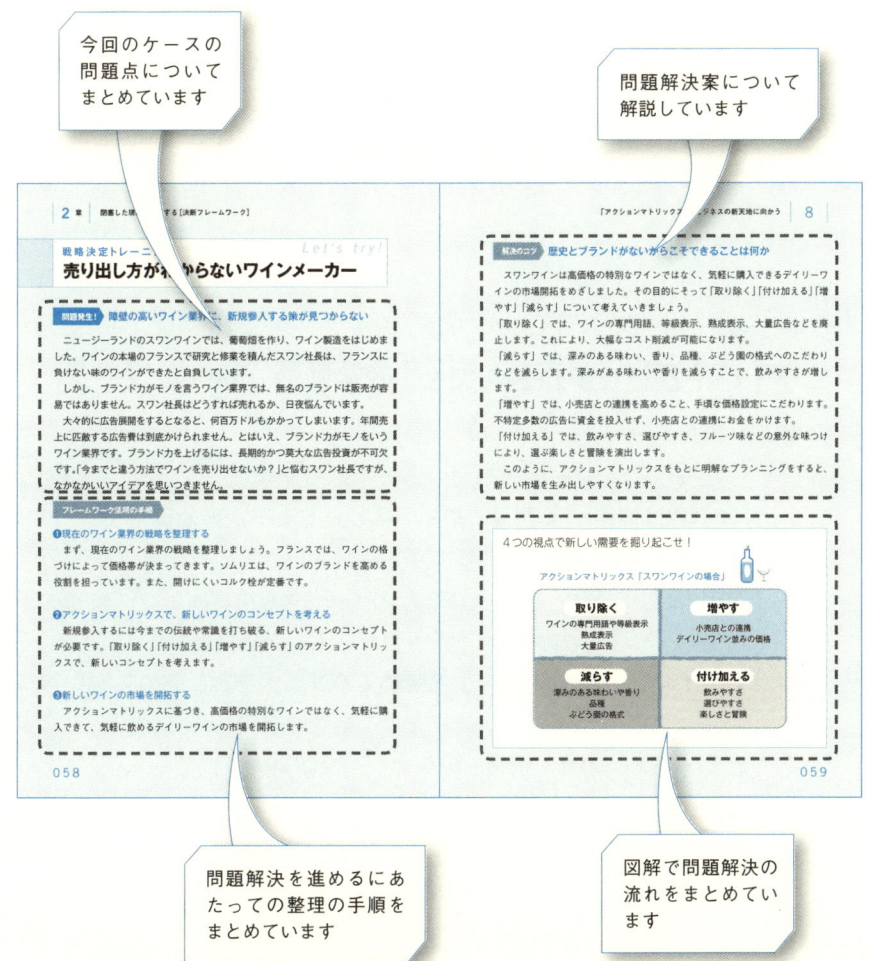

問題解決を進めるにあたっての整理の手順をまとめています

図解で問題解決の流れをまとめています

# CONTENTS

- はじめに ——————————————————— 001
- 本書の使い方 ————————————————— 002

## 序章 「決断力」が驚くほど身につく
## 戦略決定フレームワークの使い方

A　ビジネスの意思決定に欠かせない「水平思考→垂直思考」の流れ —— 012
B　「水平思考」で威力を発揮するフレームワークというツール ——— 016
C　フレームワークで優先順位を決めたら、垂直思考にとりかかる — 020
　　■コラム　同じ学習塾のチェーンなのに近隣に開業。
　　　　　　「ダブリ」が引き起こすムダと混乱 ————————— 024

## 第1章
## ライバルから一歩抜きん出る［競争戦略フレームワーク］

1　成長戦略「撤退↔新規」で市場のスピードをつかまえる ——— 026
　　■トレーニング⇒事業を広げすぎた家電メーカーの打開策
2　「選択-差別化-集中（３Ｓ）」でナンバーワンをめざす！ ——— 030
　　■トレーニング⇒拡大路線で競争力が低下した総合商社
3　「ドメイン（＝自分の土俵）」を定めて事業拡大を押し進める — 034
　　■トレーニング⇒ドメイン無視でＩＴ業界に進出した食品会社
4　「ヒト・モノ・カネ・情報」のシナジー（相乗効果）で
　　競争力を上げる ————————————————— 038
　　■トレーニング⇒セクショナリズムが横行する機械メーカー
5　"わが社らしいやり方"が見つかる
　　「ポーターの３つの基本戦略」————————————— 042

# CONTENTS

- ■ トレーニング⇒高品質と低価格の二兎を追うメーカー
- 6 「ポーターの７つの参入障壁」で新規参入を考える ——— 046
  - ■ トレーニング⇒全国展開を夢見る地ビール会社の決断
  - ■ コラム　自動車メーカーが「金融」と「中古車販売」を手がけるメリットとは ——— 050

## 第2章
# 閉塞した現状を打開する［決断フレームワーク］

- 7 「ブルー・オーシャン」戦略で競争がない市場を作る ——— 052
  - ■ トレーニング⇒激しい価格競争で疲弊した牛丼チェーン
- 8 「アクションマトリックス」でビジネスの新天地に向かう ——— 056
  - ■ トレーニング⇒売り出し方がわからないワインメーカー
- 9 ＰＰＭで事業の将来性を見極める ——— 060
  - ■ トレーニング⇒事業拡大の投資に悩む家電メーカー
- 10 「ＧＥの９次元ＰＰＭ」で投資と撤退を大胆に行う ——— 064
  - ■ トレーニング⇒赤字事業の撤退・挽回に迷う家電メーカー
- 11 ドラッカーが提唱した「イノベーションの７つの機会」 ——— 068
  - ■ トレーニング⇒新興国の価値観に悩む機械メーカー
- 12 マーケティングの「R-STP-MM」で売れる仕組みを作る ——— 072
  - ■ トレーニング⇒意見がまとまらない新商品会議
- 13 「市場の３つの価値観」で時代にマッチした売り方を考える ——— 076
  - ■ トレーニング⇒顧客の要求に対応できない重機メーカー
  - ■ コラム　失敗は恐れない。「最初に動いた者」がトップシェアを手にできる ——— 080

# CONTENTS

## 第3章
## ランチェスターと孫子から学ぶ [判断フレームワーク]

14 ランチェスター戦略の基本「弱者の戦略」と「強者の戦略」── 082
　■トレーニング⇒海外進出で苦戦するメーカーの新戦法
15 ランチェスターの「ナンバーワン戦略」で業界の主導権をとる── 086
　■トレーニング⇒方向性を見失ったパソコンメーカー
16 事業発展に効くランチェスターの「グー・パー・チョキ理論」── 090
　■トレーニング⇒在庫管理に苦しむ化学メーカー
17 「シェアの法則（26％／40％／70％）」から市場での位置をつかむ── 094
　■トレーニング⇒販売目標があいまいな飲料メーカー
18 孫子の「小が大に勝つ3つの戦法」で強者の隙を突く── 098
　■トレーニング⇒新規事業の売上ゼロに焦るIT企業
19 孫子の「小組織の5つの利点」を活かして大組織を動かす── 102
　■トレーニング⇒大企業病「セクト主義」に悩む大手ゼネコン
20 孫子が説く「組織敗北6つの状態」
　　―走、弛、陥、崩、乱、北― ── 106
　■トレーニング⇒経営陣が対立する航空会社の敗因とは
　■コラム　ロングセラーの裏に
　　　「グー・パー・チョキ理論」あり ── 110

## 第4章
## 的外れの努力を防ぐ [視野拡大フレームワーク]

21 「逆転の発想」で正反対の視点から解決策を考える ── 112
　■トレーニング⇒消耗戦で八方ふさがりのビールメーカー

006

# CONTENTS

22 「有から新しい有」を生む発想で新しい世界を切り拓く ── 116
　■ トレーニング⇒物流コストがかさみ、赤字のパン製造会社

23 「MUST／WANT」を区別してムダを排除する ── 120
　■ トレーニング⇒完璧主義で毎日終電の部下への対処法

24 「パレートの法則（20／80）」と
　「みこし担ぎの法則（20／60／20）」 ── 124
　■ トレーニング⇒手間のかかる業務が増えたワイン業者

25 「左脳モード⇔右脳モード」で発想力を広げる ── 128
　■ トレーニング⇒タイプが異なる部下の指導法

26 「帰納法」と「演繹法」でベストの解決策を導き出す ── 132
　■ トレーニング⇒調査に時間をかけすぎの老舗商社
　■ コラム　「新しい有」を生むために
　　　　　　経営のタイムマシンに乗ろう ── 136

## 第5章
# 問題点を見つけて即応する［問題発見フレームワーク］

27 「基準と実際のギャップ」を共有し、問題を早期解決へ導く ── 138
　■ トレーニング⇒問題意識のない部下が顧客のいいなりに

28 「ダラリの法則」で職場の問題を見つけ、仕事を効率化する ── 142
　■ トレーニング⇒業務改善が一向に進まない広告代理店

29 「フォーマル／インフォーマル」で組織を活性化する ── 146
　■ トレーニング⇒新しい波に後れをとったIT企業

30 「ホウレンソウ」で上下関係を円滑にする ── 150
　■ トレーニング⇒上司の知らないところで問題を起こす部下

31 アイデアがどんどん出る「オズボーンのチェックリスト」── 154
　■ トレーニング⇒新製品で完全に行き詰まった電機メーカー

32 「Before／After」の比較で進むべき道を明らかにする ── 158

## CONTENTS

- ■ トレーニング⇒新企画の内容がつかめない企画部長
- ■ コラム　カイゼンの原動力を担う仲間づくり、
  トヨタの「自主研」 ——— 162

### 第6章
# 現状把握力と分析力を高める [分析フレームワーク]

**33**「事実と判断」を区別して状況やデータを正しく把握する ——— 164
　■ トレーニング⇒クレームが増え続ける製造メーカー
**34**「三現主義」で冷静に正しい最終判断をくだす ——— 168
　■ トレーニング⇒墓に囲まれた土地を購入した不動産会社
**35**「独立関係／従属関係」で膨大な情報をわかりやすく整理する ——— 172
　■ トレーニング⇒部下にあたり散らす公私混同の上司
**36**「原因と結果」を明らかにして根本から解決する ——— 176
　■ トレーニング⇒部下たちの長電話に悩む営業部長
**37**「is／is not」で原因を深掘りする ——— 180
　■ トレーニング⇒突然、売上が激減したプリンタメーカー
**38**「成功体験／失敗体験」をうまくコントロールする ——— 184
　■ トレーニング⇒「成功は才能」「失敗は運」で成長のない部下
**39**「仮説-実行-検証」を回して仕事の精度を高める ——— 188
　■ トレーニング⇒販売データを使いこなせないコンビニ店長
　■ コラム　東京ディズニーリゾートから学ぶ
　　　　　　「捨てるもの」と「守るもの」 ——— 192

# CONTENTS

## 第7章
## 限られた時間とお金で成果を高める [効率化フレームワーク]

40 「時間・お金」の発想でよりよい人生戦略を立てる ─── 194
　■トレーニング⇒会社を貧乏ヒマなし状態にする営業主任

41 「サンダウンルール」「1日3分割法」で1日にメリハリをつける ─── 198
　■トレーニング⇒"時間は有限"の意識がない部下

42 「仕事の足し算・引き算」で精度を上げ、納期を守る ─── 202
　■トレーニング⇒見積もった工数の倍かかる部下

43 「価値工学（VE）」でコストダウンの正否を検討する ─── 206
　■トレーニング⇒コスト削減した結果、売上が半分以下に

44 「坪単価売上」と「客単価売上」で繁盛店をプロデュース ─── 210
　■トレーニング⇒来客数は増えたのに売上が減ったスーパー

45 「交差比率」をもとに回転率アップ、在庫ゼロを目指す！ ─── 214
　■トレーニング⇒大量在庫を抱え、苦しい経営の洋品店

戦略決定フレームワーク45 ─── 218

序章

「決断力」が驚くほど身につく

# 戦略決定フレームワークの使い方

序章　戦略決定フレームワークの使い方

## A　ビジネスの意思決定に欠かせない「水平思考→垂直思考」の流れ

戦略決定フレームワークを学ぶ前に、まず意思決定のプロセスについて知っておこう。これはすべての「戦略決定」の基本だ。

### 意思決定のための2つの条件「代替案」「中長期的視点」

　わたしたちの毎日は、意思決定の連続といっても過言ではありません。意思決定の出来が、仕事の成果と効率を大きく左右します。

　**企業における意思決定とは、「経営資源であるヒト・モノ・カネ・情報の配分を決定すること」**です。これは一度決めたら撤回して容易にやり直すことはできません。1つひとつの意思決定の連続が、わたしたちの仕事の品質を左右するのです。

　意思決定の条件は、大きく分けて2つあります。1つめは、**複数の代替案（解決策）を作成する**ことです。たまたま思いついたアイデアに固執するのではなく、複数の候補を考え、そこから最良のものを選択するのです。複数の案を作成することで、よりよい解決策を探索する機会になります。

　2つめは、**短期的な視点ではなく、中長期的視点で決定する**ことです。短期的な視点での決定は、意思決定というより判断です。短期的な視点では、失敗を恐れるあまり、今までの延長線上から抜け出せません。その結果、思いきった意思決定ができなくなります。

　たとえば、短期的なコスト増が気になるあまり、生産性が高い設備投資の意思決定ができなくなります。その結果、生産性が低い設備の老朽化を招き、メンテナンス費用の増大に苦しみ、かえって高コスト体質になっている企業も多くあります。

### 意思決定は「目的→複数案→評価」の順に進める

　意思決定の手順をわかりやすく見える形にしたものが、右図の意思決定プロセスです。意思決定プロセスでは、まずはじめに目的を確認します。目的の確認は、意思決定プロセスに限らず、あらゆる仕事において最初に行う作業です。

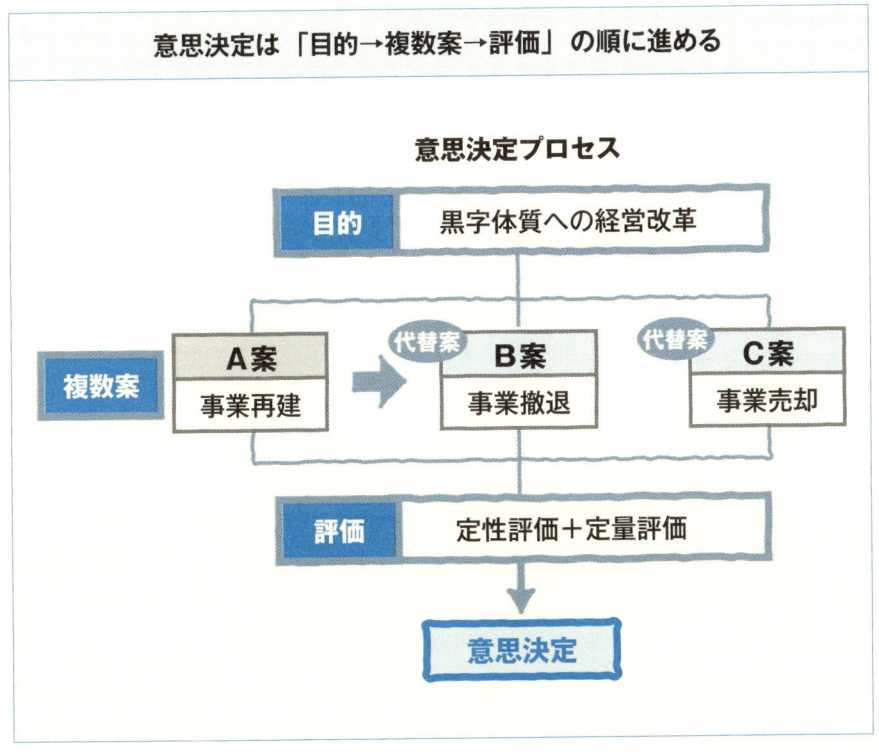

　次に、目的を達成するための複数の案を作成します。代替案を作成することで、解決策の視野が広がります。また、比較検討することで、それぞれの案をレベルアップすることも可能になります。

　**方策が1案しかないと、案をレベルアップする視点が見つかりません。**しかし、複数の案があると、案のよしあしが比較でき、それぞれをレベルアップするヒントが見つかりやすいのです。

　候補となる案は、本命、大穴、対抗の最低3案を作成します。これは現実的にムリだろうと思うような案でも、大穴として加えておきます。一般的に大穴案というのは、本命案と対照的な存在です。対照的な存在があることで、本命案をレベルアップするヒントが見つけやすくなります。

　3番めに、それぞれの案を質と量で評価します。**質の評価を定性評価、量の評価を定量評価**といいます。定性評価は、数値化できない評価です。たとえば、リスクが小さいとか、ブランド力を高めるなどは数値化が難しいので定性評価です。

定量評価は、数値化できる評価方法です。たとえば、売上高、販売数量、利益などは定量評価です。

一般的には定量評価が優先されます。しかし、あわせて定性評価もすることをおすすめします。たとえば、定量評価で数値的にはよさそうに見えても、定性評価でリスクが高い案を選択すると、かえって実行段階でリスクによる損失が大きくなることもあります。

最後に、定性評価と定量評価を総合して、候補案の中から１つを意思決定します。ただし、意思決定する前に、選択する案を可能な限りレベルアップしておきます。また、２つの案を両方選択したい場合は、「Ｂ案＋Ｃ案＝Ｄ案」というように新しいＤ案を複合案として追加して採択してもかまいません。

## まず、水平思考で視野を広げ、全体像を把握する

意思決定プロセスを作成する場合、水平思考不足に注意します。

水平思考とは、「広く浅く、周囲を探索して視野を広げること」です。**深く思考することは後回しにします。なぜなら、はじめに１つのことを深く考えすぎると、周囲が見えなくなってしまうからです。**最初は水平思考に専念して、どのような可能性があるかを広く浅く探索します。

水平思考のメリットは、視野が広がる、全体像が把握できる、さまざまな情報が得られることです。

わたしたちは解決策を急ぐあまり、今までの延長線上で解決策を見つけようとする習性があります。今まで通りのやり方が安心でき、失敗が少ないと考えます。しかし、画期的な成果を求めるのであれば、水平思考でさまざまな可能性を探索した上で、最終的に意思決定する方が賢明です。

## 次に、垂直思考で１つのことを深く掘り下げる

水平思考をして視野を広げたら、垂直思考をします。垂直思考とは、１つのことを探求することです。

**垂直思考のメリットは、対象が的を射ている場合には成果につながりやすいということです。**

一方、デメリットは、周囲が見えない、成果が出ない仕事にはまる、的外れの対象を探求してしまう可能性が高いという点です。

垂直思考には時間と労力がかかります。限られた経営資源を、水平思考したす

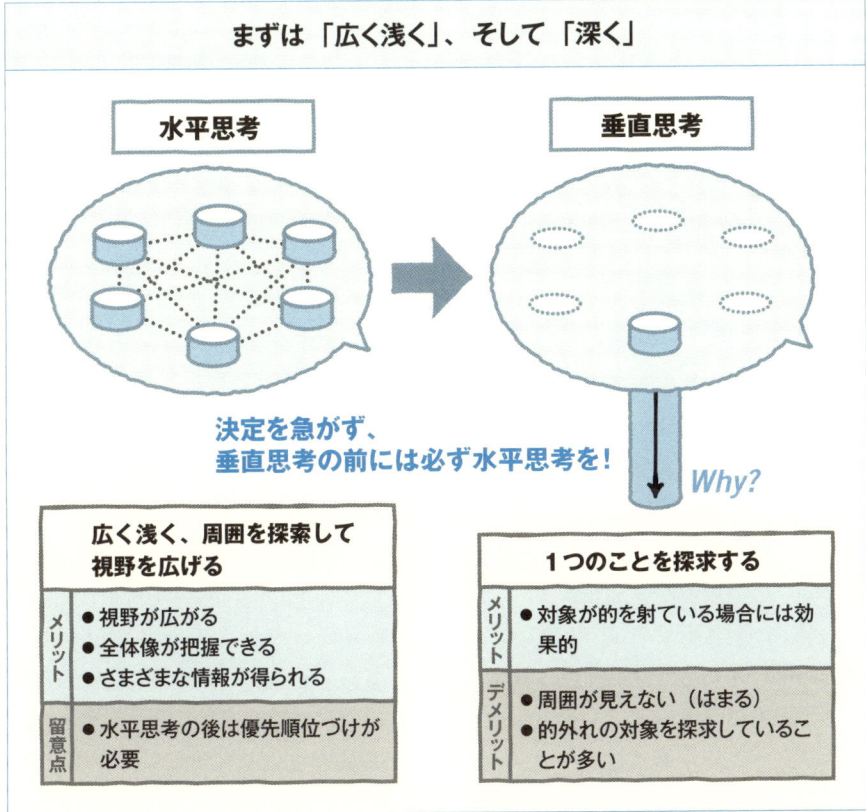

べての対象に投入することはできません。確実に成果につなげるためには、経営資源の集中が必要です。そこで、投資対効果を考慮して、垂直思考する対象に優先順位をつけて絞り込みます。**水平思考なき垂直思考は、的外れの努力で経営資源を浪費します。**「これしかない」といきなり垂直思考するのはやめましょう。まずは水平思考してから垂直思考をします。

　**意思決定プロセスで「代替案」を作成するのは、水平思考をすることと同義です。**可能性を広げるために、本命以外に、大穴や対抗の案も考えます。もしかしたら、大穴にすごい解決策が見出せるかもしれません。

　ちょっと立ち止まって、代替案を作成してから意思決定する。また、ちょっと立ち止まって、水平思考をしてから垂直思考をする。「ちょっと立ち止まる」ことで的外れの努力を最小化することができるのです。

序章　戦略決定フレームワークの使い方

## B 「水平思考」で威力を発揮するフレームワークというツール

水平思考→垂直思考の流れで、段取りよく意思決定をするにはどうすればいいだろうか？　フレームワークという思考ツールを使うことで、水平思考がうまくいき、意思決定がスムーズになる。

### 全体を水平思考で把握するときに不可欠な「ミッシー」

　水平思考で全体を把握するとき、決定的なモレがあってはチャンスを失います。水平思考はモレがないようにすることが大切です。
　また、**ダブリがあると、ムダや混乱が発生します。ダブリがあれば、二重の努力と見解の相違が発生します。**たとえば、同じ会社の違う支店が、同じエリアに営業をかけたら二重の努力と混乱が起きます。顧客としてもどちらの営業支店の話を聞けばいいのか混乱します。
　全体にモレやダブリがない状態を、ミッシー（ＭＥＣＥ；Mutually Exclusive Collectively Exhaustive）といいます。ミッシーで全体を把握することが、水平思考の留意点です。
　ミッシーという概念は、コンサルティング会社のマッキンゼーが、1980年代に作ったといわれています。論理的に説明することが重要なコンサルティング会社にとっては、ミッシーは不可欠な概念です。説明に思考のモレやダブリがあると、クライアント（依頼者）は納得しないからです。

### ミッシーによる大分類で市場調査

　ミッシーを表現するためによく用いられる図解イメージが右ページの図です。マーケティングでは、市場をグルーピングするときに、ミッシーで大分類します。最もよく使われるグルーピング（セグメンテーションともいう）は「年齢別」です。たとえば、携帯電話では、60歳以上のシルバー層と若者層では、求められる機能や好まれるデザインが異なります。グルーピングごとに、異なった製品企画や販売促進を考える必要があります。他にも職業、男女、既婚と未婚、地域、好みなど、対象となる製品の特性に応じて、さまざまなグルーピングが行われます。ミッシーが、明確に市場を管理する助けとなります。

「水平思考」で威力を発揮するフレームワークというツール　序-B

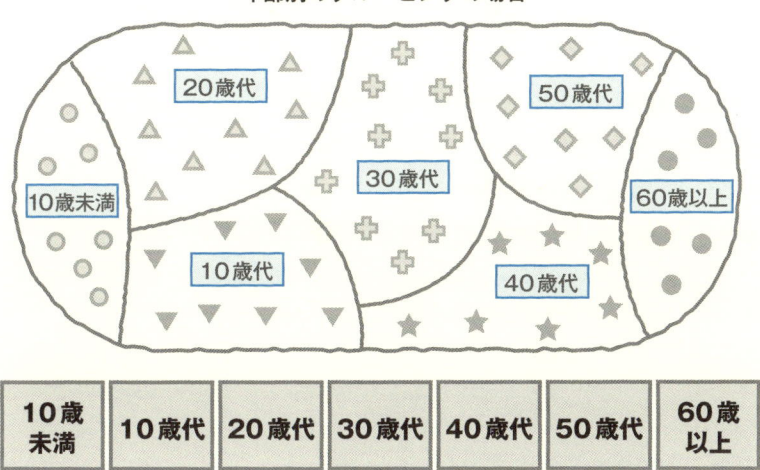

## フレームワークはミッシーで情報を分類するためのツール

　フレームワークは、日本語では「枠組み」と直訳できますが、単なる枠組み以上の意味が含まれます。フレームワークとは「ミッシーで全体を大分類した枠組み」という意味なのです。

　**フレームワークは、水平思考で全体を把握するために不可欠です。目的に応じてフレームワークを用いれば、水平思考が容易になるのです。**

　本書では、意思決定に役立つフレームワーク45点を厳選しました。すでに発刊されている『仕事の速い人が使っている問題解決フレームワーク44』（学研パブリッシング）とあわせて使うと、さらに理解が深まるでしょう。

　フレームワークの基本を理解すれば、誰でも目的に合わせて独自にミッシーで

分類できます。たとえば、季節のフレームワークは日本では四季です。しかし、赤道直下では雨季と乾季の二季の方が親しみやすいでしょう。また、紳士服のシーズンは、夏物、冬物、あい物の3シーズンが使われます。

JTBは、「るるぶ」という雑誌を出しています。「るるぶ」は、見る、食べる、遊ぶの語尾をとって「旅」を分類し、フレームワークを独自に作ったのです。

このようにフレームワークは目的が変わると柔軟に定義できる自由度の高いものです。

本書でフレームワークが使えるようになったら、あなたも是非、自分で使いやすいフレームワークを作ってみてください。

たとえば、前出のコンサルティング会社マッキンゼーは、企業全体をミッシーで把握するためのフレームワークとして、「マッキンゼーの7S」を定義しています。これは経営分析や経営改革に使えるフレームワークです。7Sは、ハードの3Sとソフトの4Sに分けられています。

ハードの3Sとは、組織（Structure）、戦略（Strategy）、システム（System）を表します。一方、ソフトの4Sとは、人材（Staff）、スキル（Skill）、スタイル（Style）、価値観（Shared Value）のことです。こうして7つのSで、企業の構成要素をモレ、ダブリなく表すことができるのです。

## 分析とは、「分ける＋解析する」ということ

フレームワークで全体を水平思考して、ミッシーで大分類します。ミッシーでモレ、ダブリがなく分類されていることを確認したら、垂直思考でフレームワークを1つずつ探究して分析していきましょう。

分析をうまくするには、「分ける＋解析する」と考えるのがコツです。要素分解することが、まさに分析することなのです。

フレームワークもまた、いくつかの要素に大分類で要素分解する行為ですから、一種の分析といえます。

**では、フレームワークは、何個程度に分解すればいいのでしょうか？　わたしは、3個前後を目安にすることをおすすめします。**

一般的に2〜5個程度にフレームワークは分解されます。最大は7個です。7個を超えない方がいい理由は、覚えにくいということと、要素が多すぎると全体像が容易に把握できなくなるからです。

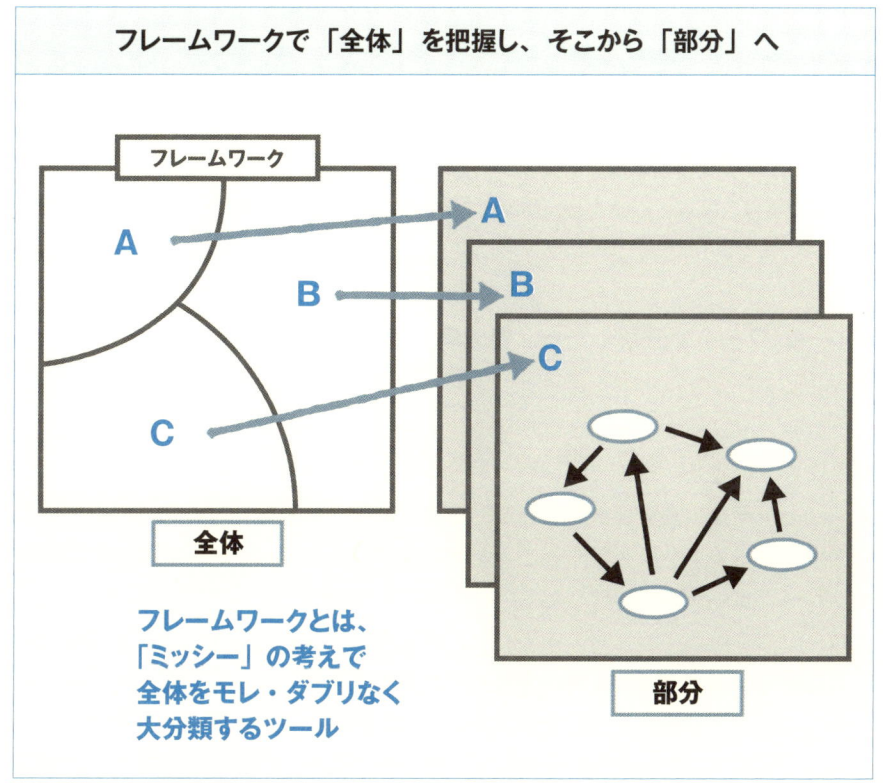

## 上手に水平思考し、迷いなく垂直思考に移る

　たとえば、マッキンゼーの７Ｓは、７個をわかりやすくするために、ハードの３Ｓとソフトの４Ｓに分けて、覚えやすくしています。７個か、７個を超える場合は、さらに大分類を作ってフレームワークを考えるのが賢明です。

　フレームワークが決まったら、フレームワークの１つひとつを要素分解します。たとえば、四季の「春夏秋冬」の夏を、初夏、真夏、晩夏に要素分解します。

　フレームワークで大分類する前に、中分類や小分類などで細かくしすぎると、全体像が見えにくくなります。その結果、ミッシーにするのが難しくなるのです。

　そこで、フレームワークとして全体の大分類を優先し、ミッシーを意識して要素分解していきます。**大分類がミッシーであることが保証されていれば、安心して垂直思考にとりかかり、中分類や小分類の細目を考えられるのです。**

序章　戦略決定フレームワークの使い方

## C　フレームワークで優先順位を決めたら、垂直思考にとりかかる

ミッシーによる水平思考ができたら、次に垂直思考に移行する。優先順位をつけ、重要な要素を探求していくと、効率的な戦略決定が可能になる。

### フレームワークで分類したら、優先順位をつけて垂直思考

　フレームワークは水平思考するために効果的な枠組みであることを前項で解説しました。では、フレームワークで全体を明確化したら、次のステップである垂直思考をどのように行えばいいのでしょうか？
　時間と予算は無限ではありません。そこでわたしたちは、限られた時間と予算の中で投資対効果を最大化することを求めます。
　フレームワークを明確化したら、優先順位をつけます。優先順位をつけるためには、目的を達成するために効果的な要素を選びます。重要なものとそうでないものを区別して、重要なものに時間とお金を投入します。
　優先順位をつけて、重要な要素を垂直思考します。垂直思考とは、探究することです。深く、より深く考えるといってもいいでしょう。**垂直思考をすると解析が進みますが、一方で、しだいに視野が狭くなってきます。視野が狭くなると、大切な部分の考察にモレが発生しやすくなります。**
　そこで、垂直思考をある程度進めたら、ときどき水平思考に戻って周囲を見渡すことが大切です。目的を再確認して、目的達成に必要な考察にモレやダブリがないかを総点検するのです。
　ここまでの流れをまとめます。まずは水平思考で、フレームワークでミッシーにして把握する。そして優先順位をつけて、垂直思考する。ある程度、垂直思考して視野が狭くなったと思ったら、再び水平思考して、目的達成に必要な要素をミッシーで総点検する。そして、さらに垂直思考、水平思考、垂直思考……を適度に繰り返していくのです。

### 優先順位をつけるため、4つの「視点」で検討する

　優先順位のつけ方は、大きく分けて4つあります。

# フレームワークで優先順位を決めたら、垂直思考にとりかかる　序-C

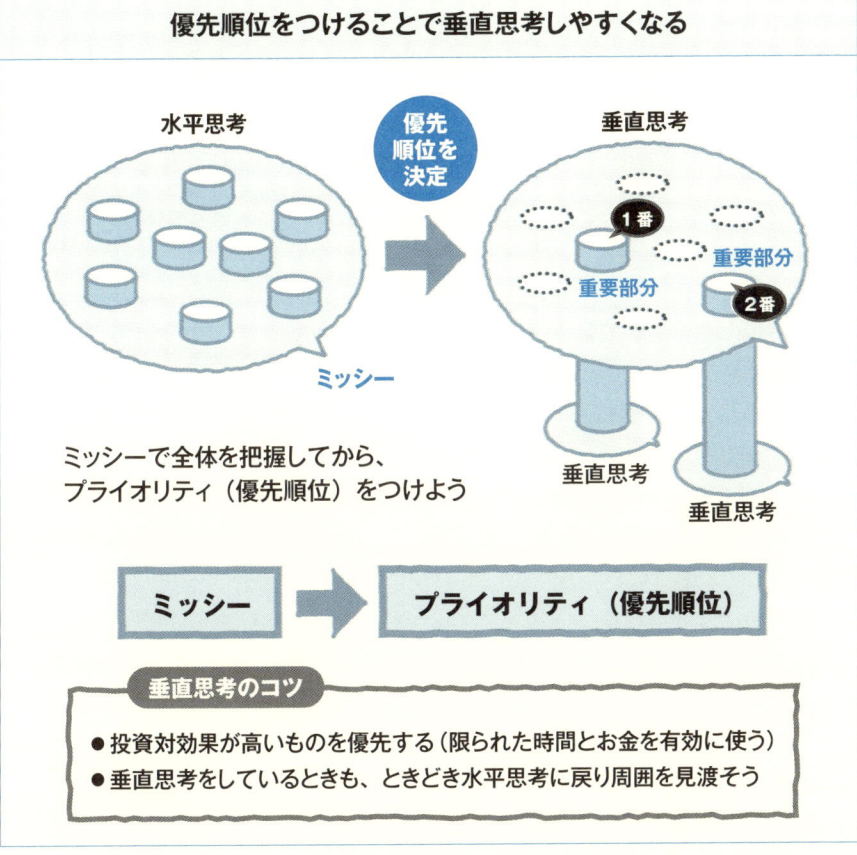

　1つめは「**選択**」です。1つ以上を選択してそこに集中します。時間と予算に合わせて、必要な要素を選択して垂直思考します。

　2つめは「**メリハリ**」です。重要度にメリハリをつけて、資源を多く投入する要素、最小限に抑える要素を決めます。

　3つめは「**対等**」です。あえて優先順位をつけず、ヌケやモレがないように対等に扱うこともあります。シナジー（相乗効果）が発揮できるときには、どれか1つが欠けてもうまくいかない場合があるからです。

　4つめは「**順番**」です。手順よく進める、という視点からプロセスを考え、順番を決めます。仕事の進め方に順番をつけると、仕事のモレやダブリを防ぐことができ、効率が上がります。

# 序章 戦略決定フレームワークの使い方

## メーカーの戦略決定を例に考えてみよう

あるメーカーのフレームワークによる経営資源投入例を例にして考えてみましょう。

メーカーの業務機能のフレームワークを、「開発、仕入、生産、販売、サービス、本社」の6つとします。今後3年間の重点施策として、どこに経営資源を重点的に投入するかというテーマで考えてみます。

### ①1つ以上を選択して集中（選択）

限られた時間と予算で成果を上げたいときは、1つ以上の必要な要素を選択して垂直思考します。要求を絞ることで考えるべきポイントが明確になります。

このメーカーの例では、今後3年間の重点施策を「生産」と「販売」に絞り込むという考え方などができます。海外における現地生産、現地販売の推進に経営資源を投入して売上と利益の拡大を目指すという選択をするような場合です。

### ②重要度にメリハリをつける（メリハリ）

重要度にメリハリをつけて、資源を多く投入する部分、最小限に抑える部分を決めます。

メーカーの例においては、100％の資源配分を、「開発に20％、仕入に5％、生産に25％、販売に40％、サービスに5％、本社に5％」と、適度にメリハリをつけて行うという考え方ができます。

### ③ヌケモレがないように対等に扱う（対等）

各要素にシナジー（相乗効果）が発揮できるときには、あえて優先順位はつけず、ヌケモレがないようにほぼ対等に扱います。どれ1つ欠けてもうまくいかない場合も、ほぼ対等に扱います。

メーカーの例においては、100％の資源配分を、「開発、仕入、生産、販売、サービス、本社」の6つの機能が決定的に弱体化しないよう、ほぼ対等に配分するという考え方ができます。

### ④プロセス化して手順よく進める（順番）

プロセスにして手順よく進められるように順番を決めます。仕事の進め方に順

## 仕事に優先順位をつける「4つの視点」

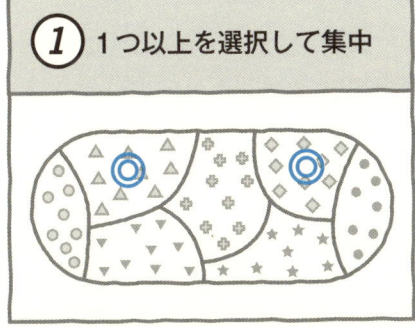
① 1つ以上を選択して集中

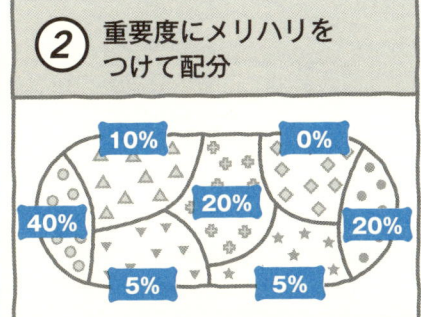
② 重要度にメリハリをつけて配分

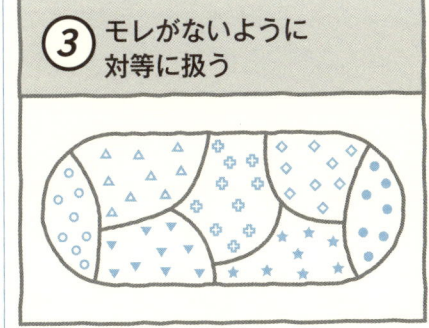
③ モレがないように対等に扱う

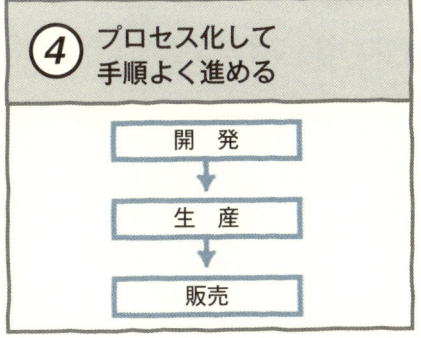
④ プロセス化して手順よく進める

番をつけると、仕事のモレやダブリを防ぐので効率が上がります。

メーカーの例においては、「開発→仕入→生産→販売→サービス」が一般的なプロセスです。なお、本社はこれらのプロセスを必要に応じて支援します。

さて、ここまでの解説で戦略フレームワークの基本は理解できたことと思います。ここから先は、より実践的な意思決定に役立つフレームワークについて、順次ご紹介していきます。

その数は全部で45個あります。45個を同時に使う必要はありません。自分が使えそうな、または気に入ったフレームワークから使ってみてください。

## COLUMN

## 同じ学習塾のチェーンなのに近隣に開業。「ダブリ」が引き起こすムダと混乱

　過去の体験で、モレやダブリがないミッシーの重要性を感じたエピソードがあります。わたしはかつて、学習塾のチェーン店に加盟しようと、加盟金まで払ったことがあります。塾長の2日間の研修を受講していたときのことでした。

　同じ研修の参加者が「開業場所はどちらですか？」と聞いてきたので、「江東区ですが」と答えると、「やっぱり！　わたしも江東区に開業予定です。江東区初と聞いて開業を決心したのですが……」というのです。彼は、研修参加者の開業場所の地図を見て、声をかけてきたのでした。

　2人で地図を見て「1kmちょっとしか離れていませんね」と再確認。完全に商圏がダブリ、生徒を奪い合う距離でした。新聞の折り込みチラシの配布エリアもダブるため、広告を見た人はどちらの学習塾を選択すべきか混乱します。

　わたしともう1人の参加者は、これは何か問題があるに違いないと、すぐ塾チェーンの本部長に質問に行きました。「新規開業が1km近辺とはどういうことですか？　江東区初だと聞いて、2人とも決心したのですが」とわたしたち。「確かに。しかし学区は別区分になっていますよね……」と本部長。開業予定の2人は、本部長の一瞬の動揺を見逃しませんでした。「本部長は学区が別区分といいますが、広告も生徒も完全にダブる地域です。責任をとってください」と詰め寄りました。その結果、わたしが申し込みをした麹町営業所と、もう1人の方が申し込みをした八王子営業所との間で、情報の連携がとれていないことが原因とわかりました。

　それを聞いてわたしは、このレベルのマネジメントでは今後も不安なので、加盟金を全額返金してもらい、身を引くことにしました。撤退戦略です。

　私の判断は正しかったようで、その後、江東区で塾を開業したもう1人の方は4年後に閉塾しました。

第 1 章

# ライバルから
# 一歩抜きん出る
# ［競争戦略フレームワーク］

# 1 成長戦略「撤退↔新規」で市場のスピードをつかまえる

変化し続ける市場で業績を伸ばすには、成長戦略が必要だ。「撤退↔新規」をくり返すことで、不要な分野から手を引き、有望な分野に力を注いでいこう。

### 撤退↔新規とは　市場の変化に合わせ、「撤退」と「新規」のサイクルを回す

　成長戦略とは、「撤退」と「新規（拡大）」の新陳代謝を継続させることです。企業をとり巻く環境は、2～3年もすると変化します。市場の需要が今までよりも縮小する分野もあれば、増加する分野もあります。また、新しい需要が創造される場合もあります。企業はそうした外部環境の変化に適応するため、撤退と新規（拡大）の新陳代謝を継続させる必要があるのです。

### ポイント　「ヒト・モノ・カネ・情報」の投資を合理的に行う

　企業が「ヒト・モノ・カネ・情報」という経営資源を効果的に使うためには、成長戦略が不可欠です。
　経営トップは、「どの分野に注力するのか」「どの分野の経営資源を減らしていくのか」を同時に意思決定していかなければなりません。**よくある失敗は、衰退事業にもかかわらず、創業時の事業だから縮小できないといった経営者の心理的なこだわりです。**客観的に明らかな衰退分野なら、思いきった縮小か撤退が必要です。
　シャープはかつて、液晶分野を成長戦略として経営資源を重点的に配分しました。一方で、ブラウン管テレビ分野からは早期に撤退しました。この例のように、不採算部門からの撤退、成長分野への先行投資を同時に進め、事業の陳腐化防止を継続させることが必要です。「撤退」と「新規（拡大）」は、経営資源を配分する意思決定のフレームワークです。

### アドバイス　「外部要因」と「内部要因」という基準で撤退、新規を考える

　成長戦略における撤退と新規（拡大）の新陳代謝の継続を意思決定するには、「外部要因」と「内部要因」の2つの判断基準があります。

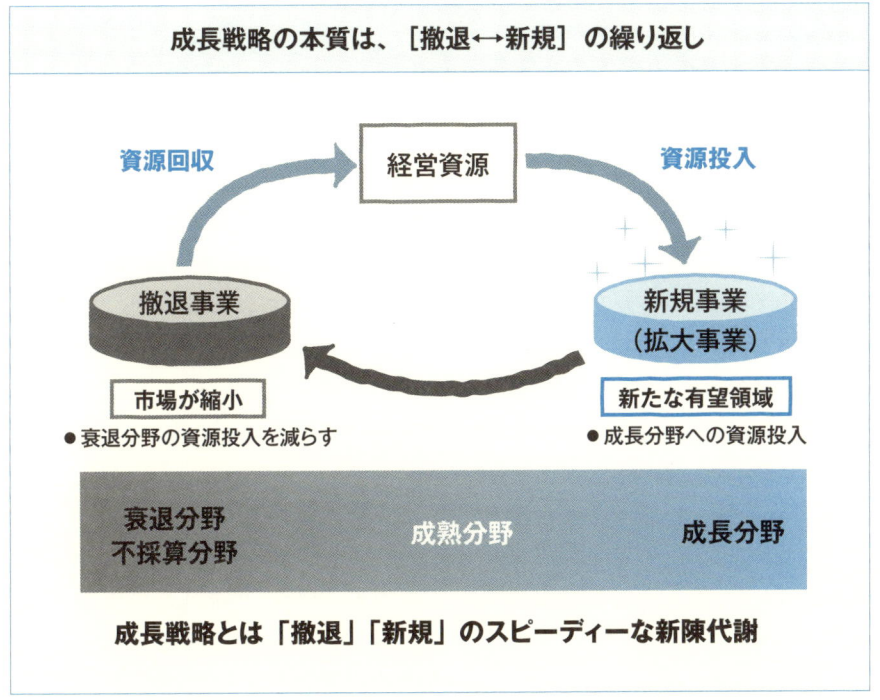

　1つめの判断基準である**「外部要因」**について考えてみましょう。撤退基準は、市場規模の縮小です。CDプレイヤーや銀塩カメラのように、明らかに市場規模が縮小している分野は、撤退戦略が必要です。

　これに対して新規の基準は、新しい市場の創造や、既存の市場規模の拡大です。例として、自動車メーカー各社による電気自動車市場の創造のための先行投資や、家電メーカーなどによる太陽光発電市場の創造のための先行投資などが挙げられます。

　2つめの判断基準である**「内部要因」**について考えてみましょう。撤退基準は、不採算事業、業界内のシェアの伸び悩み、生産性が他社より低いことなどが挙げられます。新規の基準は、経営資源のシナジー（相乗効果・P38参照）です。本業強化のための周辺事業の強化、既存の経営資源の有効活用は、新規の大きな要因となります。たとえば、イオン銀行のように量販店が金融に進出するのは、買い物の便利さを高めるための周辺事業の強化と、既存顧客の囲い込みによるシナジーを目指した成長戦略です。

# 1章 ライバルから一歩抜きん出る［競争戦略フレームワーク］

## 戦略決定トレーニング　Let's try!
# 事業を広げすぎた家電メーカーの打開策

### 問題発生！　規模の拡大にこだわり、赤字体質に…

　ヒロキ電気は、総合家電メーカーとして、白物家電（冷蔵庫などの生活家電）、黒物家電（液晶テレビなどのデジタル家電）のあらゆる分野に多角化しています。しかし近年、アジア諸国の家電メーカーが廉価な製品で販売力を高め、ヒロキ電気の売上は思うように伸びません。

　ヒロキ電気の生産拠点を見てみると、日本とアジアを中心に、20箇所を超えています。これは規模の拡大を重視した結果です。

　部門別に経営状況を見ると、赤字部門と黒字部門が混在しています。全社トータルでは、ここ2～3年間は2兆円の売上に対して500億円前後の赤字です。経営危機というわけではありませんが、何とか赤字体質の脱却をめざしたいと考えています。さて、このような状況に、いかに対処すればいいでしょうか？

### フレームワーク活用の手順

#### ❶事業部別、商品群別の財務分析を行う
　まず、事業別、工場別、商品群別に財務分析を行い、どこに問題があるかを探ります。これとあわせて、今後の市場はどうなるか、自社のシェアはどう変化するかの予測をします。今後の事業の成長性や採算性も、つけ加えて検討します。

#### ❷縮小撤退分野と投資拡大分野を分類する
　事業別、工場別、商品群別に「縮小撤退分野」「投資拡大分野」を分類します。今後3年間で黒字化できない分野は、早期の縮小撤退を意思決定します。これにより、赤字のたれ流しを防ぎ、成長分野に思いきった先行投資をします。

#### ❸縮小撤退分野は思いきって売却か撤退をめざす
　縮小撤退分野については、即時撤退、順次縮小、売却を選択肢にすると共に、スケジュールを明確化します。買い手が見つかる事業であれば、売却によって資金回収するのも一案です。

## 解決のコツ　撤退、売却、縮小、拡大を事業ごとに選択する

どの事業を撤退、売却、縮小、拡大すべきかを評価するために、まず事業別、工場別、商品群別に財務分析を行います。財務分析は過去から現在までの指標です。これは将来の指標ではないので、今後の市場動向と自社のシェア推移の予測もする必要があります。これらに今後の事業の成長性と採算性も加えて検討し、意思決定の参考情報とします。

赤字の長期たれ流しは、早期解決が求められます。撤退基準は、今後３年間で黒字化できない分野です。これにあてはまる分野は、早期に縮小か撤退の意思決定をします。縮小か撤退事業で、他の事業に転用できる経営資源があれば活かします。たとえば、土地家屋、生産設備などが考えられます。

売却は、損失を出す撤退と違い、投資資金を回収できるので有利です。やみくもな規模の拡大を目指すより、利益額を拡大することが大切です。減収増益は決して悪いことではありません。不採算部門を売却や縮小撤退して売上高が減っても、増益が望ましいのです。利益は企業の活力と投資余力を生み出します。

方針が決まったら、スケジュールを明確化します。

アジアに生産拠点を増やし、事業を広げすぎた
ヒロキ電気の今後は…

＝

| | |
|---|---|
| 撤退 | 事業 A、工場 B、商品 C |
| 売却 | 事業 D、工場 E |
| 縮小 | 事業 F、工場 G |
| 拡大 | 事業 H、工場 I |

**やみくもな規模の拡大ではなく、利益額を重視する戦略が求められている**

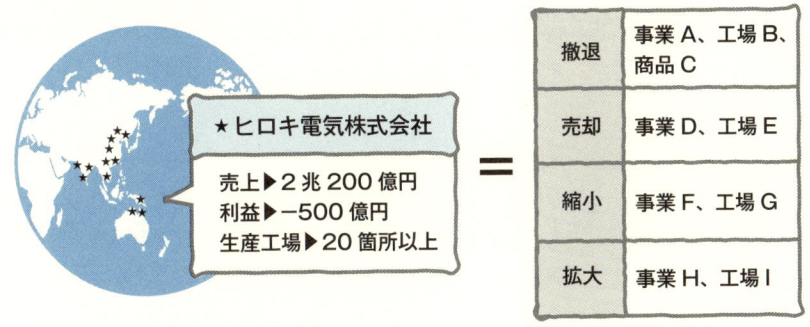

# 2 「選択-差別化-集中(3S)」でナンバーワンをめざす!

競合他社に勝るためには、勝ちをとりに行く領域を選択し、他社との差別化を考え、経営資源を集中する。この「選択―差別化―集中(3S)」が戦略の定石だ。

### 3Sとは｜限られた資源を成果につなげる経営戦略の定石

「選択―差別化―集中(3S)」は、限られた「ヒト・モノ・カネ・情報」の経営資源を効果的に活用するための経営戦略の定石です。まず、勝ちをとりに行く領域を「選択」します。次に、選択領域で他社とどう「差別化」するかを考えます。差別化できなければ、競争優位は確立できません。そして、選択分野で差別化を実現するために、経営資源を「集中」します。経営資源を集中して、ナンバーワンをめざすのです。ナンバーワンになることで、その分野で主導権を握ることができます。ナンバーツー以下では、その分野で有利に戦うことはできません。

### ポイント｜専門に特化して商品・サービスを提供する

成長戦略の経営資源配分における指針の1つが、「選択―差別化―集中(3S)」です。この指針は、経営資源の配分をどこに重点化するかを考えるときに用います。**経営資源を広く浅くばらまいていたのでは、顧客から見たときに中途半端な商品やサービスになり、競争優位は確立できません。**よろず屋では中途半端なのです。専門特化することで、他社と差別化できる商品やサービスの実現が可能になり、競争優位が確立できます。

あなたの会社、または、所属している部門の「選択―差別化―集中(3S)」を説明することができますか。「どの分野を選択しているか?」「他社とどう差別化しているか?」「経営資源を集中して、ナンバーワンを目指しているか?」の問いかけをしてみてください。この3つの問いに答えられなければ、あなたの会社の戦略は、あいまいであるといえます。

### アドバイス｜「選択-差別化-集中(3S)」で競争力を発揮せよ

いかにブランド力と資金力があっても、あらゆる分野に手を広げることはでき

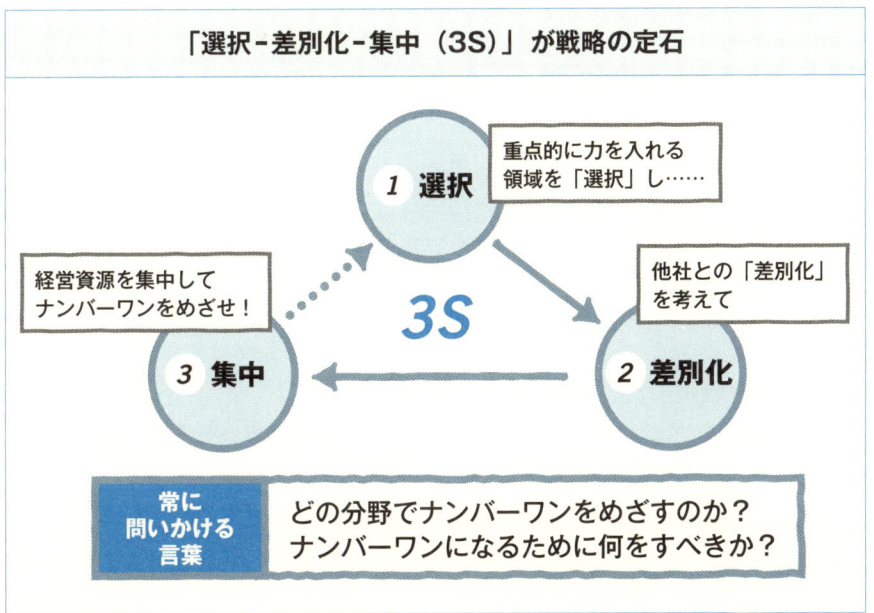

ません。分野を絞ることで、競争力が発揮できるのです。たとえば、巨大な資本を持つコカ・コーラ社も、食品分野を本業に限定しています。

「選択─差別化─集中」は「戦略の３Ｓ」と呼ばれています。米国では、「選択と集中」が定石として使われています。しかし３Ｓの方が、戦略の定石を的確にまとめたものといえます。

**「選択」**は、重点分野を明確化することです。選択により、やることを決めると同時に、やらないことも決まります。選択しない分野は、縮小撤退の候補といえます。

**「差別化」**は、他社との違いを明らかにすることです。たとえば、ダイソンの掃除機は、「低下しない吸引力」を差別化として打ち出しています。

**「集中」**は、経営資源を集中するという意味です。経営資源を集中してナンバーワンを目指すのです。

　なぜナンバーワンを目指すのでしょうか。日本一高い山として、富士山が有名です。しかし、「２番めに高い山はどこ？」の問いに即答できる人は少ないでしょう。同様に米国の副大統領の名前を即答できる人も少ないはずです。業界地位ナンバーツーでは、ナンバーワンよりも認知度が極端に低くなるのです。

## 1章　ライバルから一歩抜きん出る［競争戦略フレームワーク］

戦略決定トレーニング　　　　　　　　　　　　　　Let's try!
# 拡大路線で競争力が低下した総合商社

> **問題発生!**　好調部門と低調部門の2極化、赤字部門が足を引っ張る

　ミナミ商事は、売上10兆円以上の大手総合商社です。鉄鋼、繊維、機械、化学、農業、情報など、あらゆる分野を事業対象にしています。部門ごとに見ると、鉄鋼部門は業界1位、農業と化学部門は業界2位、それ以外は業界3位以下です。特に、繊維と機械部門は業界8位前後と低調です。

　繊維と機械部門は、慢性的な赤字体質です。全社の営業利益は500億円ですが、繊維と機械部門の赤字がなければ、営業利益は2倍以上になります。近年、株価が低迷し、より一層の営業利益拡大を大株主から求められています。

　競合の大手商社は、不採算部門を売却して、専門商社に転身しようとしています。ミナミ商事も、専門商社を目指すべきでしょうか？　総合商社と専門商社のどちらを選択すべきでしょうか？

> **フレームワーク活用の手順**

### ❶注力する事業分野を選択、それ以外を縮小撤退
　競争優位が発揮できる分野と、すでに競争に負けて挽回が不可能な分野を分類します。業界地位が低くても、ニッチ（すき間）市場で競争優位があり、利益を生んでいる分野であれば存続する価値があると考えます。

### ❷他社との差別化を明確にする
　存続させる分野を選択し、縮小撤退する分野を決めます。縮小撤退する分野は、売却できるのであれば、売却先を探します。存続させる分野は、他社とどう差別化するかを明確化します。

### ❸経営資源を集中してナンバーワンをめざす
　存続させる分野に経営資源を集中してナンバーワンを目指します。ナンバーワンになるために何をすべきかを考えて実行します。ナンバーワンに関係ない施策は最小限に抑え、ナンバーワンになるための施策を重点化します。

## 「選択-差別化-集中（3S）」でナンバーワンをめざす！ 2

> **解決のコツ** 総合主義から専門主義に比重を高める

　経済が成長し続ける時代では、増加した市場を分かち合えば、みんなが勝ち組になれました。しかし、経済成長率が低い時代になると、勝ち負けの分野が鮮明になります。

　大手総合商社のミナミ商事も例外ではありません。そこで、ミナミ商事の勝ち組分野、負け組分野を分けます。勝ち組は、鉄鋼、農業、化学です。負け組は、繊維、機械、情報であることがわかりました。

　特に、繊維と機械部門は、慢性的な赤字体質です。繊維と機械部門の赤字がなければ、営業利益は2倍以上になる計算です。情報部門は負け組ですが、市場成長率が高いのでわずかな黒字となっています。

　そこで、赤字である繊維と機械部門を思いきって競合他社に売却します。繊維と機械分野に強い競合他社であれば、さらに業界地位を上げるために買収したいと考えるでしょう。情報部門は、今後3年間で大幅黒字を目指して再構築することにします。

　勝ち組の鉄鋼、農業、化学部門には、経営資源を集中します。繊維と機械部門の売却で得られた資金を元にさらに事業基盤を強化します。ときには、売却資金を使って、競合他社の事業を買収するのも一案です。

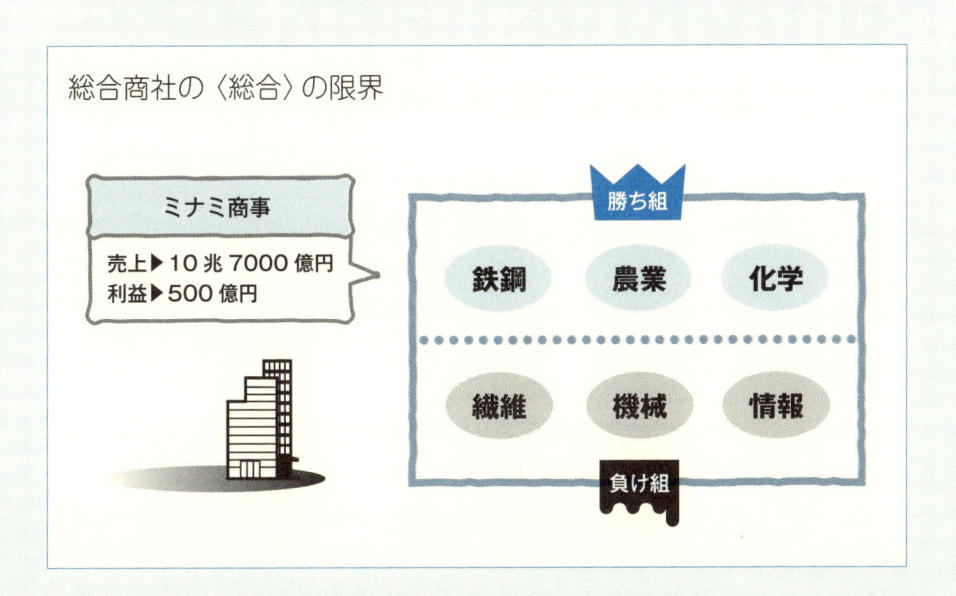

### 総合商社の〈総合〉の限界

**ミナミ商事**
売上▶10兆7000億円
利益▶500億円

**勝ち組**：鉄鋼、農業、化学
**負け組**：繊維、機械、情報

## 3 「ドメイン（＝自分の土俵）」を定めて事業拡大を押し進める

ドメイン（事業領域）をきっちりと定め、その中で既存の事業を強化し、新規事業を展開する。それにより、競争優位な環境を作ることができる。

### ドメインとは 自社の得意領域を定義し、競争優位を確立する

ドメインとは事業領域のことです。自社の得意分野をドメインとして定義し、その中で事業基盤を強化します。ドメインの定義で好んで使われるのが「○○ソリューション」という表現です。たとえば、情報分野をドメインにする定義として「情報ソリューション」という表現で、企業の得意分野がアピールできます。

### ポイント ドメインをベースに周辺事業の拡大や新規事業を発想する

本業を強化するため、新規事業を考えるためにドメインを定義します。ドメインは、経営戦略の中でも、経営理念に匹敵するほど、企業の中核となる存在です。

孫子曰く「地の利のわかった所で戦え」。ドメインは自社の地の利（得意分野）を明確化するための定義といえます。

本業重視は、競争優位を確立するための第一歩です。慣れない分野に手を出す"武士の商法"では勝てません。自社のドメインを重視して競争優位を確立すべきです。

ドメインは、本業を強化するための周辺事業も含みます。たとえばイオンがイオン銀行で金融に手を広げたのは、買い物を支援する周辺事業としてです。新規事業を考える場合でも、本業や本業の周辺事業で新規事業を考えるのが定石です。新規事業を考える場合こそ、ドメインの定義が不可欠なのです。

### アドバイス ドメインの定義は「顧客」「ニーズ」「コアコンピタンス」

戦略を考える上で大切なのは、「どこで戦うのか？」を明らかにすることです。地の利がわかった自社の得意領域で戦うからこそ、有利に展開できるのです。

逆にドメイン以外で、安易に新規事業を推進するのは得策ではありません。

ドメインを表す言葉として、「○○ソリューション」がよく使われます。

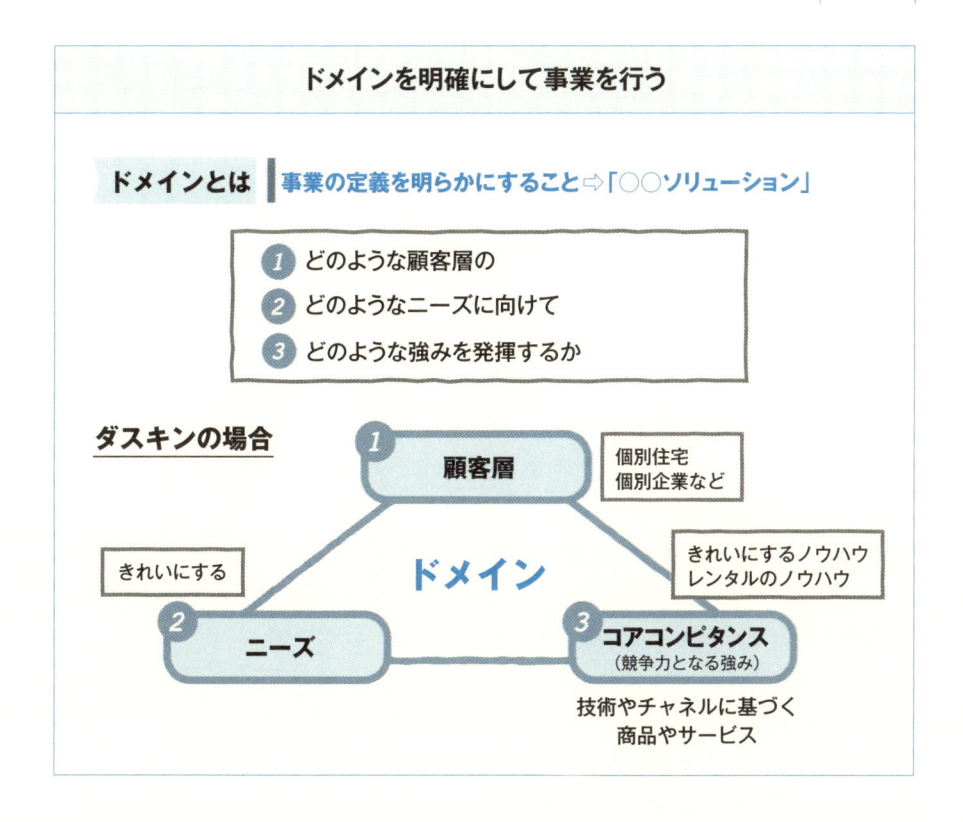

## ドメインを明確にして事業を行う

**ドメインとは** | 事業の定義を明らかにすること ⇨ 「○○ソリューション」

1. どのような顧客層の
2. どのようなニーズに向けて
3. どのような強みを発揮するか

**ダスキンの場合**

- ① 顧客層 — 個別住宅 個別企業など
- ② ニーズ — きれいにする
- ③ コアコンピタンス（競争力となる強み） — きれいにするノウハウ レンタルのノウハウ

ドメイン

技術やチャネルに基づく商品やサービス

　たとえば、エレベーターのメンテナンス会社は、「トータル・ビル・ソリューション」というドメインで、ビル全体のソリューション（問題解決）にビジネスを拡大しました。清掃、警備、ビルメンテナンスをドメインに定義し、事業拡大したのです。

　ドメインは、次の3つの定義を明らかにすることが大切です。どのような「顧客層」の、どのような「ニーズ」を満たすために、どのようなコアコンピタンス（競争力となる強み）に基づく商品やサービスを展開するのか。

　**個人の場合も、ドメインを定義することができます。**個人の場合は、「顧客層」を「職場」に置き換えます。どのような「職場」で、どのようなニーズを満たすために、どのようなコアコンピタンスに基づく仕事を展開するのかを明らかにすればいいのです。コアコンピタンスは、競争力となる強みという意味です。会社であれば、技術やチャネル（販売網、流通網）がコアコンピタンスです。個人であれば、スキルや人脈がコアコンピタンスになります。

## 1章　ライバルから一歩抜きん出る［競争戦略フレームワーク］

戦略決定トレーニング　Let's try!
# ドメイン無視でIT業界に進出した食品会社

### 問題発生！　新規事業がうまくいかず赤字転落

　オオイ食品は、2年前まで営業利益率が10％と堅実な経営をしていました。しかし、新規事業としてIT業界に進出したことで、先行投資と維持費がかさみ、赤字転落しています。

　社長の肝いりではじめた新規事業ですが、そろそろ社長の堪忍袋の緒が切れかけています。「IT部門の人間はやる気がないのか。何で売上が上がらないんだ」と担当者は連日、発破をかけられています。

　しかし、社員としては今まで経験したことがないシステム開発なので、ノウハウも営業力も自信がありません。システム・エンジニアを補充しようとしても、大幅赤字なので、追加の人件費予算も確保できない状態です。

### フレームワーク活用の手順

#### ❶自社のドメイン（得意領域）を確認する

　自社のドメインを確認します。食品メーカーですから、「食生活のソリューション」と定義するといいでしょう。競争優位を確立するには、本業重視が不可欠です。本業かその周辺以外で新規事業を行っても、コアコンピタンス不足です。

#### ❷IT業界がドメインに適しているかを判定する

　IT業界と「食生活のソリューション」の適合度はどうでしょうか。明らかに異業種です。オオイ食品のコアコンピタンスに、ITの技術や販売チャネルはありません。すべてがゼロスタートでは、既存のIT企業に勝ち目がありません。

#### ❸ドメイン以外でシナジーが活かせないのであれば撤退する

　ドメイン上で新規事業をはじめるのは、既存事業とのシナジー（相乗効果）を活かすためです。シナジーが活かせなければ勝ち目は薄く、撤退を視野に入れるべきです。

| 解決のコツ | **ドメインとズレている事業に可能性はない**

　オオイ食品のドメインは、「食生活のソリューション」。そして、「顧客層」は一般消費者です。「ニーズ」は、食生活の充足です。「コアコンピタンス」は、食品の製造技術、材料の調達力、食の安全を守る品質管理力、量販店などへの販売チャネルなどです。

　一方、IT企業が求めている「顧客層」「ニーズ」「コアコンピタンス」は、まったく異質なものです。シナジーが活かせない分野への多角化は、すべてがゼロタートなので、事業を軌道に乗せるまでに時間とお金がかかります。

　さらに、経験したことのない分野のため、社内にはシステム開発、営業力、人材採用・育成など、あらゆるノウハウが欠如しています。この状態で短期間のうちに黒字転換が可能でしょうか？

　すでにIT事業は手詰まり状態ですから、早期撤退がおすすめです。可能であれば、買収先をさがします。買収先が見つからない場合は、縮小撤退しかありません。IT事業の社員たちの適材適所を見極めて本業への再配置が必要です。

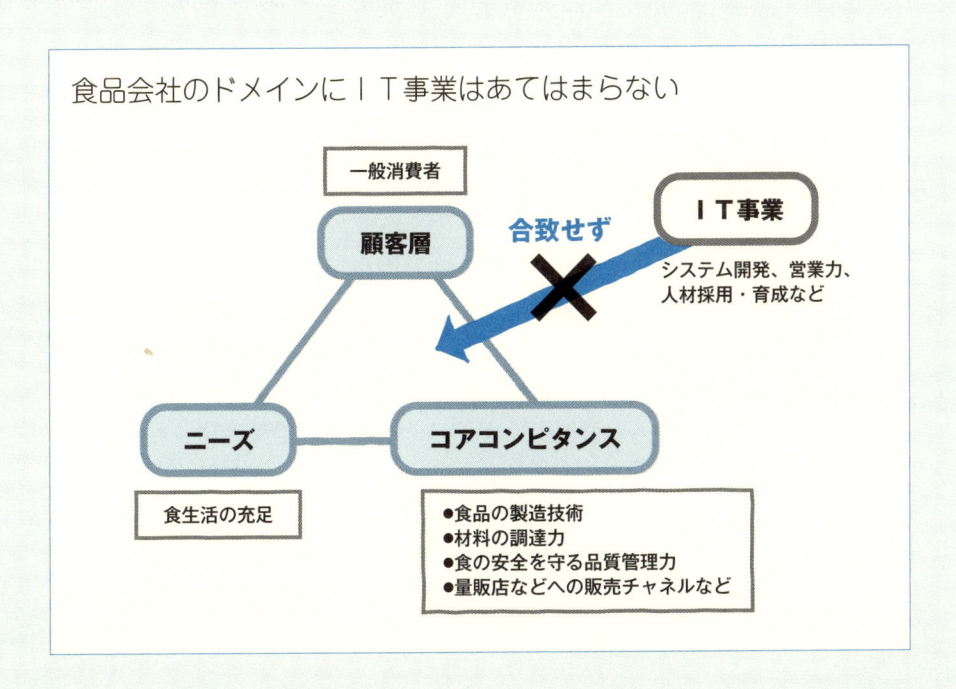

**食品会社のドメインにIT事業はあてはまらない**

- 顧客層：一般消費者
- ニーズ：食生活の充足
- コアコンピタンス：
  - 食品の製造技術
  - 材料の調達力
  - 食の安全を守る品質管理力
  - 量販店などへの販売チャネルなど

IT事業（システム開発、営業力、人材採用・育成など）──**合致せず** ✕

## 4 「ヒト・モノ・カネ・情報」のシナジー（相乗効果）で競争力を上げる

得意領域を定めたら、企業が持つ経営資源「ヒト・モノ・カネ・情報」のシナジー（相乗効果）を生み出すことで、新規事業において競争優位に立つことができる。

### シナジーとは　シナジーのフレームワークとは「経営資源＋チャネル」

シナジーとは、相乗効果のことです。企業内で「ヒト・モノ・カネ・情報」という経営資源のシナジーを活かすことによって、経営資源の投資対効果を最大化することができます。

また、**経営資源のシナジーを活かすことに加えて、チャネル（販売網、流通網）のシナジーを活かすことも効果的です。**チャネルとは、商品を顧客に届けるための販売網や流通網です。既存のチャネルをさまざまに活用することで、新製品や新規事業の売上拡大にシナジーを発揮できます。

つまり、「経営資源＋チャネル」が、シナジーのフレームワークといえます。

### ポイント　「情報＝インテリジェンス」と「全社最適の価値観」

シナジーのポイントとなるのは、**「情報」を単なるインフォメーションではなく、インテリジェンス（知能・知性）と捉えることです。**企業におけるインテリジェンス（知能・知性）は、技術、特許、データベースなどを含みます。

もう1つのポイントは、部門重視のセクショナリズムに陥らないよう留意することです。自分の部門さえよければいいというのでは、企業の経営資源とチャネルのシナジーを活かせなくなります。セクショナリズムは、シナジーを無視する不利益な企業風土です。「いかなる優れた部分最適も、全体最適には勝てない」のです。セクショナリズムの価値観ではなく、全社最適（企業全体の利益を考える）の価値観でシナジー発揮が不可欠です。

### アドバイス　1つひとつの経営資源を、どのように活かしていくべきか

ドメインの領域内で、すでにある経営資源を活かして新規事業を展開することで、シナジーを享受し、競争優位に立つことができます。では、1つひとつの経

## 成長分野に「ヒト・モノ・カネ・情報」を効果的に配分する

**S&B**
スクラップ・アンド・ビルド

経営資源（ヒト・モノ・カネ・情報）の再配分

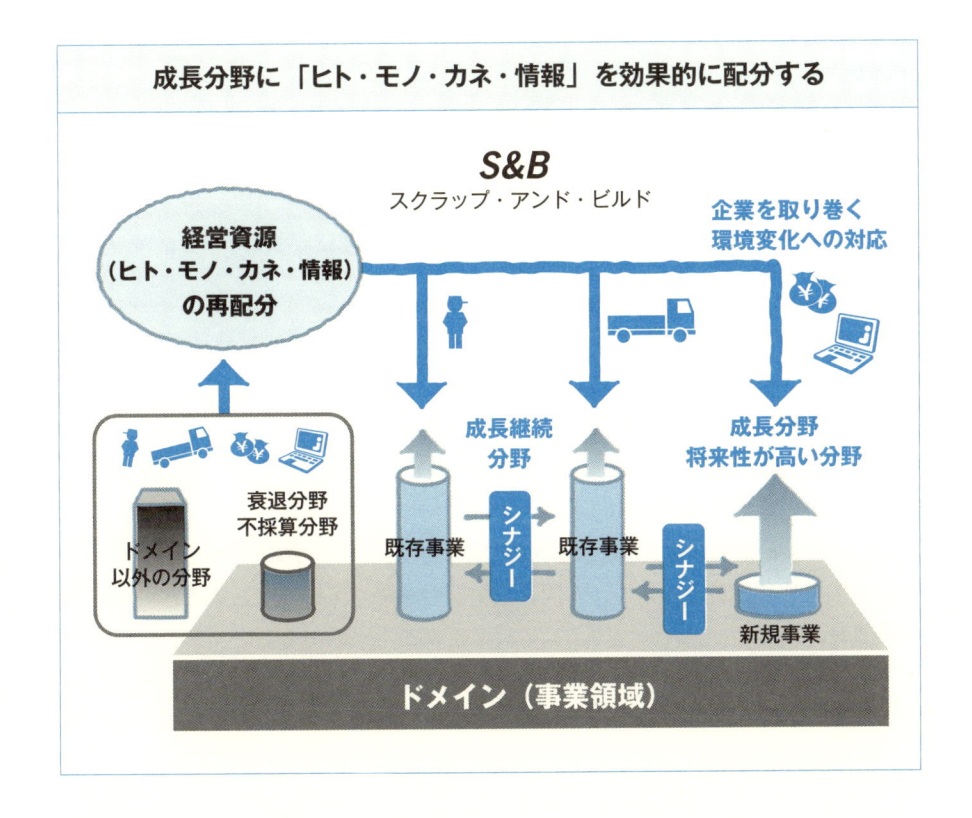

企業を取り巻く環境変化への対応

ドメイン以外の分野
衰退分野　不採算分野

成長継続分野
既存事業　シナジー　既存事業

成長分野　将来性が高い分野
シナジー　新規事業

ドメイン（事業領域）

営資源はどのように活かしていけばよいのでしょうか？

**「ヒト」**のシナジーは、ノウハウを持った社員を人事交流させることで、シナジーが高まります。**「モノ」**のシナジーでは、既存の設備を活用することで、設備投資額を抑え、設備の稼働率を高めることができます。**「カネ」**についてはいうまでもなく、**「情報」**のシナジーには、既存の顧客データベースや情報インフラの活用などがあります。「情報」の一部である**「技術」**のシナジーでは、既存の技術を応用して、新製品や技術のレベルアップをめざします。既存の技術を活用することで、開発期間や開発コストを減らすことが可能です。さらに、すでに取得した特許を活用できれば、他社に対する参入障壁を築くことも可能です。

**「チャネル」**のシナジーでは、すでに開発されている販売チャネルを利用することで、販売チャネル開拓に必要なコストと時間を短縮することができます。既存の販売チャネルに新製品や新規事業を投入することで、販売チャネルのパイプも太くなります。

# 1章 ライバルから一歩抜きん出る [競争戦略フレームワーク]

**戦略決定トレーニング**　　　　　　　　　　　　*Let's try!*
## セクショナリズムが横行する機械メーカー

**問題発生!**　社内の2つの事業部で、同じ技術開発に投資…

　ガデン機械は、大型から小型までのクレーン車、ショベルカー、フォークリフトなどを生産・販売する重機メーカーです。ガデン機械は事業部制をとっており、大型、中型、小型の3つの事業部に分かれています。加えて、販売、生産、開発部門も事業部別に独立採算制をとっています。

　先日、大型事業部と小型事業部の本部長会議がありました。「うちの事業部では省エネ技術を昨年開発しはじめました」と、大型事業部長。「えっ、どんな技術ですか?」と小型事業部長。「それはね……」と、大型事業部長。「えっ、そちらもですか? こちらもまったく同じ技術開発をやっているところです」と小型事業部長。

　2人の事業部長は驚いて顔を見合わせるばかり。同じ会社で二重投資になったようです。さて、このようにならないためには、どうすればいいのでしょうか?

**フレームワーク活用の手順**

**❶各事業部の経営資源とチャネルを総点検する**
　シナジーを活かす要素である、経営資源とチャネルを具体的にリストアップします。このとき、各事業部のコアコンピタンス（競争力となる強み）が何かに注目します。大型、中型、小型の3つの事業部には、それぞれ異なったコアコンピタンスがあるはずです。それぞれの強みを相互に連携させていけばいいのです。

**❷お互いの強みを各事業部門で認識・共有化する**
　大型、中型、小型の3つの事業部が持っている、それぞれのコアコンピタンスのうち、他の事業部で活かせるコアコンピタンスが何かをリストアップします。3つの事業部から代表者を2〜3名ずつ集めて話し合うのが効果的です。

**❸セクショナリズムを排し、「1+1+1>3」の施策を考える**
　各事業部のコアコンピタンスを、他の事業部でシナジーを発揮させるための施

策を考えます。たとえば、大型事業部の油圧技術を小型事業部に適用するのも一案です。また、小型事業部の微細な制御技術を、大型事業部に適用するという選択肢もあるでしょう。

> **解決のコツ** 「技術」だけでなく、「販路」も視野に入れる

　事業部制にして経営効率の向上をめざすのは、合理的な方法といわれますが、ガデン機械の例のようにセクショナリズムが横行していては、シナジーが活かせません。

　しかし、フレームワーク活用の手順で解説した通り、各事業部のコアコンピタンス（競争となる強み）を全社的に総点検した上で、事業部を横断してそれを共有化すれば、事業部制の強みが発揮できます。

　各事業部のコアコンピタンスを考慮し、他の事業部でシナジーを発揮させるための施策においては、共通して使える技術面にとどまらず、チャネル（販売網、流通網）なども視野に入れるとよいでしょう。たとえば、大型事業部の顧客に小型事業部の製品を売り込むのは、チャネルのシナジーの活用です。

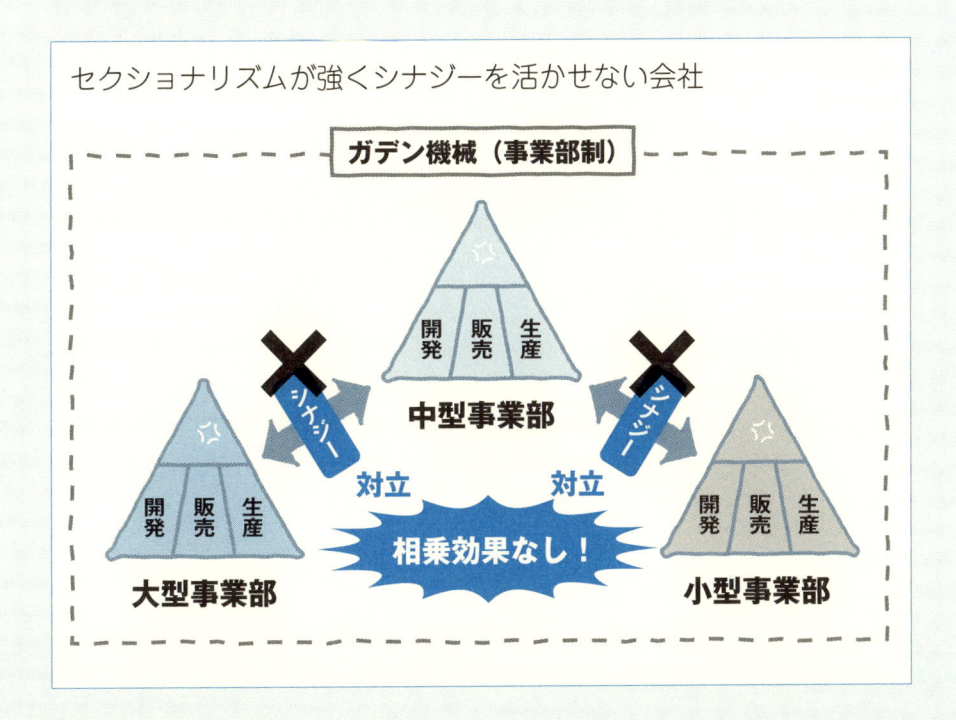

## セクショナリズムが強くシナジーを活かせない会社

**ガデン機械（事業部制）**

- 中型事業部（開発・販売・生産）
- 大型事業部（開発・販売・生産）
- 小型事業部（開発・販売・生産）

シナジー ✕ ― 対立 ― **相乗効果なし！** ― 対立 ― ✕ シナジー

# 5 "わが社らしいやり方"が見つかる「ポーターの3つの基本戦略」

ポーター博士は、コストのリーダーシップ戦略、差別化戦略、集中戦略の3つの基本戦略のうちどれか1つに決めて、徹底して実行すべきだと説いている。

### ポーターの3つの基本戦略とは 競争に勝てる基本戦略は、1つだけではない

　アメリカ・ハーバード大学の経営者であるマイケル・ポーター博士が提唱したポーターの3つの基本戦略とは、「コストのリーダーシップ戦略」「差別化戦略」、「集中戦略」です。コストのリーダーシップ戦略は、業界でコスト削減のナンバーワンを目指します。差別化戦略は、圧倒的な差別化で高くても売れる戦略を目指します。高級ブランドメーカーがその代表例です。集中戦略は、特定の顧客や商品に範囲を限定して、経営資源を集中させます。少ない経営資源で成果をあげる戦略です。集中戦略はニッチ戦略ともよばれます。

### ポイント 成功企業は必ずこの基本戦略を選択している

　先に挙げた3つの基本戦略のうち、どれか1つを選択しなければ、すべてが中途半端になり、競争優位が確立できないとポーター博士は提唱しています。
　コストのリーダーシップ戦略を選択した企業は、徹底的に安く商品を入手し、販売することで安売り競争を勝ち抜けます。家電量販店で急成長したヤマダ電機は、この戦略をとっている企業の1つといえます。
　差別化戦略を選択した企業は、高級ブランドメーカーのように、よりブランド力を高めることでより高く売れる商品をめざします。
　資本が小さい企業は、集中戦略を選択します。手口を広げずに特定の顧客や商品に限定します。たとえば、象印やタイガーは、炊飯ジャーやポットなどの家電に商品を限定することで、大資本に対抗しています。

### アドバイス どの戦略においても他社を圧倒する「徹底」が重要

　ポーターの3つの基本戦略を、それぞれさらにくわしく見ていきましょう。
　1つめの**コストのリーダーシップ戦略**では、「すべての競合他社を圧倒するコ

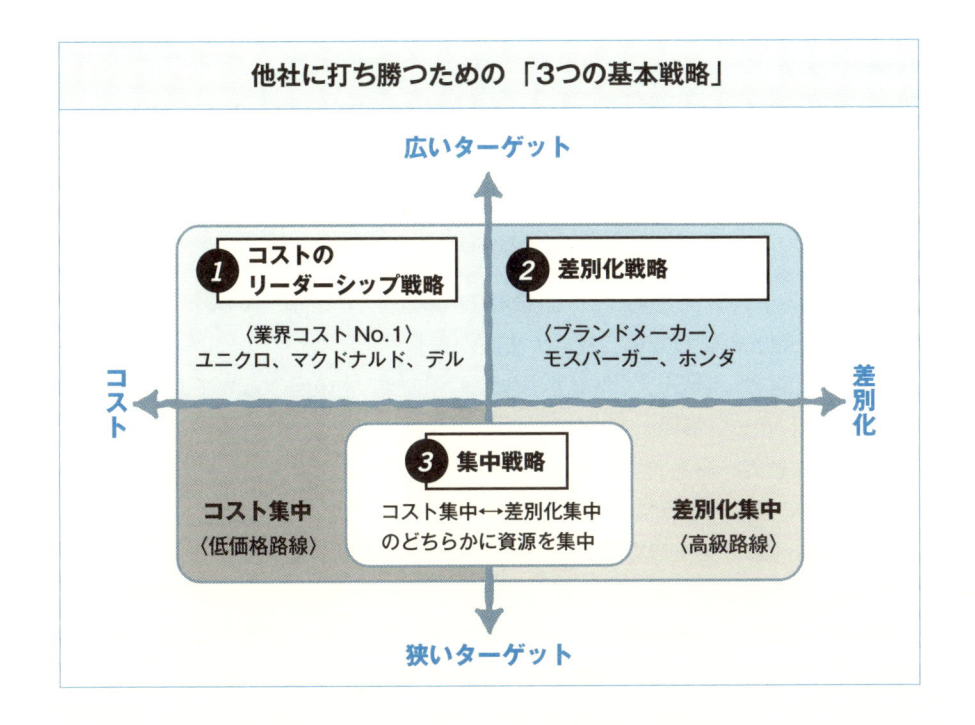

## 他社に打ち勝つための「3つの基本戦略」

```
                        広いターゲット
                             ↑
       ┌─────────────────────┼─────────────────────┐
       │  ❶ コストの         │  ❷ 差別化戦略       │
       │     リーダーシップ戦略│                     │
       │                     │                     │
       │  〈業界コストNo.1〉  │  〈ブランドメーカー〉│
       │  ユニクロ、マクドナルド、デル │ モスバーガー、ホンダ │
コスト ←┼─────────────────────┼─────────────────────┼→ 差別化
       │         ┌─❸ 集中戦略──┐              │
       │         │ コスト集中↔差別化集中 │       │
       │         │ のどちらかに資源を集中 │       │
       │  コスト集中  └──────────┘  差別化集中   │
       │  〈低価格路線〉                〈高級路線〉│
       └─────────────────────┼─────────────────────┘
                             ↓
                        狭いターゲット
```

ストダウン」を実現すべきです。これにより価格競争力を強化できます。製品は「平均点以上」、価格は「最安値」を目指します。業界でナンバーワンのコストダウンを実現することで、「安売りをしても儲かる戦略」が実現できます。

2つめの**差別化戦略**では、他社の製品やサービスを徹底して差別化し、「顧客に対して魅力的なブランド力」を追求するべきです。圧倒的な商品の差別化により、高価格を維持することで利益が確保できます。差別化戦略は、「高くても売れる戦略」ともよばれています。

3つめの**集中戦略**は別名ニッチ戦略ともよばれ、多くの中堅企業が採用している戦略です。集中戦略は、「コスト集中」により特定の顧客や商品に対して徹底してコスト削減をはかる方法と、「差別化集中」により特定の顧客や商品に対して徹底して差別化する方法があります。

集中戦略においては、高性能製品と低価格での販売を同時に達成しようと考えで苦しんでいる企業が多く見受けられます。たとえば、多くの家電メーカーは、世界最高水準の製品を、最安値で販売しようとして苦戦しています。機能を下げて安くするか、高機能で高く売るかのメリハリが必要です。

# 1章 ライバルから一歩抜きん出る［競争戦略フレームワーク］

## 戦略決定トレーニング　Let's try!
## 高品質と低価格の二兎を追うメーカー

### 問題発生！　高品質のものを安く売り続けて、毎年赤字続き

同じ会社の2人のサラリーマンがお酒を飲みながらグチっています。
社員A：「ほんとにうちの会社、大丈夫かな」
社員B：「世界一速く走って、しかも水陸両用の乗り物を作れなんてムチャだよ。しかも、世界一安く作れとは」
社員A：「世界一高品質で、世界一安い製品を作れば売れるというのが、会社の方針だからね」
社員B：「でも、そんなのできると思う？」
社員A：「理想かもしれないけど、できるわけないよ」
社員B：「せめて品質重視か、コスト重視か、どちらかに決めて欲しいよね」
社員A：「わが社は高品質だけど、安く売っているから毎年赤字だもんね」
さて、このような状態に、いかに対処すればいいでしょうか？

### フレームワーク活用の手順

**❶3つの基本戦略のどれを選択するかを決定する**

「二兎を追う者は一兎をも得ず」。3つの基本戦略のどれを選択するかを決定すべきです。コストと差別化を両立させたい気持ちはわかりますが、世界一速く走る水陸両用の乗り物を、世界一安く作ることはできないのです。

**❷戦略を決めたら、具体的な推進プランを作成する**

コストのリーダーシップ戦略、差別化戦略、集中戦略のどれか1つに絞ったら、それを徹底します。一度決めたら、迷いは許されません。どれか1つで競争優位が確立できるよう、具体的な推進プランを作成します。

**❸全社戦略として、推進プランを立案して実行する**

3つの基本戦略の1つを選択したら、日々の業務推進において、その都度、正しい判断をしていくために、全社共通認識のもと推進プランを実行します。

> **解決のコツ** 何かを重視するということは、何かを切り捨てるということ

　世界一高品質で、世界一安い製品を作れば売れると信じて疑わない会社があります。

　集中戦略のように範囲を限定する場合でも、差別化された商品は高級品としてできるだけ高い価格で売ろうとします。コスト優先の商品は、普及品として安く買いたい人たちに販路を拡大します。

　1つの製品で、世界一高品質で、世界一安い製品を両立するのはムリがあるとしかいえません。

　たとえ世界最速の水陸両用の乗り物が実現できたとしても、かなりの時間と開発費がかかるはずです。当然、コストは高くなります。また、開発に時間がかかるので、新製品の発売が他社より遅れてしまいます。

　このメーカーの場合は選択が必要です。何かを重視する一方で、何かを捨てなくてはなりません。

　乗り物ということでいえば、トヨタ自動車は、コストのリーダーシップ戦略をとっているといえます。これをお手本にしてみてはいかがでしょう？　「ムダなお金は1円でも使わない」というTPS（トヨタ生産システム）は、まさにコストのリーダーシップ戦略を実践しています。薄利多売は、ローコスト・オペレーション（低コストでの運営）が利益の源泉になっています。

「コスト優位」と「差別化優位」を同時に実現すると、結局は中途半端

経営者：「世界一安く、世界一速く走る、水陸両用の乗り物を作れ！万能なものがいい！」

社員：「高い、重い、遅い、特徴がない製品になるのに…」

# 6 「ポーターの7つの参入障壁」で新規参入を考える

新規事業などで新しい分野に進出する場合は、「参入障壁」に注目すべきだ。参入障壁が高いほど新規参入が困難になり、既存企業は有利になる。

### 参入障壁とは 参入障壁を高くすれば他社の新規参入を阻止できる

　参入障壁は、新規参入をするときの障壁です。参入障壁を高くすることで他社の新規参入を阻止できます。

　参入障壁には次の7つがあります。①規模の経済、②製品差別化、③巨額の投資、④仕入先を変更するコスト、⑤流通チャネルの確保、⑥規模とは無関係なコスト面の不利、⑦政府の政策です。

### ポイント 新規参入者、既存の事業者それぞれの参入障壁の捉え方

　新規参入者と、既存の事業者のそれぞれの立場で参入障壁を考えていきましょう。**あなたが新規参入者の立場なら、参入障壁が低い業界か、自社の経営資源のシナジーを活用できる業界を狙うべきです。**たとえば、すでに流通チャネルを持っている分野で新規事業を考えれば、流通チャネルの参入障壁を低くすることができます。

　あなたが既存の事業者なら、参入障壁を高める努力をすべきです。たとえば、規模の経済と巨額の投資の参入障壁を高めるために、巨大設備による生産性向上をめざします。新規参入者にとって、生産性向上ですでに低コストを実現している業界に入っても、十分な利益が得られなくなります。

　参入障壁を高めれば既存業者が有利、低めれば新規参入者が有利になります。

### アドバイス 7つの参入障壁が新規参入の前に立ちはだかる

　そもそも新規参入はどのようなときに起きるのでしょうか？　**新規参入者にとって、参入によって得られる利益が、参入障壁に伴うコストを上回るとき新規参入が起こるのです。**

　参入障壁が高い場合、新規参入が難しくなり、新規参入の脅威が軽減します。

## 新規事業で検討すべき7つの参入障壁

**1 規模の経済**　例▶装置産業、自動化が容易な産業
- 規模が大きくなるほど、コスト削減の効果が高まる産業構造

**2 製品差別化**　例▶高級ブランド
- 製品が十分差別化されているので、参入には高度な差別化が必要

**3 巨額の投資**　例▶NTTなどの電話会社
- 巨額な先行投資が必要なため参入が難しい（他の業界参入の方が楽）

**4 仕入先を変更するコスト**　例▶情報システムの変更、手続きの複雑化
- 新たな仕入先を開拓する必要があり、開拓に相応のコストがかかる

**5 流通チャネルの確保**　例▶本業以外の多角化
- 新製品の販売ルートを開拓する必要があるし、新規顧客開拓が難しい

**6 規模とは無関係なコスト面の不利**　例▶特許が多い業界
- 独占的な技術や材料を入手できるメリットが働いている場合

**7 政府の政策**　例▶医薬品業界、建築業界
- 新規参入が規制されている、既存企業が法的に優遇されている場合

参入障壁が高いと業界内部の競争が比較的緩和されるのです。

　もし、あなたが既存の事業者なら、業界の競争を新規参入者によって激化させないためには、参入障壁を高めて新規参入の脅威を軽減させることが賢明です。逆に新規の事業者なら、参入に伴うコストを正確に算出し、リスクを比較検討すべきです。

　7つある参入障壁については上の図を参照してください。

## 1章　ライバルから一歩抜きん出る [競争戦略フレームワーク]

### 戦略決定トレーニング　Let's try!
# 全国展開を夢見る地ビール会社の決断

**問題発生！** 一気に全国展開したいが多額の広告費が必要

　平原ビールは、年商30億円の地ビール会社です。地ビールブームによって、年商は3年間で2倍になりました。社長は「今がチャンスだ。全国販売に打って出よう」と年頭あいさつをしました。しかし、全国販売の話を進めるうちに、流通チャネルに障壁があることがわかりました。大手スーパーが販売の条件として、テレビ広告を大々的にやることを要求してきたのです。すでに生産設備の投資を進めており、これ以上の広告費の捻出は困難です。

　銀行は融資してもいいというのですが、必要な広告費は約10億円です。全国販売が成功すれば、3～5倍の年商は確実かもしれませんが……。さて、このような状況で、いかに決断すればいいでしょうか？

**フレームワーク活用の手順**

### ❶新規事業を考えるときには、まず参入障壁を総点検する

　今考えている新規事業に、どんな参入障壁があるかを列挙しましょう。「7つの参入障壁」のうち、どれが障壁となるのかを分析するのです。平原ビールの例では、規模の経済、そして何より流通チャネルの参入障壁は外せないでしょう。

### ❷参入障壁ごとに、参入の難易度を評価する

　参入障壁ごとに参入の難易度を評価します。規模の経済と流通チャネルの参入障壁は極めて高いといえます。地ビールが増えてきたのは、そもそも政府の政策としての規制緩和が発端です。政府の政策の参入障壁はすでに低くなっています。

### ❸身の丈にあった投資でなければ中止する

　経営を博打にしてはいけません。身の丈にあった経営が何より大切です。年間30億円の売上で10億円の広告費は、売れなかったときの資金回収リスクが極めて高いでしょう。大手ビールメーカーなら問題ないのですが、小規模メーカーにとっては命とりになります。

> **解決のコツ** 参入障壁を克服できない場合は、参入せず時期を待つ

　規模の拡大、全国制覇は、地ビール会社の夢でしょう。しかし、身の丈にあった経営も大切です。多額の広告費を投入して資金繰りが悪化すれば、経営存続の危機に陥りかねません。

　設備投資であれば、今後何年間も設備を使うことができます。しかし、広告費は固定資産にもならず、一瞬で消えていくお金です。

　全国販売チャネルを開拓するのは、容易ではありません。また、すでに規模の経済を確立している大手ビールメーカーに低コストで対抗することはできないでしょう。

　ここは量販店を通した全国販売に勝負をかけるより、集中戦略で規模を限定して展開すべきです。たとえば、通販を中心に販売し、「工場直送、冷蔵宅配でフレッシュなうまさ」というキャッチフレーズにするのはいかがでしょう。

　短期決戦の大規模投資は、資金力が豊富な大企業の戦略です。ここは、売上に見合った投資をすべきです。通販で売上を伸ばし、利益を蓄えて資金力が高まるまで、出費を抑えた堅実経営が賢明です。

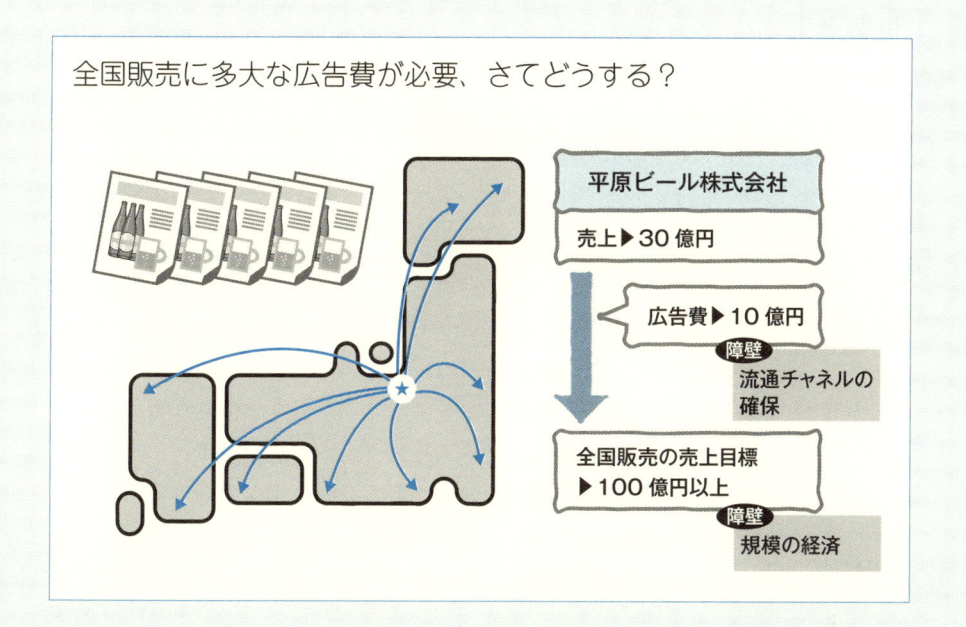

## 全国販売に多大な広告費が必要、さてどうする？

平原ビール株式会社
売上 ▶ 30億円

広告費 ▶ 10億円
**障壁** 流通チャネルの確保

全国販売の売上目標 ▶ 100億円以上
**障壁** 規模の経済

## COLUMN

## 自動車メーカーが「金融」と「中古車販売」を手がけるメリットとは

　トヨタ自動車が金融と中古車販売を手がけるのは、お客様が新車を買いやすくするためです。本業は自動車の製造と販売であり、本業を支える周辺事業が、クレジットカード、ETC、分割払いを可能にする金融サービス事業、そして中古車販売事業です。シナジーを目指した多角化といえます。

　「車は一部の金持ちのアクセサリーではない。大衆のための自動車を作りたい」といった石田退三氏（第3代社長）は、月賦販売システムを確立しました。金融サービスでお客様の購買機会を増大させるために、さらなる金融サービス分野の強化を進めてきました。

　そして今日TFS（トヨタファイナンシャルサービス株式会社）は、国内外の販売金融会社を統括するグループを運営しています。TFSが目指しているのは、顧客が車や家をローンで購入する、クレジットカードでショッピングをするなどの際のワンストップサービスです。豊富な自社資金で運用しているため、金融機関などの都合や、金利変動などの金融情勢に左右されないサービスが提供できます。

　トヨタ自動車の中古車買取りネットワークの1つT-UP（ティーアップ）は、買取り業界ではガリバー、ラビットと並ぶ大手。中古車買取りネットワークをトヨタ自動車系列で行うのは、新車を買いやすくするためです。所有の中古車を同社に売却することで、新車の頭金代わりになります。

　買取り専業店とは一線を画し、公正中立な価格設定や手続き面など、メーカー系の安心感を重要視しています。また、買い取った車両をトヨタ系販売店が店舗で直接販売することにより、オークションへの出品手数料など余計なコストがかからないという特徴もあります。トヨタ自動車が、金融と中古車販売を手がけるのは、お客様が新車を買いやすくするためです。

第 2 章

# 閉塞した現状を
# 打開する
# ［決断フレームワーク］

## 7 「ブルー・オーシャン」戦略で競争がない市場を作る

競争の激しい既存市場を「レッド・オーシャン」、競争のない未開拓市場を「ブルー・オーシャン」という。レッド・オーシャンでの戦いは避けるべきだ。

### ブルー・オーシャンとは｜競争のない大きな市場の開拓を目指す

競争の激しい既存市場を「レッド・オーシャン（赤い海、血で血を洗う競争の激しい領域）」といいます。

**企業の大半は、レッド・オーシャンで激しい競争と消耗戦を繰り返しています。そのような企業活動に未来はありません。**

競争のない未開拓市場である「ブルー・オーシャン（青い海、競合相手のいない領域）」を切り拓くべきです。オーシャンというのは大海であり、大きな市場という意味があります。水たまりくらいの小さな市場では魅力がありません。

### ポイント｜過当競争を回避するには、戦う土俵そのものを変える発想が必要

多くの企業は、ムダな競争を回避することを忘れてしまっています。「競争に勝つためにはどうすればいいか」に明け暮れて、競合他社を出し抜くことに、すべての経営資源を使っています。無意識のうちに、自らのポジションをレッド・オーシャンに置いているのです。

過当競争を意味するレッド・オーシャンを回避するには、戦う土俵を大きく変える発想が必要です。

価格競争や技術競争でいくら血を流しても、結果的に得られるものは少ないのです。レッド・オーシャンから抜け出し、ブルー・オーシャンの市場を切り拓く一歩を踏み出すべきです。

### アドバイス｜時代と共にブルー・オーシャンがレッド・オーシャンに変わることも

競争の激しい既存市場である「レッド・オーシャン」から脱却し、競争のない未開拓市場である「ブルー・オーシャン」を切り拓くには、どのような努力が求められるのでしょうか？

## 血を流さない「ブルー・オーシャン」の市場を目指せ

**レッド・オーシャン** ✕
- 競争による血の海（市場）
- 過当競争、勝者がいない戦い

**ブルー・オーシャン** ○
- 競争がない海（市場）
- 競合がいない市場を開拓

　何よりも重要なことは、顧客にとってあまり重要でない機能を「減らす」「取り除く」ことによって、自社と顧客の両方に対する価値を向上させる「バリューイノベーション」です。そのための具体的な分析ツールとして、アクションマトリックスがあります。アクションマトリックスについては、次の項でご紹介していきたいと思います。

　マイケル・ポーター博士の競争戦略が、「事業が成功するためには低価格戦略か差別化（高付加価値）戦略のいずれかを選択する必要がある」としているのに対し、ブルー・オーシャン戦略の提唱者たちは、「低コストと顧客にとっての高付加価値は両立し得る」と主張しています。

　ヤマト運輸における宅急便の発明は、当時はまさにブルー・オーシャン戦略だったといえます。

　しかし時代と共に競合他社がビジネスモデルを模倣し、宅配便市場はいつの間にかレッド・オーシャンになってしまいました。変化は、どのブルー・オーシャンにも起こりうることです。このような時代の変化に対応し、ブルー・オーシャンを求めて、新しい戦い方を考え続けることが大切です。

## 2章　閉塞した現状を打開する［決断フレームワーク］

### 戦略決定トレーニング　　　　　　　　Let's try!
# 激しい価格競争で疲弊した牛丼チェーン

**問題発生!** 値上げ、値下げ、どちらも地獄の泥沼状態

　牛丼業界は価格競争の激しい業界です。業界の雄である280円の山の家と260円の川の家、まさに20円の攻防です。

　20円といっても軽視できません。山の家と川の家が隣接している地域では、昼食時間になると20円安い川の家に行列ができ、山の家はガラガラという状況です。このままでは、山の家はさらなる値下げをせざるを得ません。

　しかし、双方の牛丼チェーンでは、もはや値下げは限界です。だからといって値上げをすると、他の牛丼チェーンにお客様を奪われてしまいます。値上げをすればお客様が激減する、値下げをすれば赤字転落、上げるも下げるも解決策はなくジレンマです。さて、このような泥沼状態から抜け出すにはどのような戦略をとればいいでしょうか？

**フレームワーク活用の手順**

**❶牛丼チェーンのブルー・オーシャン戦略とは何かを考える**

　価格競争から抜け出すために、他社と圧倒的に差別化できる一手を考える必要があります。「牛丼チェーンのブルー・オーシャン戦略」とは何かを考えるのです。答えさがしは容易ではありませんが、もはや待ったなしです。

**❷2倍高くても売れるための方法を考える**

　今の低価格では、半額にすることはムリでしょう。そこで、発想を転換し、2倍高くても売れるチェーン展開はできないかと考えます。たとえば、和牛を使った高級路線など、競争環境を大きく転換させる必要があります。

**❸リスクの少ない形でブルー・オーシャンに踏み出す**

　新しい戦略に基づいた店舗展開にトライします。高級路線をとるのであれば、お客様のプライドをくすぐる雰囲気の演出も大切です。まずはリスクの少ない店舗数からはじめるとよいでしょう。

| 解決のコツ | 他社がレッド・オーシャン発想をしている今こそチャンス |

　ビールメーカーは、発泡酒や第三のビールで価格競争を繰り広げる一方で、高級ビールの需要も開拓してきました。プレミアム・モルツビールやエビスビールは、高めの価格設定で、リッチな気分を味わいたい人たちをターゲットにしています。

　新たなニーズを掘り起こす商品開発も同時に行っています。ノンアルコールビールのアルコールゼロ、逆に、高濃度アルコールのストロングタイプのビールや缶酎ハイなど、近年次々と新たな市場が生まれました。

　牛丼業界は価格競争の激しい業界です。価格競争から抜け出すのは容易ではありませんが、このままでは消耗戦です。さらに値下げをしても、他社も値下げで対抗するので底値が見えません。

　ビールメーカーの高級路線や新たな市場の開拓を参考にして、牛丼チェーンのブルー・オーシャン戦略とは何かを、今こそ考えるべきです。2倍高くても売れるチェーン展開など不可能なように感じるかもしれませんが、他社がやれていないからこそ、自社にとって新しいことをはじめるチャンスなのです。

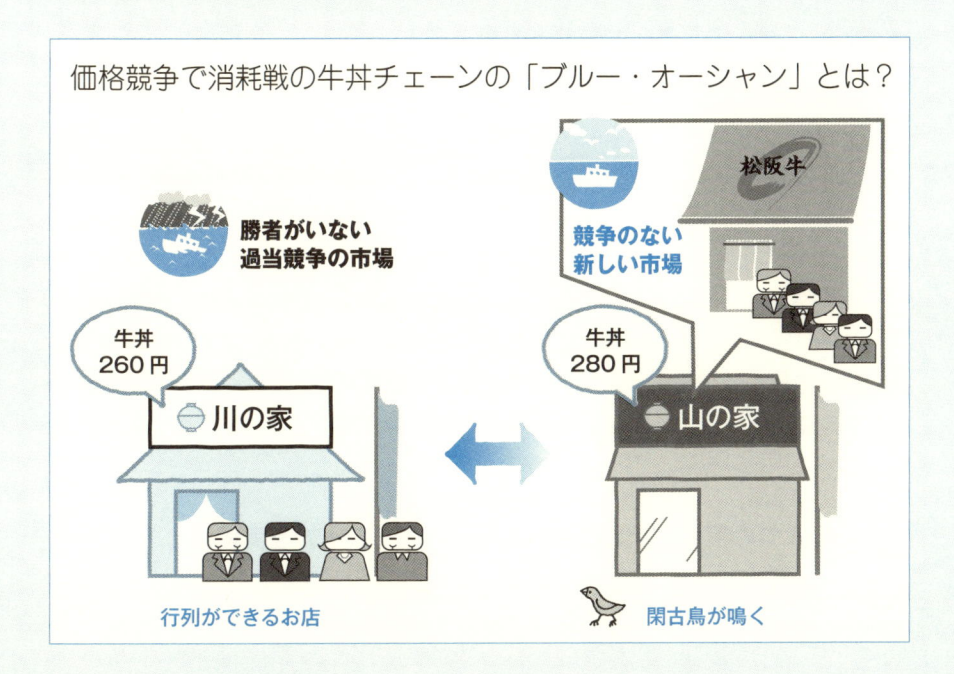

---

**価格競争で消耗戦の牛丼チェーンの「ブルー・オーシャン」とは？**

- 勝者がいない過当競争の市場
  - 牛丼 260円
  - 川の家
  - 行列ができるお店

↔

- 競争のない新しい市場
  - 松阪牛
  - 牛丼 280円
  - 山の家
  - 閑古鳥が鳴く

2章　閉塞した現状を打開する［決断フレームワーク］

## 8 「アクションマトリックス」でビジネスの新天地に向かう

ブルー・オーシャン戦略を見つけるのに、アクションマトリックスは役立つ。「取り除く」「付け加える」「増やす」「減らす」の4つの視点で考えていく。

### アクションマトリックスとは「増やす」だけが競争優位ではない

　アクションマトリックスは、ブルー・オーシャン戦略を考えるときのヒントになります。**増やすだけが競争優位を生むのではありません、「取り除く」「付け加える」「増やす」「減らす」の4つの視点でのプランニングが有効です。**

　たとえば、携帯電話では、機能を減らす発想でシルバー向けのらくらくホンの市場を開拓しました。固定電話の使い勝手を手本にして、基本機能以外を減らすことで使いやすさを実現したのです。減らすことで、使いやすさとコスト削減が容易になることもあります。

### ポイント　「減らす」ことで利益を生む

　サービス開発にも、アクションマトリックスは有効です。サウスウエスト航空は、手荷物を預からないことで業務を簡素化しました。手荷物を預けると、手荷物が出てくるまで待たなければなりませんから、乗客の利便性も上がりました。同社はビジネス客にターゲットを絞っているので荷物が少ないのです。

　さらにサウスウエスト航空は、航空機の機種も増やさない選択をしました。所有する航空機はすべてボーイング737の1機種です。これにより、メンテナンスとパイロットのコスト削減を実現しました。飛行機は法律により、1人の担当者が複数の種類の機種をメンテナンスできません。また、パイロットも1機種のみしか操縦できません。1機種に絞ることで、少人数のスタッフでの運営を可能にしたのです。

### アドバイス　4つの視点で常識を打破し、イノベーションを実現させる

　アクションマトリックスは「取り除く」「減らす」「増やす」「付け加える」の4つを明確化し、ブルー・オーシャンを見つけるのに役立ちます。

## アクションマトリックスで競争がない市場を開拓する

アクションマトリックスの一例「シルク・ドゥ・ソレイユ」の場合

**取り除く**
- 動物によるショー
- 花形パフォーマンス
- 館内でのグッズ販売
- 隣接する舞台での同時ショー

**増やす**
- 個性あふれる独自のテント

**減らす**
- 笑いとユーモア
- 危険やスリル

**付け加える**
- テーマ性
- 洗練された環境
- 複数の演目
- 芸術性の高い音楽とダンス

---

　かつてソニーのウォークマンが、録音機能を捨てることで軽量化を果たし、大ヒットしたのは有名です。

　このところ「シルク・ドゥ・ソレイユ」というエンターテイメント集団によるショーが反響を呼んでいます。ラスベガスでの常設公演をはじめ、世界を股にかけて公演を展開し、人気を博しています。ショーのスタイルにはサーカスの伝統様式を取り入れていますが、動物を使った曲芸は一切行いません。新サーカスとよばれるもので、大道芸、サーカス、オペラとロックの要素を自在に取り入れています。

　これまでのサーカスでは出演者の独自パフォーマンスと動物曲芸が売りでした。そのため、出演者への破格の出演料、動物を維持管理するための莫大な費用が必要でした。シルク・ドゥ・ソレイユは、チームプレイによるパフォーマンス、動物の排除により、運用コストでもイノベーションを起こしました。

　従来の常識を打破した戦略によって、まさに競合のない市場の開拓を実現したのです。

## 2章 閉塞した現状を打開する [決断フレームワーク]

### 戦略決定トレーニング　Let's try!
# 売り出し方がわからないワインメーカー

**問題発生!** 障壁の高いワイン業界に、新規参入する策が見つからない

　ニュージーランドのスワンワインでは、葡萄畑を作り、ワイン製造をはじめました。ワインの本場のフランスで研究と修業を積んだスワン社長は、フランスに負けない味のワインができたと自負しています。

　しかし、ブランド力がモノを言うワイン業界では、無名のブランドは販売が容易ではありません。スワン社長はどうすれば売れるか、日夜悩んでいます。

　大々的に広告展開をするとなると、何百万ドルもかかってしまいます。年間売上に匹敵する広告費は到底かけられません。とはいえ、ブランド力がモノをいうワイン業界です。ブランド力を上げるには、長期的かつ莫大な広告投資が不可欠です。「今までと違う方法でワインを売り出せないか？」と悩むスワン社長ですが、なかなかいいアイデアを思いつきません。

**フレームワーク活用の手順**

**❶現在のワイン業界の戦略を整理する**
　まず、現在のワイン業界の戦略を整理しましょう。フランスでは、ワインの格づけによって価格帯が決まってきます。ソムリエは、ワインのブランドを高める役割を担っています。また、開けにくいコルク栓が定番です。

**❷アクションマトリックスで、新しいワインのコンセプトを考える**
　新規参入するには今までの伝統や常識を打ち破る、新しいワインのコンセプトが必要です。「取り除く」「付け加える」「増やす」「減らす」のアクションマトリックスで、新しいコンセプトを考えます。

**❸新しいワインの市場を開拓する**
　アクションマトリックスに基づき、高価格の特別なワインではなく、気軽に購入できて、気軽に飲めるデイリーワインの市場を開拓します。

## 「アクションマトリックス」でビジネスの新天地に向かう 8

| 解決のコツ | 歴史とブランドがないからこそできることは何か |

　スワンワインは高価格の特別なワインではなく、気軽に購入できるデイリーワインの市場開拓をめざしました。その目的にそって「取り除く」「付け加える」「増やす」「減らす」について考えていきましょう。
「取り除く」では、ワインの専門用語、等級表示、熟成表示、大量広告などを廃止します。これにより、大幅なコスト削減が可能になります。
「減らす」では、深みのある味わい、香り、品種、ぶどう園の格式へのこだわりなどを減らします。深みがある味わいや香りを減らすことで、飲みやすさが増します。
「増やす」では、小売店との連携を高めること、手頃な価格設定にこだわります。不特定多数の広告に資金を投入せず、小売店との連携にお金をかけます。
「付け加える」では、飲みやすさ、選びやすさ、フルーツ味などの意外な味つけにより、選ぶ楽しさと冒険を演出します。
　このように、アクションマトリックスをもとに明解なプランニングをすると、新しい市場を生み出しやすくなります。

---

**4つの視点で新しい需要を掘り起こせ！**

**アクションマトリックス「スワンワインの場合」**

| 取り除く | 増やす |
|---|---|
| ワインの専門用語や等級表示<br>熟成表示<br>大量広告 | 小売店との連携<br>デイリーワイン並みの価格 |
| **減らす** | **付け加える** |
| 深みのある味わいや香り<br>品種<br>ぶどう園の格式 | 飲みやすさ<br>選びやすさ<br>楽しさと冒険 |

## 9 PPMで事業の将来性を見極める

市場成長率と業界地位をかけあわせて判断するPPM（プロダクト・ポートフォリオ・マネジメント）。事業のどこに力を入れるべきかが可視化され、見極めが容易になる。

### PPMとは　投資判断のヒントになる市場成長率と業界地位の相関図

　PPM（products portfolio management）は、複数の事業にかかわる企業が、どの事業に注力すべきかという「投資戦略」を見極めるための手法です。この手法は、1970年代後半に世界的なコンサルティング会社として知られるボストン・コンサルティング・グループが開発したといわれています。

　具体的には、**縦軸が市場成長率、横軸が相対マーケットシェア（業界内の地位）を指標として4象限のマトリックスに分類して、1つひとつの事業を判断していきます**。これにより、各事業の拡大、維持、縮小、撤退などを決定することができるのです。

　なお、縦軸の市場成長率は、今後3〜5年間の平均成長率を表します。横軸の相対マーケットシェアは、業界1位の事業を左側に、業界2位の事業を右側に置きます。

### ポイント　「花形」と「問題児」への投資で業界地位を上げる

　PPMマトリックスのそれぞれのパートを見ていきましょう。

　左上は、市場成長率が高く業界1位を示し**「花形」**と呼ばれます。花形を維持するためには先行投資が必要です。

　右上は、市場成長率が高いものの業界2位以下なので**「問題児」**です。市場の拡大に合わせて先行投資を行います。問題児から花形になるためには、さらに思いきった先行投資が必要です。

　左下と右下は、成長率が低いので勝敗がほぼ決した事業といえます。左下は**「金のなる木」**、右下は**「負け犬」**です。負け犬の状態で先行投資をしても、市場が拡大しないのに供給量が増え価格競争が激しくなるだけです。

　花形と問題児に投資するのが賢明です。

## PPMの読みとり方

「家電メーカー」の場合

円の面積＝売上高

縦軸：市場成長率（高い→低い）
横軸：相対マーケットシェア（高い→低い）

- 左上（業界1位・成長率高い）：**花形**、スマートフォン
- 右上（業界2位・成長率高い）：**問題児**、太陽光パネル、液晶テレビ
- 中央：プラズマテレビ
- 左下（業界1位・成長率低い）：**金のなる木**、エアコン
- 右下（業界2位・成長率低い）：**負け犬**、パソコン、洗濯機

---

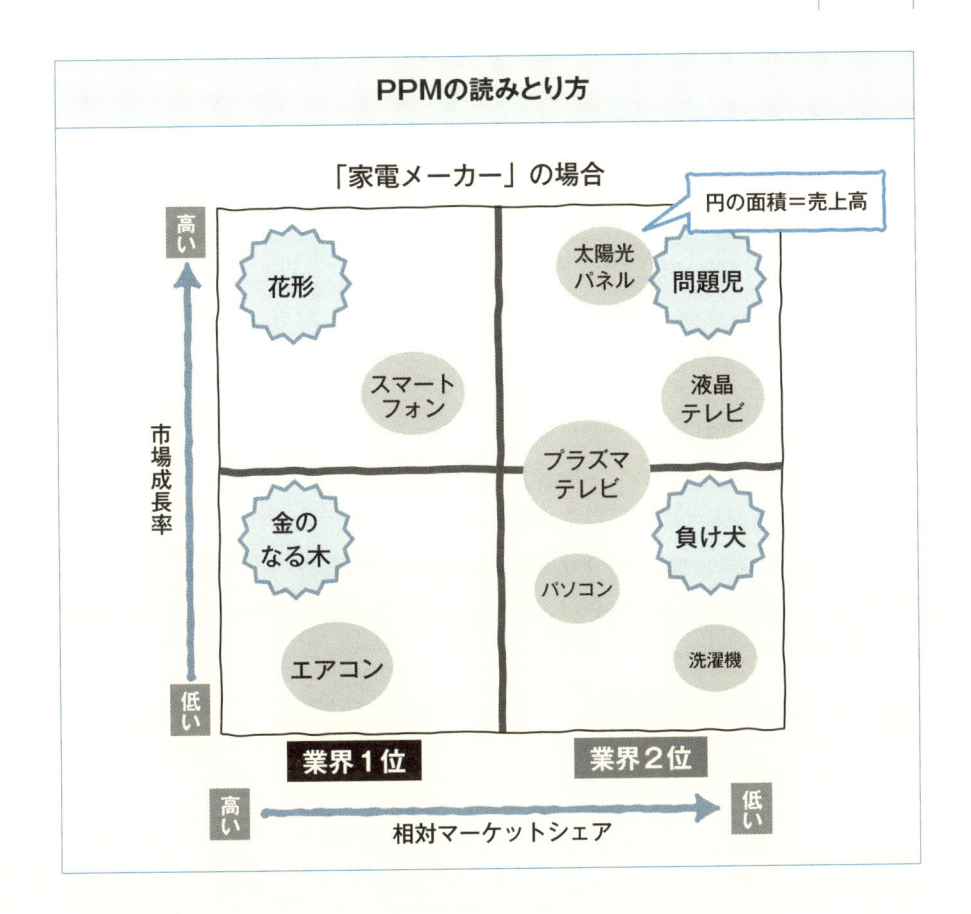

**アドバイス** 「負け犬」になったら、挽回は困難！

　PPMの左上は、業界第1位で成長率が高いので「花形」事業ですが、先行投資が多いので利益は低迷します。「花形」の成長率が低下してくると、先行投資が減り、左下の「金のなる木」になります。

　右上の「問題児」の事業は、先行投資が多い割に売上が少ない金食い虫の事業です。今なら先行投資をさらに加速して、「花形」に転身は可能です。なお、問題児のまま成長率が低下してくると、右下の「負け犬」になってしまいます。

　市場成長率が低下して負け犬になったら、ここからの挽回は極めて困難です。限られた市場の奪い合いになるので、左下の金のなる木である業界1位には、資金力も顧客からの信頼度もかないません。勝負ありといったところです。

## 2章 閉塞した現状を打開する［決断フレームワーク］

戦略決定トレーニング　　　　　　　Let's try!
# 事業拡大の投資に悩む家電メーカー

**問題発生!**　「問題児」事業への投資方法がわからない

　アトダ電気は、太陽光発電のパイオニア的存在です。しかし、先行投資の遅れが響き、現在の国内シェアは3位です。太陽光発電パネルの国内市場シェアは12％、世界シェアは8％です。太陽光発電パネルは、今後も年率20％以上の市場成長率が見込まれています。

　PPMで分析すると、アトダ電気の太陽光発電パネルは「問題児」です。問題児は、売上が少なく先行投資がかかる金食い虫の事業です。しかし、ここで思いきった投資をしなければ、市場成長率に合わせた成長が見込めません。小さく何回かに分けて工場に投資すべきか、思いきって大規模投資にするかの岐路に立たされています。

**フレームワーク活用の手順**

❶ PPM分析と市場成長率の予測精度を高める

　自社の製品群ごとにPPM分析を行います。たとえば、液晶テレビとプラズマテレビは同じテレビのカテゴリですが、開発技術や生産ラインが異なるので分ける方が賢明です。投資の単位が異なれば製品群を分けて分析します。

❷ 問題児から花形事業になるための施策を考える

　問題児であれば、花形事業になるための施策を考える必要があります。このまま十分な投資をしないでいると、市場成長率が低くなったときに負け犬になります。問題児であれば、まだまだ挽回チャンスはあります。

❸ 花形事業になるために生産、開発、販売、広告投資の施策を実施する

　花形事業になるためには、生産、開発、販売、広告投資など、多方面にわたる投資拡大が不可欠です。競合他社より競争優位を確立するためには、生産だけ増やしても在庫が増えるだけです。思いきった先行投資の計画を立て、実行に移します。

PPMで事業の将来性を見極める | 9

**解決のコツ** 問題児は花形事業をめざすのが鉄則

　アトダ電気の太陽光発電パネル事業は問題児ですから、今なら思いきった先行投資によってマーケットシェアを高めることも可能でしょう。高い成長率の機会を活かして大型投資をします。小さく何回かに分けて工場に投資すべきではありません。

　工場だけの投資拡大では不十分です。生産以外にも、開発、販売、広告投資など、多方面にわたる投資拡大が不可欠です。たとえば、開発では、発電効率がいい高性能のパネルを開発する必要があります。発電効率での差別化をめざすのです。また、販売や広告投資も必要です。販売量を増やす投資をしなければ、マーケットシェアは挽回できません。

　かつて日立のプラズマテレビ事業は、シェア40％の花形事業でした。しかし、パナソニックが追い上げて業界1位の座を奪われました。ソニーもパナソニックとのシェア逆転をねらっています。問題児こそ、高い市場成長率を背景に挽回のチャンスがあるのです。

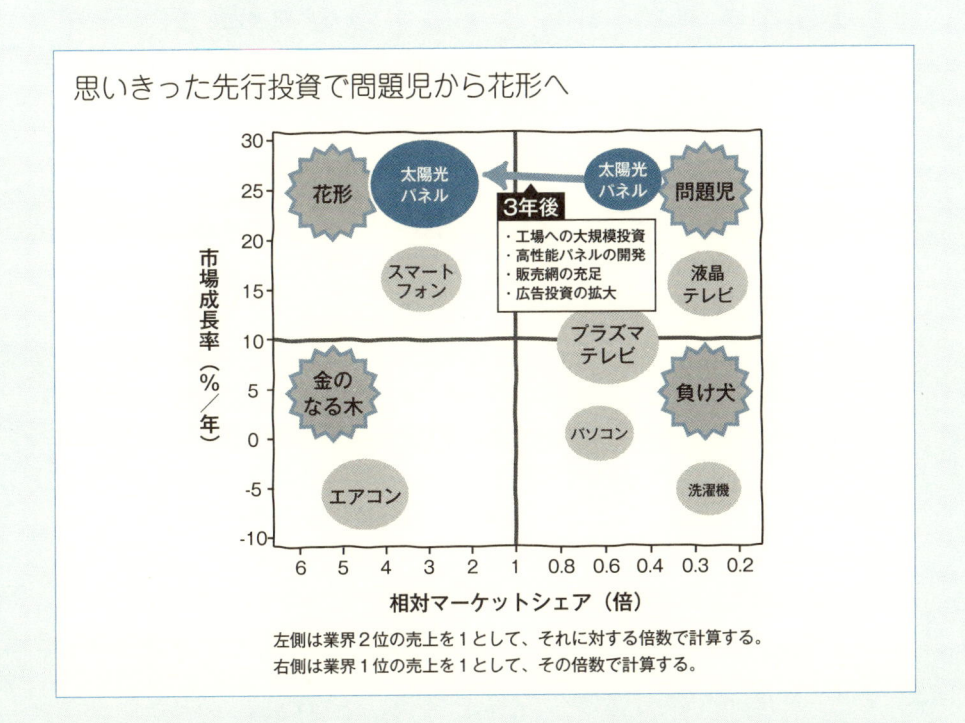

### 思いきった先行投資で問題児から花形へ

花形：太陽光パネル、スマートフォン
問題児：太陽光パネル、液晶テレビ
金のなる木：エアコン、プラズマテレビ
負け犬：パソコン、洗濯機

3年後
・工場への大規模投資
・高性能パネルの開発
・販売網の充足
・広告投資の拡大

縦軸：市場成長率（％／年）　-10 〜 30
横軸：相対マーケットシェア（倍）　左側 6〜1、右側 1〜0.2

左側は業界2位の売上を1として、それに対する倍数で計算する。
右側は業界1位の売上を1として、その倍数で計算する。

## 10 「GEの9次元PPM」で投資と撤退を大胆に行う

米大企業GE（ゼネラル・エレクトリック）は、PPMを9つに分類する手法を開発した。これを用いることで事業や商品への投資・撤退の判断がしやすくなる。

### 9次元PPMとは　PPMの精度を高め、投資・撤退の指標に

　アメリカを代表する多角的企業ゼネラル・エレクトリック（GE）は、強い戦略志向を持つ企業として知られてきました。GEの9次元PPMは、縦軸を「業界の魅力度」、横軸を「自社の強さ」にして事業の投資・撤退の指標にします。この縦軸と横軸を、さらに大・中・小の3つに分類します。自社の商品が、9つのエリアのどの分類に属するかで、投資の判断材料にするのです。
　縦軸の業界の魅力度には、4象限のPPMと同様に市場成長率が反映されています。横軸の自社の強さは、相対マーケットシェアを示しますが、その企業の技術力や販売力なども反映して位置づけられます。業界の魅力度も自社の強さも小さい事業は、損失の最少化と撤退の候補となります。

### ポイント　「自社の強さ」と「業界の魅力度」の両面から判断する

　GEの9次元PPMの用途は、投資と撤退の判断です。孫子曰く「勝ち易きに勝つ」。これを企業活動にあてはめれば、**自社の強みを活かせば収益性を高められる一方、すでに競合他社よりも弱い分野は、思いきって撤退を視野に入れるべき**ということです。
　GEの有名な撤退事例は、1980年代前半に行われたテレビ事業とスチールアイロン事業の売却です。CEOのジャック・ウエルチ氏は、テレビ事業は、将来、日本の家電メーカーに勝てないと判断して、収益があるうちにテレビの専門会社に高値で売却しました。スチールアイロンは、軽量型の新式アイロンに需要が移ることを予測して売却しました。
　GEの事業売却や撤退の意思決定は非常に大胆です。その裏づけとして、この9次元PPMがあります。また一方で、企業買収も大胆です。買収した企業でも、収益性が低い事業は事業単位で売却します。

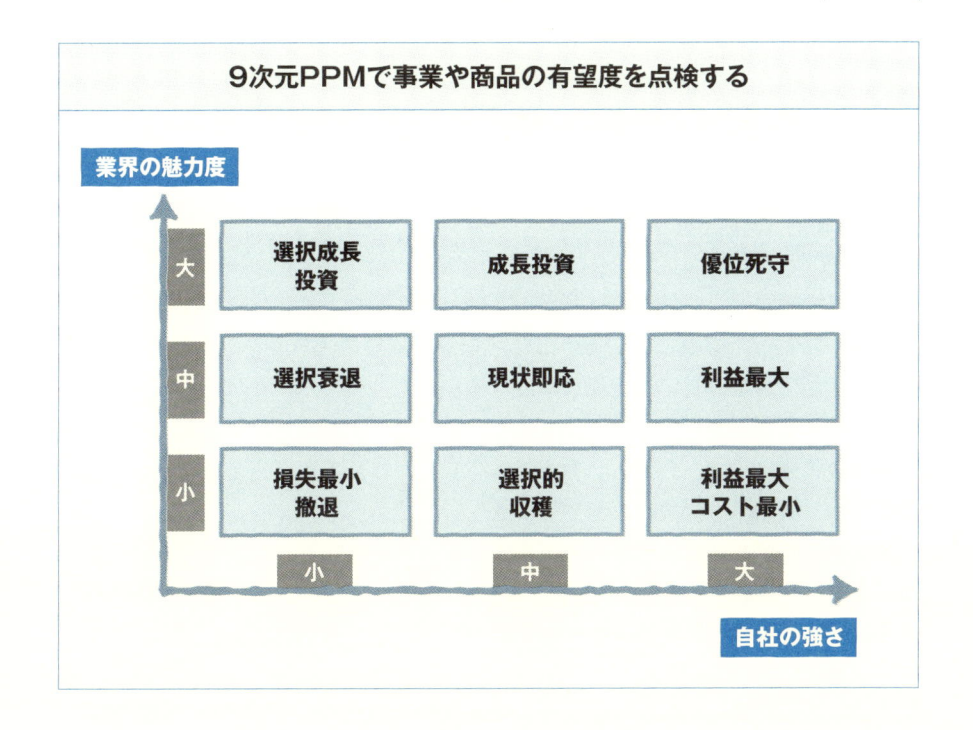

## 9次元PPMで事業や商品の有望度を点検する

業界の魅力度（縦軸：小・中・大）／自社の強さ（横軸：小・中・大）

|  | 小 | 中 | 大 |
|---|---|---|---|
| **大** | 選択成長投資 | 成長投資 | 優位死守 |
| **中** | 選択衰退 | 現状即応 | 利益最大 |
| **小** | 損失最小撤退 | 選択的収穫 | 利益最大コスト最小 |

**アドバイス　9つのものさしで投資の意思決定をする**

　9次元ＰＰＭの右上のエリアは、業界の魅力度も自社の強さも大きいので、現在の競争優位を維持する**「優位死守」**です。優位死守の下が、**「利益最大」**です。これは4次元ＰＰＭにおける、「金のなる木」に相当し、利益最大化をめざします。**「利益最大・コスト最小」**は、思いきったコスト低減によって利益を捻出します。

　中央の上段は**「成長投資」**です。自社の強さを大きくするために、思いきった先行投資を行います。将来、右隣の「優位死守」にするための投資といえます。

　成長投資の下は**「現状即応」**です。現状を客観視しながら、対応策を臨機応変に判断します。中央の最下段は**「選択的収穫」**です。収益性が悪い分野は縮小撤退、収益性が高い分野はコストを下げて収益性を上げます。

　左の最上段は**「選択成長投資」**です。市場の魅力度が大きいので、収益を上げられる分野を選択して成長投資を行います。選択成長投資の下は**「選択衰退」「損失最小・撤退」**です。選択衰退は、収益が上がらない分野を選択して縮小撤退をします。損失最小・撤退は、思いきってその事業全体を撤退・売却します。

2章　閉塞した現状を打開する[決断フレームワーク]

戦略決定トレーニング　　　　　　　　Let's try!
## 赤字事業の撤退・挽回に迷う家電メーカー

> **問題発生！**　慢性的な赤字事業には、有能な人材を投入するべきか

　ヒロサキ電気は、白物家電は好調ですが、掃除機やアイロン事業は慢性的な赤字です。これらの事業において、3年先までの事業再生プランを立てたところ、赤字脱却ができないという見通しになりました。
　「もっと有能な人材を投入すれば、何とか黒字化できるのではないか」という楽観論の役員もいます。しかし、今までも有能といわれる社員を多数投入してきたのですが、思うように成果があがりませんでした。
　事業から撤退すれば、全社の売上が減少することは確実。しかし、赤字事業がなくなれば、営業利益は増えると試算されています。「何十年も続けた掃除機とアイロン事業を売却・撤退するのはしのびない」という声もあがっています。

> **フレームワーク活用の手順**

### ❶GEの9次元PPMにあてはめる
　GEの9次元PPMで、それぞれの事業が9分類のどこに属しているか分析します。赤字から脱却できないということは、左下の「損失最小・撤退」か、少なくとも「選択衰退」または「選択的収穫」に分類されます。

### ❷事業別に死守、利益回収、撤退の区分をする
　9分類のどこに属している事業かを投資戦略のヒントにします。右上になるほど高収益、左下になるほど低収益になります。左下の低収益事業から撤退して赤字のたれ流しを食い止めます。赤字のたれ流しを食い止めて資金力をつけて、右上の高収益事業をさらに強化する事業再生プランを立てます。

### ❸投資戦略を決定して実行する
　9分類の事業ごとに、投資の意思決定をします。ヒロサキ電気の場合は、可能な限り資金回収をしたいので、掃除機やアイロン事業は売却先をさがします。シェアを拡大したい競合他社から見れば、価値のある買収先となります。

## 「GEの9次元PPM」で投資と撤退を大胆に行う　10

**解決のコツ**　有能な人材を撤退ゾーン事業に投入しても、回復は難しい

「もっと有能な人材を投入すれば、何とか黒字化できるのではないか」という考え方には2つの問題があります。1つめは、他の事業から有能な人材を奪うことでその事業が弱体化することです。2つめは、有能な人材を投入したとしても、すでに挽回不能な状態になっていることが多いということです。

P・F・ドラッカー博士は、「後家作りの船は、早く解体した方がいい」と言います。"後家作りの船"とは、なぜかわからないが沈没して、多くの後家（夫を亡くした妻）を作ってしまう船のことです。

企業における後家作りの船とは、有能な人材を投入しても成果が出ない事業です。そして、有能な人材ほど、精神的に参ってしまうのです。

ヒロサキ電気の赤字事業は、すでに後家作りの船に陥っています。ヒロサキ電気がここで掃除機とアイロン事業を売却・撤退すれば、その船から脱出することができます。この状況では、それしか選択肢はないといえます。

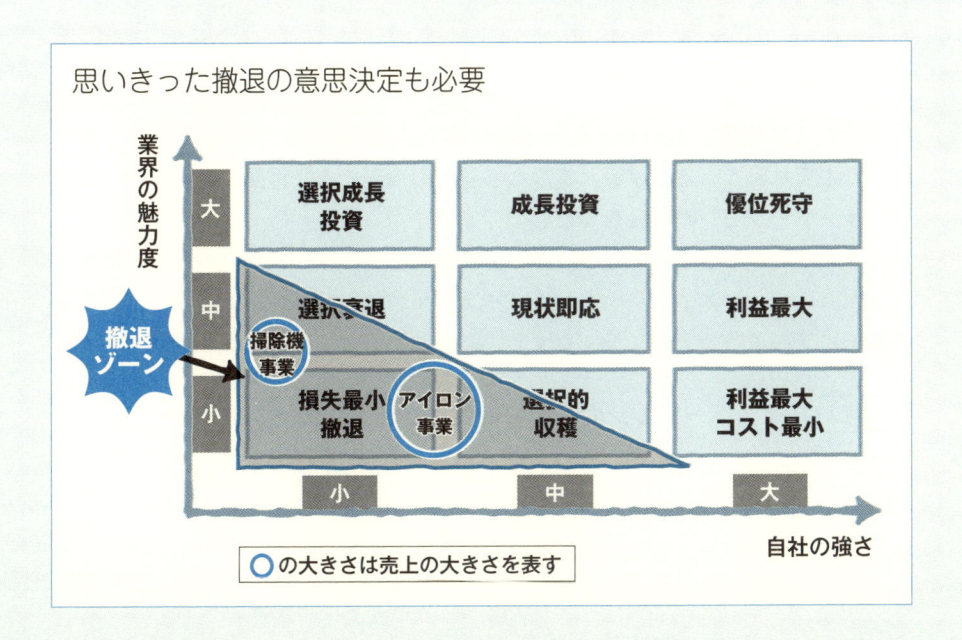

### 思いきった撤退の意思決定も必要

|業界の魅力度|小|中|大|
|---|---|---|---|
|大|選択成長投資|成長投資|優位死守|
|中|選択撤退|現状即応|利益最大|
|小|損失最小撤退|選択的収穫|利益最大コスト最小|

（横軸：自社の強さ）

撤退ゾーン：掃除機事業、アイロン事業

○の大きさは売上の大きさを表す

067

2章 閉塞した現状を打開する[決断フレームワーク]

## 11 ドラッカーが提唱した「イノベーションの7つの機会」

外部環境の大きな変化はイノベーションを生み出すチャンスだ。それに目を向けることで、企業は陳腐化を防ぎ、新たな事業展開を続ける。

### イノベーションとは｜技術の開発だけでなく新たな価値観の創造

　イノベーション（innovation）とは、新しい切り口や活用法を創造することです。新しい技術の発明にとどまらず、新しいアイデアから社会的意義のある新たな価値を創造し、社会的に大きな変化をもたらすことです。

　人口の変化やニーズの変化などの外部環境に目を向けると、イノベーションにつながる機会を見つけやすくなります。イノベーションの機会を意図的に発見し、自社のイノベーションを実行するチャンスにつなげることが大切であると、P・F・ドラッカー博士は説いています。

　なお、ドラッカー博士はマネジメント理論を構築したアメリカの経営学者・経営思想家であり、欧米や日本の経営者に大きな影響を与えた人物です。

### ポイント｜産業の外部、内部の変化に目を向ける

　外部環境が変化し、これまでのやり方が通用しなくなると、新しいビジネスチャンスが生まれます。外部環境、すなわち産業の内部および外部の変化に目を向けて、イノベーションの機会をつかむのです。

　イノベーションの機会を見つけたら、具体的なイノベーションの方策を考えます。たとえば、省エネ、環境、セキュリティへの関心が世の中で高まれば、製品やサービスの革新の機会になります。

### アドバイス｜「イノベーションの7つの機会」から進化のヒントを探る

　企業には常にイノベーションが必要です。ドラッカーは、イノベーションを見つけるヒントを7つ提唱しています。

　「産業内部」におけるイノベーションの機会は4つあります。

　1つめは**「予期せぬ成功と失敗」**です。たとえば、ペニシリンの発見は、予期

## 企業に活路をもたらす「イノベーションの7つの機会」

**産業の外部にある機会**
- 人口構造の変化（総数、年齢構成、職業分布など）
- 認識の変化（受け止め方）
- 新しい知識の獲得（技術、情報ネットワーク）

**産業の内部にある機会**
- 予期せぬこと（予期せぬ成功と失敗）
- ギャップの存在（技術上、業績上、認識）
- ニーズの存在（ニーズを明らかにする）
- 産業の構造変化（技術、ベンチャー、アウトソーシング）

せぬ失敗から機会を得ました。

2つめは**「ギャップの存在」**です。現在の技術ではうまく解決できない場合、解決するための新しい技術開発の機会になります。

3つめは**「ニーズの存在」**です。ニーズを明らかにすることで、ニーズ充足のイノベーションの機会になります。

4つめは**「産業の構造変化」**です。インターネットが登場したように、産業構造が変わるときが、まさに機会です。

「産業外部」におけるイノベーションの機会は3つあります。

1つめは**「人口構造の変化」**、2つめは**「認識の変化」**です。たとえばリサイクルは環境保護の気運が高まり、注目されるようになりました。

3つめは**「新しい知識の獲得」**です。起業家精神を奮い立たせるような発明や発見などです。

イノベーションの機会は、すべての企業の前に平等にあります。しかし、自らそれを見つける努力をしなければ見過ごしてしまいます。企業は、イノベーションを継続しなければ陳腐化します。また、外部環境の変化から新しいチャンスを見出す機会も逃すでしょう。

2章　閉塞した現状を打開する [決断フレームワーク]

戦略決定トレーニング　　　　　　　　Let's try!
## 新興国の価値観に悩む機械メーカー

**問題発生!** ローン販売と盗難のリスクに、どう対応すればよいか

　マツコ機械は、ショベルカーやクレーンなどの建設重機を主力製品に持つ重機メーカーです。中国市場の建設ラッシュで建設重機の需要が拡大していますが、大きな悩みを抱えています。それは、中国ではローン販売がうまくいかないという定説があることです。ローン販売にすると、頭金だけを払って残金を払わない人が多いのです。だからといって、一括払いを強要すると、ローン販売している競合に販売チャンスを奪われます。

　また、中国では建設重機の盗難も多く、これもローン販売の障害となっています。盗難にあった購入者は、善良な人でもローン返済を放棄してしまうのです。販売数を増やすために、ローン販売のハードルを下げるべきでしょうか、それともリスク回避を重視すべきでしょうか?

**フレームワーク活用の手順**

**❶中国市場の現状分析をして関係者で共有化する**
　「産業の構造変化」や「人口構造の変化」に注目すると、中国市場で建設重機の需要が高まっていることは確かです。しかし、ローンで販売しても、資金力の乏しい個人で購入する人が多いのでローンを支払えなくなるリスクがあります。また、建設重機の盗難への対策も必要でしょう。ここにニーズからイノベーションを導くチャンスがあります。

**❷最新の技術を採用、または開発してローン未払いへの対策を考える**
　ローン販売での債権回収リスクを最小化するには、ローンを支払わない人が買った建設重機のエンジンがかからなくすることです。また、盗難対策としては、GPS機能を搭載し、探索できるようにすればいいでしょう。

**❸ローン未払いと盗難への対策を実施する**
　建設重機へのGPS機能の搭載と、会社側から遠隔操作でエンジンがかからな

いようにできるシステムを構築します。盗難防止対策ができれば、盗難によるローン放棄者も減るでしょう。

> **解決のコツ** 市場の価値観に合わせたイノベーションが不可欠

　日本の建設重機の大手企業が実際にとった対策をご紹介しましょう。

　まず、ローンを支払わない人が買った建設重機のエンジンがかからなくなるよう、遠隔コントロールする技術を開発しました。また、盗難対策として、建設重機にＧＰＳと通信の機能を搭載することで、重機がある場所をすぐに位置探索できるようにしました。さらに、指定したエリア外では、エンジンが自動的にかからなくなるように設定しました。盗んで別の場所で使おうとしてもエンジンがかからないのです。これらの対策により、大きな成果をあげたのです。

　その国の風土や価値観を変えていくことは困難です。この例のように外部環境に対応したイノベーションが不可欠です。

　イノベーションの７つの機会の中に「ニーズの存在」があります。ニーズを明らかにすることで、ニーズ充足のイノベーションの機会が生まれます。中国でのニーズを明らかにした結果が、「ローンの未払者への対策」と「建設重機の盗難対策」でした。この２つが解決できれば、安心してローン販売ができるのです。

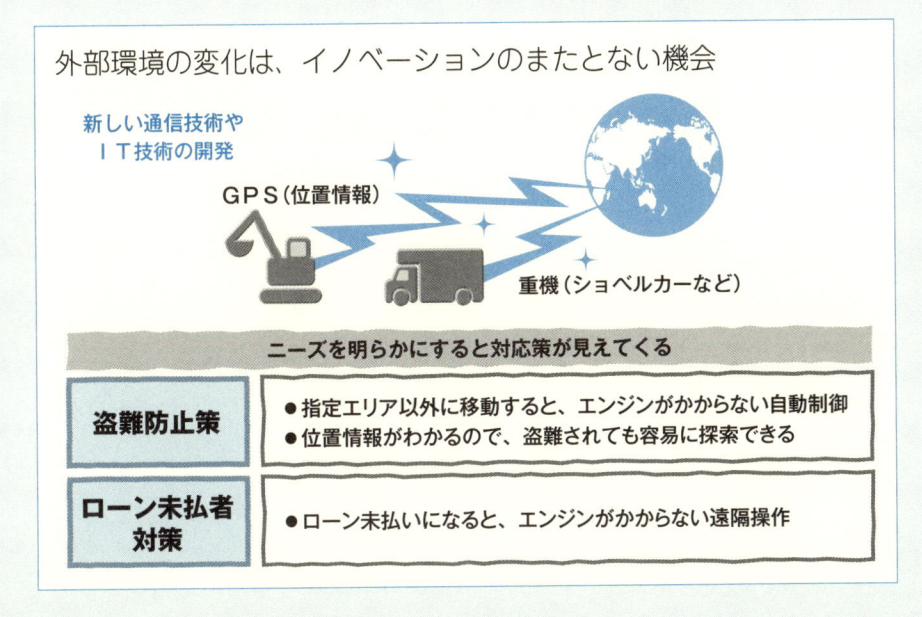

## 外部環境の変化は、イノベーションのまたとない機会

新しい通信技術やＩＴ技術の開発
ＧＰＳ（位置情報）
重機（ショベルカーなど）

**ニーズを明らかにすると対応策が見えてくる**

| 盗難防止策 | ●指定エリア以外に移動すると、エンジンがかからない自動制御<br>●位置情報がわかるので、盗難されても容易に探索できる |
|---|---|
| ローン未払者対策 | ●ローン未払いになると、エンジンがかからない遠隔操作 |

## 2章 閉塞した現状を打開する［決断フレームワーク］

# 12 マーケティングの「R-STP-MM」で売れる仕組みを作る

マーケティングとは、顧客のニーズを出発点に売れる商品や仕組みを作ることだ。既存の商品を売り込むセリング（販売）とは異なることを理解したい。

### マーケティングとは｜顧客と情報交換しながら製品やサービスを生み出す

マーケティングとは、売れる仕組みづくりのことです。マーケティングとセリング（販売）は異なる概念です。セリングは、既存の商品を売り込む手段であり、顧客に対して一方的に働きかけます。一方で、マーケティングは、顧客のニーズを把握し、その内容にマッチした製品やサービスを提供します。また、**顧客とは双方向に情報交換します**。情報提供だけでなく、顧客の声にも耳を傾けることで、**製品やサービスの改善を積極的に行います**。

### ポイント｜戦略立案のためのプロセス「R-STP-MM」

マーケティング戦略立案を手順化したものが、「R―STP―MM」です。Rはリサーチです。PPM（P.60）用に市場の成長率、マーケットシェアを把握します。また、マーケティング目標を決めるためさまざまなデータを把握します。

STPはターゲットの明確化です。ターゲット顧客、またはターゲット市場を選択して、どこに経営資源を集中させるかを明らかにします。

MMはマーケティング・ミックスです。ミックスとは、組み合わせるという意味です。MMでは4P（プロダクト、プライス、プレイス、プロモーション）のフレームワークをうまく組み合わせて、売れる仕組みを作っていきます。

### アドバイス｜さまざまなポイントから「顧客」にアプローチする

STPを構成するのは、**「セグメンテーション」「ターゲッティング」「ポジショニング」**です。ポジショニングとは、ターゲット市場（顧客）から見て、企業独自の特徴である「差別化」を認知させる活動です。これにより、企業の独自性が市場に認知されることをめざします。

MMのフレームワークである4つのPの1つである**「プロダクト」**では、顧客

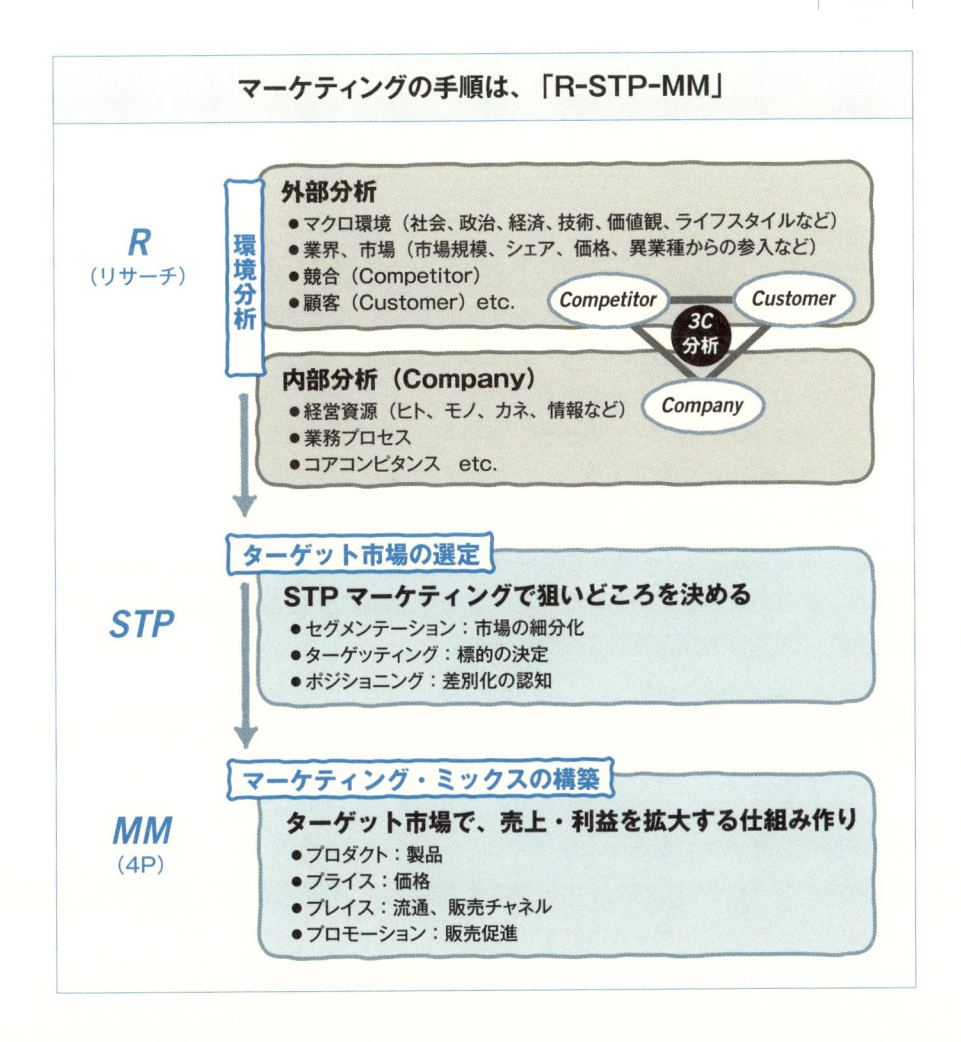

## マーケティングの手順は、「R-STP-MM」

**R**（リサーチ）

環境分析

**外部分析**
- マクロ環境（社会、政治、経済、技術、価値観、ライフスタイルなど）
- 業界、市場（市場規模、シェア、価格、異業種からの参入など）
- 競合（Competitor）
- 顧客（Customer）etc.

**内部分析（Company）**
- 経営資源（ヒト、モノ、カネ、情報など）
- 業務プロセス
- コアコンピタンス etc.

3C分析：Competitor / Customer / Company

**STP**

ターゲット市場の選定

**STPマーケティングで狙いどころを決める**
- セグメンテーション：市場の細分化
- ターゲッティング：標的の決定
- ポジショニング：差別化の認知

**MM**（4P）

マーケティング・ミックスの構築

**ターゲット市場で、売上・利益を拡大する仕組み作り**
- プロダクト：製品
- プライス：価格
- プレイス：流通、販売チャネル
- プロモーション：販売促進

---

ニーズは何か、そして何をつくれば売れるのかを、製品企画（仕様）にさかのぼって考えます。2つめの**「プライス」**は、いくらなら売れるかという、顧客の「値ごろ感」が重要です。価格は市場と顧客との駆け引きで決まるものです。

3つめの**「プレイス」**には、販売チャネル、流通チャネルという意味があるので、チャネル（販売経路）とも呼ばれます。プレイスは、チャネル、運送、在庫、範囲、場所、品揃えを効果的にするための施策を決め、実行することです。

4つめの**「プロモーション」**は、顧客へ情報を伝えることであり、広告、販売員活動、販促活動などです。特に広告の役割が重要です。

## 戦略決定トレーニング
## 意見がまとまらない新商品会議

Let's try!

**問題発生！** メンバーの考え方がかみ合わず、新商品の発売ができない

　サツマ電気の新商品会議では、アイデアは出るものの、意見がまとまりません。「もっと機能を増やした方がいい」という意見に対し、「機能はシンプルな方が高齢者にも使いやすい」という反対意見が出て、なかなか合意が得られないのです。
　また、広告展開についても話し合ったのですが、地味すぎる、イメージに頼りすぎている、音楽に力を入れた方がいいなどの意見が出てまとまりません。
　「みなさん、もっと冷静に。反対意見ばかり出しても、話が進みませんよ」とリーダー。しかし、メンバーの考え方や好みがバラバラなので、合意には至りません。
　みんなは真剣に話しているのですが、話しがかみ合わないのです。このままでは新商品の発売が大幅に遅れてしまいます。

**フレームワーク活用の手順**

❶「R-STP-MM」のR、リサーチをする
　まずどの市場に向けて新製品を出すのかを絞り込んでリサーチをします。具体的には既存製品の売上高、マーケットシェア、市場成長率の予測、顧客ニーズ調査、ヒアリングなどを実施します。データをもとに、可能な限り定量的に把握します。リサーチはヒントさがしです。

❷STPマーケティングでターゲット顧客を明確化する
　STPマーケティングで、市場をセグメント化（細分化）し、明確なターゲット顧客を決めます。さらに他社と差別化するために、ポジショニング（立ち位置）を明確化します。顧客から見て魅力ある差別化を考えます。

❸マーケティング・ミックス（MM）で4Pをうまく組み合わせる
　マーケティング・ミックスで、4Pをうまく組み合わせて売れる仕組みを考えます。プロダクト、プライス、プレイス、プロモーションの順番に決めていきます。

**解決のコツ**　「ターゲット顧客」を決めれば方向性が見えてくる

　はじめにＳＴＰでターゲット顧客を明確にしなければ、プロダクトである製品仕様は決まりません。独身層と家族世帯層とでは、ニーズは異なります。プロダクトは、「品質」「種類」「デザイン」「特徴」「ブランド名」「パッケージ」「大きさ」「保証」「サービス」「返品」などの各項目を、具体的に定義していきます。

　独身層とシルバー層の２つをターゲット顧客にしてもかまいません。ニーズがまったく異なるターゲット顧客を選択した場合は、ターゲット顧客ごとにポジショニングによる差別化を考えます。

　サツマ電気のマーケティング会議での、「もっと機能を増やした方がいい」という意見は、独身層向けの場合にはいいアイデアです。しかしシルバー層向けには、「機能はシンプルな方が使いやすい」という意見で合意が得られるでしょう。

　ターゲット顧客が明確になったら、４Ｐを決めていきます。そのうちの１つ、プロダクトで大切なことは、製品企画の段階からターゲット顧客の視点を取り入れることです。自己満足の製品企画では顧客に見放されてしまいます。

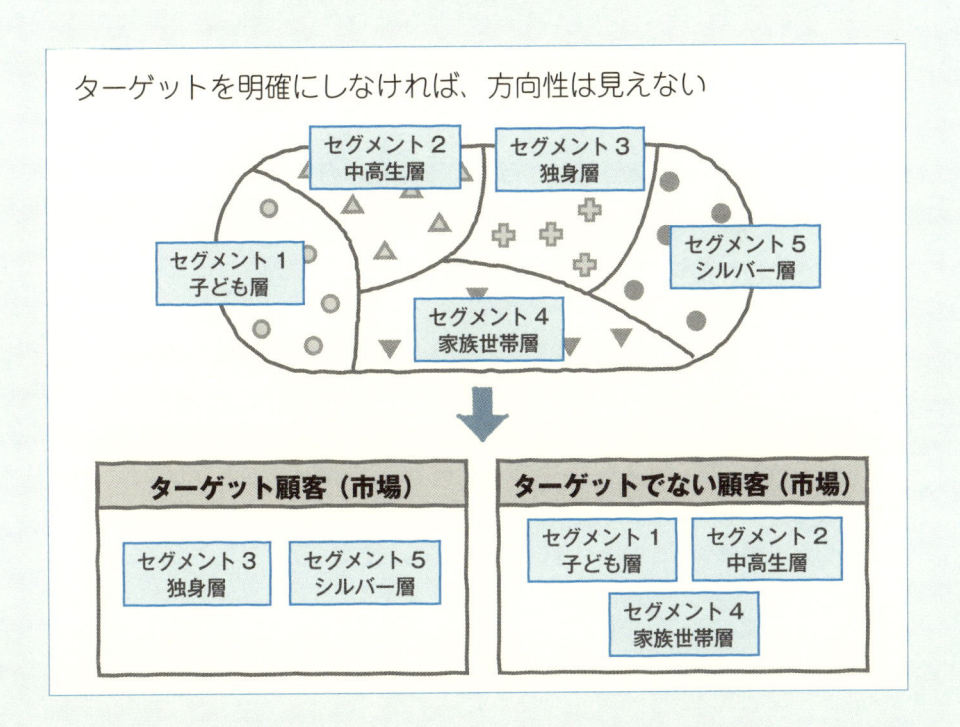

ターゲットを明確にしなければ、方向性は見えない

- セグメント１　子ども層
- セグメント２　中高生層
- セグメント３　独身層
- セグメント４　家族世帯層
- セグメント５　シルバー層

↓

**ターゲット顧客（市場）**
- セグメント３　独身層
- セグメント５　シルバー層

**ターゲットでない顧客（市場）**
- セグメント１　子ども層
- セグメント２　中高生層
- セグメント４　家族世帯層

## 13 「市場の3つの価値観」で時代にマッチした売り方を考える

顧客のニーズは時代と共に変化している。プロダクトアウト、マーケットイン、カスタマーインという3つの価値観に照らし合わせることで、自社の商品やサービスが時代に合っているかを検証することができるのだ。

**3つの価値観とは**「カスタマーイン」の時代の到来

　時代の変化に合わせ、消費者の意識は大きく変化します。当然ですが、売り手の意識もそれに合わせて変化することが要求されます。

　専門的な用語を使うなら、現在はプロダクトアウトからマーケットインへ、そしてカスタマーインに進化した時代ということができます。

　プロダクトアウトは生産中心の考え方です。企業が自社の販売計画と生産計画に基づいて、市場へ製品やサービスを投入する考え方です。マーケットインは、消費者のニーズを十分にくみ上げてそれを商品というカタチにして市場に出す、「はじめに顧客ありき」の考え方です。カスタマーインは、顧客1人ひとりの望みに応じて商品やサービスを提供していくという考え方です。

**ポイント** 現在の市場の価値観と、自社の価値観は合っているか

　市場に対する3つの価値観（プロダクトアウト、マーケットイン、カスタマーイン）のうち、自社はどの価値観を持っているのか、総点検してみましょう。

　過去の作れば売れる時代では、プロダクトアウトでも商品は売れました。

　しかしひと昔前のモノ余りの時代に入ると、顧客ニーズが多様化しはじめました。多様化した顧客ニーズを充足し、差別化された商品やサービスを提供するカスタマーインの考え方でなければ売れなくなったのです。

　**現在は一歩進めて、カスタマーインの時代です。顧客1人ひとりが望むものを提供するワン・トゥ・ワン・マーケティングの時代といえます。**モノ余りの時代でも、需要を刺激することができれば売れるのです。

**アドバイス** 個別のニーズに即時に応えるのが現在の価値観

　3つの価値観について具体的に説明しましょう。まず、製品を作る側の価値観

### 現在は「カスタマーイン」の価値観が主流になっている

| 3つの価値観 | 概要 | 例 |
|---|---|---|
| **カスタマーイン**（現在） | 顧客1人ひとりが望む商品やサービス内容に応じて、これに沿ったものを提供していくという考え方 | パソコンメーカーのDELL（カスタマイズ対応） |
| **マーケットイン** | 消費者のニーズを十分にくみ上げて、それを商品というカタチにして市場に出す。「はじめに顧客ありき」 | マーケティングに優れた企業 |
| **プロダクトアウト**（過去） | 企業が自社の販売・生産計画に基づいて、市場へ製品やサービスを投入すること | 市場の動きより自社の価値観を最優先する企業 |

で商品企画をすることを、製品（プロダクト）を市場にアウト（出す）という意味で、**「プロダクトアウト」**といいます。しかし、これは過去の発想です。

　米国では現在、電子レンジで作れるポップコーンでなければ売れないそうです。ポップコーンが日常的なおやつである米国らしいニーズです。こうして作る側の自己満足の前に、顧客満足を考える**「マーケットイン」**の時代に移行しています。

　そしてマーケットインをさらに進化させたものが、**「カスタマーイン」**です。カスタマーインは、顧客に対する個別ニーズを即時に提供します。カスタマイズ（個別対応）要求に対応する考え方です。たとえばパソコンメーカーのデルでは、顧客1人ひとりのカスタマイズが可能です。また、デザインやサイズを自由に組み合わせられる靴のオーダーメイドで成功した会社もあります。

　**顧客ニーズが多様化する今日、ワン・トゥ・ワン・マーケティングの重要性が増しています。**ポイントカードの普及は、ワン・トゥ・ワン（1人ひとり）の売上情報を把握してマーケティングにつなげる手段の1つです。インターネットの普及がそれを可能にしたのです。

## 戦略決定トレーニング　Let's try!
# 顧客の要求に対応できない重機メーカー

### 問題発生!　価格が高い、納期が遅いで販売力が低下

　カサマ重機は、営業部門よりも生産部門が力を持っています。たとえば、製品の販売価格は、製造原価を積み上げて決められます。営業部門が「その値段では誰も買ってくれません」と言っても、「売る気がないから売れないんですよ」と工場側は相手にしません。

　また価格が折り合っても、受注してから納品まで、通常1ヶ月以上かかります。「1ヶ月以上もかかると、受注がキャンセルされます」と営業が言っても、「いいものを作るには時間がかかるのは当然だ」と聞く耳を持ちません。

　営業部門としては、工場の対応の悪さにより、販売力に悪影響が出ています。他社製品を仕入れて売ろうかと、冗談交じりに話す営業も出はじめています。

### フレームワーク活用の手順

**❶現在の自社の価値観を点検する**

　市場に対する3つの価値観（プロダクトアウト、マーケットイン、カスタマーイン）を総点検します。この会社では、生産と工場中心のプロダクトアウトです。プロダクトアウトでは、顧客が競合に逃げてしまいます。

**❷企業風土を顧客志向にするための施策をゼロベースで考える**

　現在主流の価値観であるマーケットインにするには、仕組みも大切ですが、企業風土を顧客志向、マーケット指向に変革する必要があります。そのためには、施策をゼロベースで考える必要があるでしょう。

**❸カスタマーインの仕組みと企業風土を構築する**

　利益の源泉は顧客にあります。顧客がいなければ、売上も利益も得られません。自社にとっての顧客重視主義のあるべき姿を明確化します。そして、マーケットインから一歩進んだカスタマーインの仕組みと企業風土を構築するのです。

**解決のコツ** マーケットインのあるべき姿を明確化する

　過去の作れば売れた時代では、生産中心のプロダクトアウトの価値観で十分でした。基本性能さえよければ、顧客も黙って買ってくれたからです。また、技術の発展段階では競合も比較的少なかったので、メーカーの力が維持できたのです。
　営業部門は顧客との接点です。顧客ニーズに個別対応していかないと、顧客を競合他社に奪われます。顧客のＱＣＤであるクオリティ、コスト、デリバリー（納期）を満たさなければ、顧客は逃げていきます。
　同じ品質、同じコストなら、顧客は早い方を選ぶでしょう。納期を守ることは当然ですが、納期短縮を進めることも大切です。
　少なくともカサマ重機はマーケットインを実現すべきです。生産システムの改革と同時に、企業風土を顧客志向、マーケット志向に変革する必要があります。さらに進めて、顧客との1対1の関係を築くカスタマーインにするための施策もゼロベースで考えるのです。
　そのためにはまず、自社にとってのカスタマーインのあるべき姿を明確化すべきです。他社に見られる最良の事例をリサーチしてヒントをさがすのもいいでしょう。そして、カスタマーインの仕組みと企業風土の構築をめざすのです。

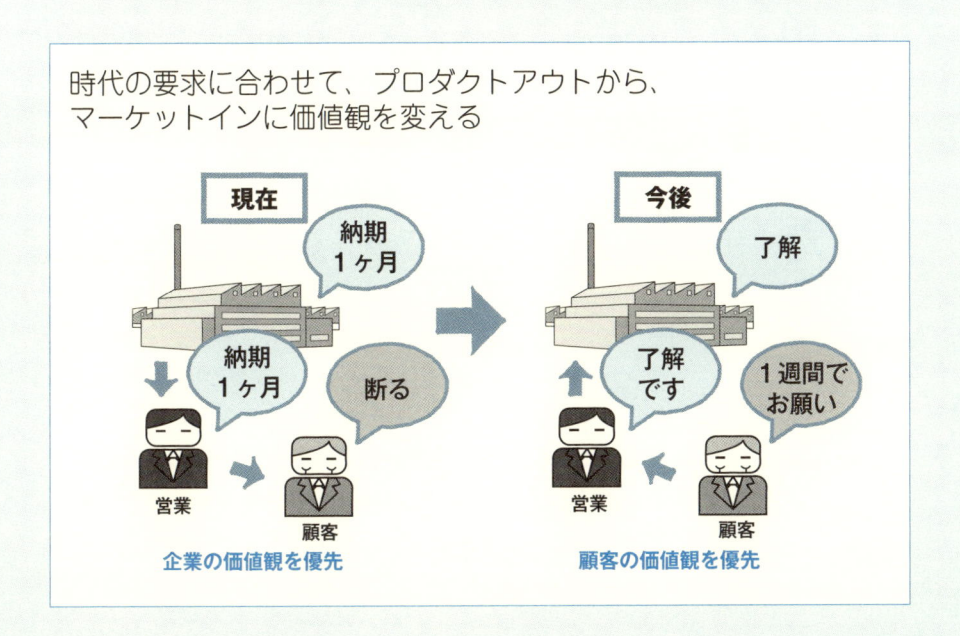

時代の要求に合わせて、プロダクトアウトから、マーケットインに価値観を変える

【現在】納期1ヶ月／納期1ヶ月／断る／企業の価値観を優先
【今後】了解／了解です／1週間でお願い／顧客の価値観を優先

## COLUMN

**失敗は恐れない。「最初に動いた者」がトップシェアを手にできる**

日本においても、かつてブルー・オーシャン戦略を実現した会社があります。宅急便のヤマト運輸、カタログ通信販売のセシール、IT業界のヤフーや楽天などです。

1973年に設立されたセブン-イレブンも、創業当時はブルー・オーシャンだったといえます。フランチャイズ方式、CVS（コンビニエンスストア）方式、深夜11時まで営業（のちに24時間営業）は当時の日本では斬新でした。

成功したビジネスモデルは競合相手を増やし、レッド・オーシャンに変容していくのが宿命です。しかし、競合相手が増える前に事業拡大できてしまえば、リーダー的な地位を獲得することが可能です。これをファーストムーバー・トップシェアの法則（最初に動いた者がトップシェア）といいます。

他社が成功したのを確認して「自社もやっておけばよかった」と嘆く会社がありますが、その大半は、後発で新規参入するものの、鳴かず飛ばずになることが多いのです。他社の成功を確認してからでは遅いのです。

ソフトバンクの孫正義社長は、「新規事業は、成功見込みが50～60％以下ならやらない。70％前後なら、やってみる価値はある。しかし、80％以上でもやらない」といいます。

80％以上の成功確率が読めるということは、すでに競合相手が先に成功しているか、他社がすでに考えついている確率が高いというわけです。後発で新規参入しても苦戦する、みんながすでに考えついているものはすぐに過当競争になるというわけです。

ブルー・オーシャンを手にすることは容易ではありません。しかし、今までのレッド・オーシャンを続けるだけでは消耗戦です。「自社の強みが活かせるブルー・オーシャンは何か？」を問いかけ、ブルー・オーシャンへの突破口を見出す決意が必要です。

第 3 章

# ランチェスターと孫子から学ぶ
# [判断フレームワーク]

## 14 ランチェスター戦略の基本「弱者の戦略」と「強者の戦略」

業界2位以下の企業が厳しい市場で生き残るためには、1点集中などの弱者の戦い方をして活路を見出す必要がある。

### ランチェスター戦略とは 企業活動に応用しやすい戦略論

　ランチェスター戦略は、イギリスで考案され、日本で完成された戦略論です。イギリスのランチェスター氏は、米国の第1次世界大戦の物資投入量と敵国の被害量を分析して、ランチェスターの法則を見出しました。この段階では、OR（オペレーショナル・リサーチ）という分野の数学理論でした。

　その後、日本の田岡信夫氏がランチェスターの法則に着目し、最終的に戦略論として完成させました。非常にわかりやすく、応用しやすい戦略論です。

### ポイント 業界2位以下の企業は「弱者の戦略」に徹する

　ランチェスター戦略は「弱者の戦略」と「強者の戦略」のどちらかを選択し、経営資源の配分を意思決定することを基本にしています。弱者はゲリラ戦、強者は物量作戦が基本戦略になります。弱者は少しずつ着実に攻めていきます。強者は物量作戦で短期決戦をめざします。まず自社は弱者なのか、強者なのかを認識すべきです。**弱者は業界2位以下、強者は業界1位です。業界2位以下の企業が大半ですから、弱者の戦略を用いるのが一般的です。**

### アドバイス 弱者の戦略、強者の戦略、それぞれの基本戦略を守る

　弱者の戦略は、次の5つの基本戦略から成ります。

　1つめの「**局地戦**」は、市場を「限られた地域、限られた範囲」とします。範囲が狭いと経営資源を集中できるため、弱者でも有利に戦えます。2つめは「**1点集中**」です。1点であれば、弱者でも競合より経営資源を多く投下できます。3つめは「**1騎打ち**」です。1対1での戦いに確実に勝利していくのです。投入した経営資源をこまめに回収しないと、経営資源（資金）が底をついてしまいます。4つめは「**接近戦**」です。近づくことで相手（顧客・競合）の動きがよく見

## 「弱者の戦略」と「強者の戦略」の相違点

### 第一法則
**弱者の戦略**
（弱者＝業界2位以下）

| 基本戦略 | 概要 |
|---|---|
| (1) 局地戦 | 限られた狭い場所で戦う |
| (2) 1点集中 | 標的を1つに集中させる |
| (3) 1騎打ち | 1対1で戦う |
| (4) 接近戦 | 顧客に近いところで戦う |
| (5) 陽動作戦 | 敵を情報で煙に巻く神出鬼没 |

↓

**ゲリラ戦**

- 小さくても、1つずつ着実に勝つ
- やみくもに資本を消耗させない

**弱者は各駅停車に乗れ**

### 第二法則
**強者の戦略**
（強者＝業界1位）

| 基本戦略 | 概要 |
|---|---|
| (1) 広域戦 | 広い場所、広範囲で戦う |
| (2) 総合戦 | あらゆる分野で総攻撃で戦う |
| (3) 確率戦 | 何人かに1人が買えばよい |
| (4) 遠隔戦 | 全国の代理店を本社で統括 |
| (5) 正面突破 | 正々堂々と正攻法で攻める |

↓

**物量作戦**

- 全方位で戦う
- 資本を武器にスピードで勝負

**強者は特急（飛行機）に乗れ**

---

え、的確な対策が実行できます。5つめは**「陽動作戦」**。手の内を見せず、うその情報などで敵を揺さぶります。

　強者の戦略は、次の5つの基本戦略から成ります。

　1つめの**「広域戦」**は、より多くの売上を確保するために、世界市場など広域な市場を相手にします。2つめの**「総合戦」**は、より多くの製品のラインナップを充実させて、すべての顧客や市場を相手にします。3つめの**「確率戦」**は、テレビCMなどを全国展開して需要を刺激します。4つめの**「遠隔戦」**は、本社にマーケティング本部を構え、販売代理店を遠隔操作でコントロールします。顧客に接近すると多くの営業マンを必要とし、採算が合わないからです。5つめは**「正面突破」**。正々堂々と、顧客や市場に目立つように行動します。

　強者の戦略は、あくまで「確率戦」なので、確率が低い攻めをすると経営資源を浪費します。

3章　ランチェスターと孫子から学ぶ[判断フレームワーク]

戦略決定トレーニング　　　　　　　　　　　Let's try!
# 海外進出で苦戦するメーカーの新戦法

### 問題発生!　一気に海外進出を進めて大苦戦

　競合が海外進出を進める中、アトダ機械は一歩出遅れました。そこで昨年より、進出の遅れを一気に解消するため、中国に3拠点、ベトナムに1拠点、インドに2拠点の工場を新設しました。

　しかし、資金調達に苦戦し、資金繰りが悪化しています。銀行融資枠の上限をなんとか引き上げることはできたものの、従来金利に1％が上乗せされる不利な条件です。工場の稼働体制が整ったものの、販売拠点の整備も不十分で販売が思うように伸びません。このままでは、資金繰りが悪化し、倒産の可能性すら出てきました。

　世界情勢の動向には合致していたはずですが、どうもうまくいきません。とはいえ、多くの資金を投入した以上、全面撤退は難しいのが現実です。

### フレームワーク活用の手順

#### ❶強者の戦略か弱者の戦略かを見極める

　身の丈にあった経営をめざすには、経営資源と投資のバランスを見極めることが肝要です。強者であれば、豊富な経営資源をもとにした短期決戦が有利です。弱者であれば、ゲリラ戦で1拠点ずつ攻略するのが賢明です。

#### ❷身の丈にあった経営をめざすため、1拠点に集中

　アトダ機械の場合は、弱者の戦略を基本戦略として採用し、投資対効果が最も高い1拠点に経営資源を集中すべきです。特に海外などの地の利がわかっていない地域への進出では、最初から手口を広げすぎないようにします。

#### ❸1点集中・1点突破を成功させてから手口を広げる

　弱者の戦略はゲリラ戦で、1点集中・1点突破が基本です。局地に集中して、1点集中で活路を見出します。資金の分散もマイナスですが、人材の分散もマイナスです。ターゲット地域を絞り込んで、1点集中・1点突破をめざします。

## ランチェスター戦略の基本「弱者の戦略」と「強者の戦略」 14

**解決のコツ** 広げすぎた場合は、一部撤退も視野に入れる

「弱者は各駅停車に乗れ、強者は特急に乗れ」が原則です。業界2位以下の弱者は、拠点を急激に増やすより、範囲を限定して一歩一歩着実に攻めるべきです。急拡大を目指すと、費用ばかりが先行し、収入がすぐには伴いません。支出ばかりが増え、資金繰りに行き詰まって経営破綻します。

海外進出の遅れを一気に解消するためとはいえ、中国に3拠点、ベトナムに1拠点、インドに2拠点の工場新設はやりすぎです。工場の稼働体制が整っても、販売拠点の整備が不十分では販売が思うように伸びません。

孫子の兵法の1つに「はじめは処女の如く後は脱兎の如し」というものがあります。はじめは処女のように弱々しく見せて油断させ、後には逃げる兎のように素早く敵を攻撃するということです。はじめは慎重に進出し、地の利がわかってから一気呵成に展開しても遅くはありません。

また、海外に目がいきすぎて、国内の守りが手薄にならないよう注意する必要があります。

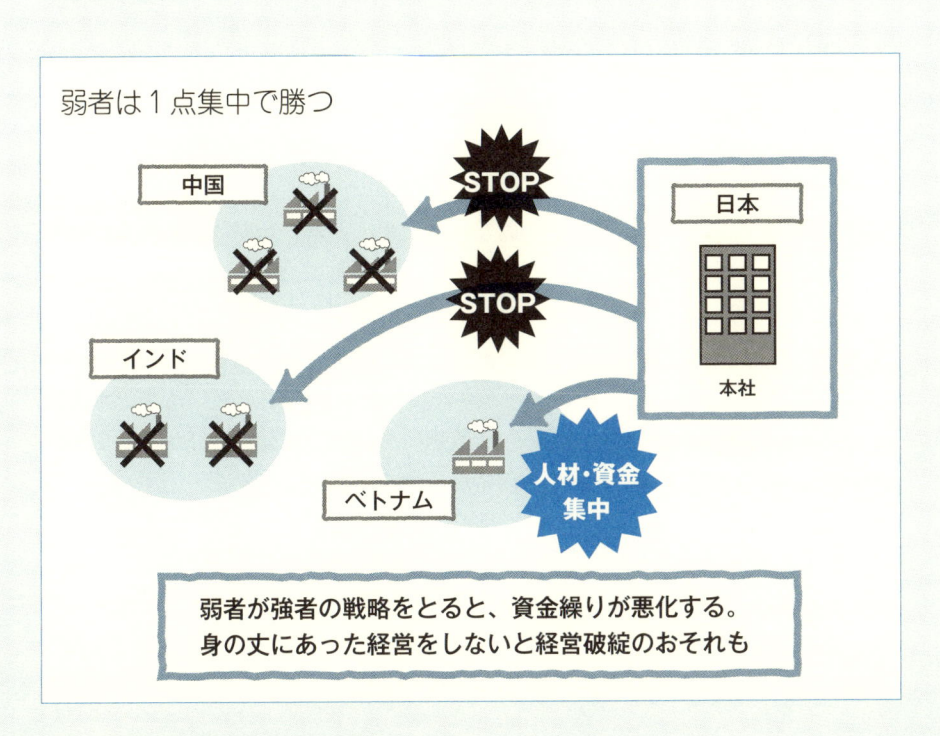

#### 弱者は1点集中で勝つ

弱者が強者の戦略をとると、資金繰りが悪化する。
身の丈にあった経営をしないと経営破綻のおそれも

## 15 ランチェスターの「ナンバーワン戦略」で業界の主導権をとる

自社の強みを活かして特定分野でナンバーワンになる。それにより主導権をとり、経営を有利に進めることができる。3つの「ナンバーワン」から絞り込もう。

### ナンバーワン戦略とは ナンバーワンになれば主導権が握れる

　ナンバーワンとは、量でトップになることです。一方、オンリーワンは、差別化の質でトップになることです。範囲を限定して、特定の分野でオンリーワンをめざすことで、ナンバーワンになるという考え方もあります。

　ナンバーワンになれば、市場の主導権をとることができます。主導権をとれば、自社に有利な競合環境に誘導することも可能です。さらに顧客や市場からの認知度も高まります。

### ポイント 3つのナンバーワンのどれをめざすか

　どの分野でナンバーワンをめざすのかを明確化することで、経営資源の配分の指針が明らかになります。たとえば、液晶分野でナンバーワンをめざすのであれば、その分野に集中的に経営資源を配分すればいいのです。

　**どの分野でナンバーワンをめざすのかがあいまいだと、短期的視点に陥りやすく**その場対応の経営判断になってしまいます。経営資源の配分の方針が一貫性を持たなくなると、薄く浅い中途半端な投資になり競争優位が確立できません。

　ナンバーワンの絞り方には、大きく分けて「商品ナンバーワン」「地域ナンバーワン」「顧客ナンバーワン」の3つがあります。どのナンバーワンになるかを決めたら、少なくとも2～3年間、迷いは禁物です。迷うと経営資源が分散するので競合他社に差をつけることができないからです。

### アドバイス 小さくてもいいからナンバーワンになれ

　「商品ナンバーワン」「地域ナンバーワン」「顧客ナンバーワン」の3つをそれぞれ詳しく見ていきましょう。

　**「商品ナンバーワン戦略」**は、特定の商品群でナンバーワンになることをめざし

## 限られた範囲でもいいから「ナンバーワン」になるべき

**商品ナンバーワン戦略**

ある商品分野でナンバーワンになる
- パソコンの売上でナンバーワン
- ノートパソコンの売上でナンバーワン
- 液晶技術でナンバーワン
- ある素材の技術でナンバーワン

**地域ナンバーワン戦略**

地域の同業者の中でナンバーワンになる
- 同一営業内の同業種で売上ナンバーワン
- 地域で最も信頼される企業になる
- その地域になくてはならない存在になる

**顧客ナンバーワン戦略**

その顧客にとってナンバーワンの存在になる
- 顧客にとって最も取引額が大きい取引先になる
- 顧客が最も信頼する取引先になる
- 取引先の顧客になくてはならない存在になる

---

ます。たとえば、液晶テレビの市場全体でナンバーワンがムリであれば、液晶材料でナンバーワンになるというふうに限定します。限られた経営資源でナンバーワンをめざすのですから、身の丈にあったターゲットを選択します。

「地域ナンバーワン戦略」は、限定した地域で他社に圧勝し、ナンバーワンをめざします。たとえば、各営業拠点で、同じエリアの競合の営業所に対して「地域ナンバーワン」を掲げ挑みます。全国の営業所が地域ナンバーワンになれば、全国でもナンバーワンになることが可能です。

「顧客ナンバーワン戦略」は、ある顧客の取引金額を、その顧客と取引がある同業他社に対して、ナンバーワンのシェアにすることを意味しています。たとえば、特定の顧客の電子部品の仕入先実績をナンバーワンのシェアに高めることで、影響力を強めることができます。その結果、顧客にはなくてはならない会社になり、密接な取引関係が維持できるのです。

このように、限定された分野でもいいから、ナンバーワンを実現することで、市場の主導権を握ることが可能になるのです。

3章　ランチェスターと孫子から学ぶ [判断フレームワーク]

戦略決定トレーニング　　　　　　　　　　　　Let's try!
## 方向性を見失ったパソコンメーカー

**問題発生!** 商品ナンバーワンにこだわって大赤字に

　パソコンの販売でのナンバーワンを目指したイチロー電気は、デル（Dell）のような安売り攻勢でシェア（市場占有率）を広げようとしました。しかし、デルと同レベルに生産コストを下げられず、大赤字になってしまいました。
　このまま安売りを続けることはできないと考えた社長は、価格を上げる代わりに宣伝を大々的に行いました。しかし、製品性能を飛躍的に向上させたわけでなく、もともとブランド力がないので、かえって売上が落ちてしまいました。
　ナンバーワンを目指す難しさを実感するイチロー電気。安売りもダメ、広告もダメ、あと何が残っているのだろうと途方に暮れています。万策が尽きたように見える厳しい局面を打開する策はあるのでしょうか。

**フレームワーク活用の手順**

❶ どの分野でナンバーワンになるかを選択する
　まずナンバーワンになる分野を選択します。弱者は手口を広げる広域戦よりも、局地戦で戦うべきです。分野を選択することで、限られた経営資源でも大きな成果を出すことができるのです。

❷ ナンバーワンになるために何をすべきかを考える
　ナンバーワンになる分野を選択したら、それを実現するために何をすべきかを考えます。たとえば、開発、販売、生産などへの投資が挙げられます。効果が少ない施策や投資は、思いきって切り捨てるべきです。

❸ ナンバーワンになるための施策を一丸となって実行する
　ナンバーワンになる施策が決まったら、実行計画を立てて推進します。全社員が一丸となって進まなければ、ナンバーワンにはなれません。ナンバーワンになる分野を選択することで、経営資源配分の指針を明らかにすることが大切です。

**解決のコツ** 実現可能なナンバーワン領域を選択する

　ナンバーワン戦略をとるのはいいのですが、パソコン全体で商品ナンバーワンになるには、かなりの経営資源が必要です。デルに対抗するのではなく、自社の強みを活かした分野に絞ることが賢明です。

　たとえば、液晶やメモリー装置などのユニットでナンバーワンを目指せないかを考えます。それが難しいなら、部品や材料分野に絞ってナンバーワンを目指すのもいいでしょう。

　また、顧客ナンバーワンをめざすことで商品ナンバーワンを実現するのも一案です。たとえば、自社が液晶材料メーカーであれば、液晶ユニットメーカーが得意先でしょう。液晶ユニット業界のナンバーワン企業を顧客にして、その企業に最も信頼される取引先になれば、共に成長できます。

　ナンバーワンを目指すことは容易ではありません。しかし、ナンバーワンにならなければ、高収益を得ることはできません。これは、「選択―差別化―集中」で考えます。どの分野でナンバーワンになるかを選択し、他社との差別化を考えたら、経営資源を集中してナンバーワンをめざすのです。

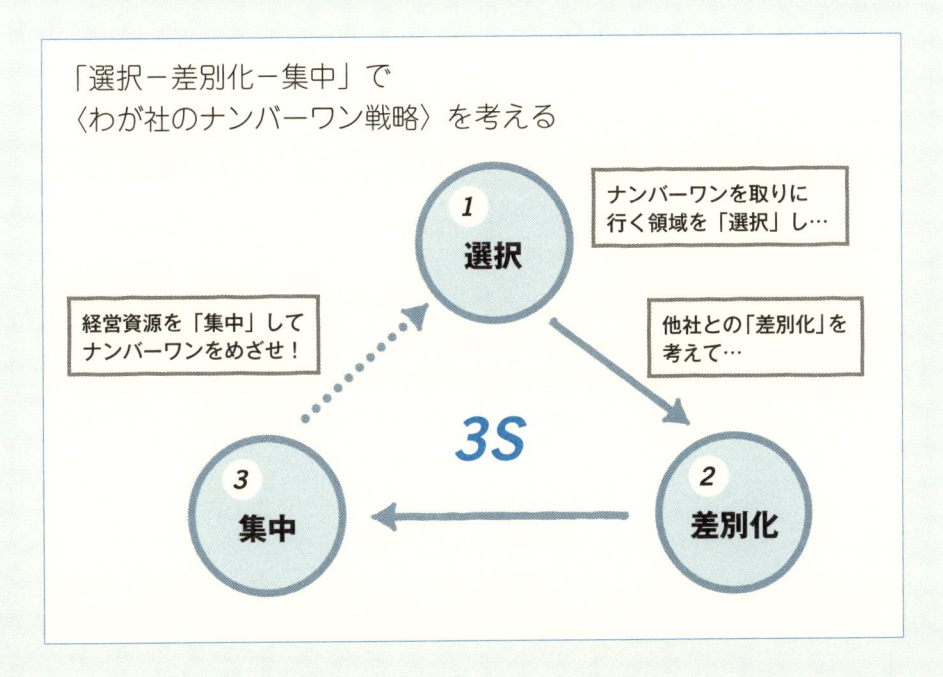

「選択－差別化－集中」で
〈わが社のナンバーワン戦略〉を考える

**3S**

1 選択 — ナンバーワンを取りに行く領域を「選択」し…

2 差別化 — 他社との「差別化」を考えて…

3 集中 — 経営資源を「集中」してナンバーワンをめざせ！

### 3章 ランチェスターと孫子から学ぶ[判断フレームワーク]

## 16 事業発展に効くランチェスターの「グー・パー・チョキ理論」

事業のS&B（スクラップアンドビルド）は限られた経営資源を活かし、継続的な発展をするのに欠かせない。その理想的なフローを説いたのがグー・パー・チョキ理論だ。

### グー・パー・チョキ理論とは　経営資源配分の指針をわかりやすく表現

グー・パー・チョキ理論は、商品開発や事業発展に役立つ経営資源配分の指針です。グーは一点集中で、間口を広げすぎず欲張らないで経営資源を集中させることです。1つの分野で成功して資金力をつけ、パーで領域を広げて、多商品化をめざします。ラインナップを揃えて、周辺機器やサービスを充実させるのです。

ある程度、領域を広げると、収益性が悪い部分が出てきます。収益性が悪いものは、思いきってチョキ、すなわち部分的な撤退や切り捨てで身軽になります。そして、さらにグーに戻ります。これを繰り返しながら事業を発展させるという理論です。

### ポイント　グー・パー・チョキの順に事業の立ち上げ・拡大・整理をする

ターゲット、商品分野、品揃え、事業範囲など、あらゆる分野の選定に、グー・パー・チョキ理論が役立ちます。

新しいことをはじめるときに常に議論されるのが、ターゲットや範囲を広げた方がいいのではないかという意見です。

しかし**いきなりパーを目指すと、すべてが中途半端になって失敗するケースが多いのです**。製品の差別化が希薄になる、広告の訴求点があいまいになる、開発に時間がかかる、品種数が増えて生産や管理の効率が低下するなどの問題が発生します。グー・パー・チョキの順番を守り、最後にチョキを忘れず行うことが重要です。

### アドバイス　チョキを忘れると、さまざまなロスが発生する

日本企業の多くは、「チョキ」が苦手といわれています。ある商品の生産や販売から撤退できない結果、多品種少量生産の悪循環から抜け出せないことがよく

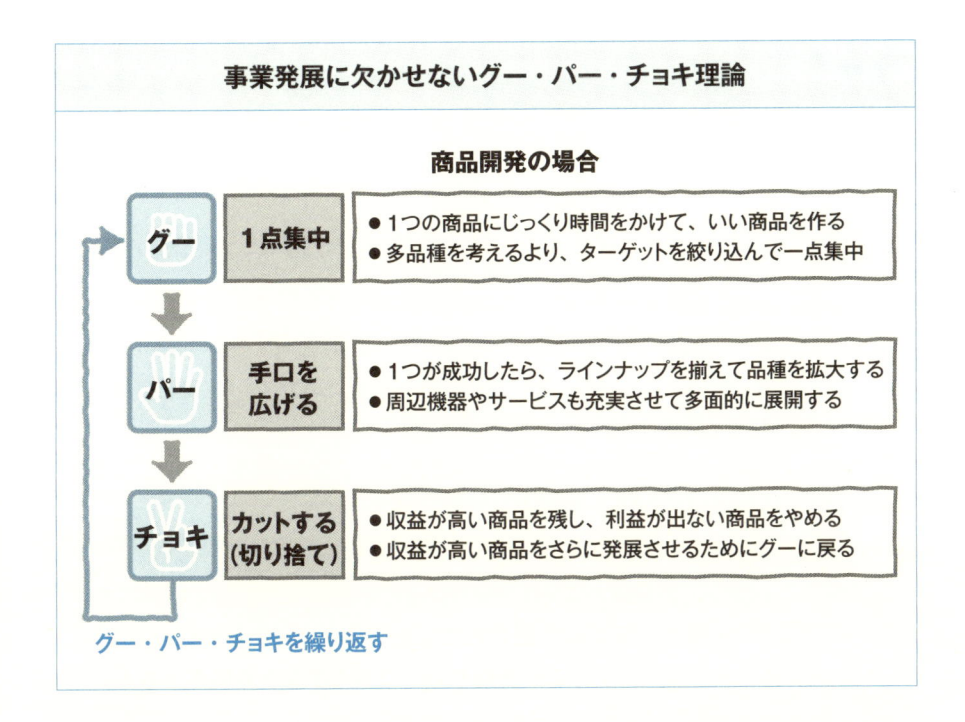

## 事業発展に欠かせないグー・パー・チョキ理論

### 商品開発の場合

| | | |
|---|---|---|
| グー | 1点集中 | ● 1つの商品にじっくり時間をかけて、いい商品を作る<br>● 多品種を考えるより、ターゲットを絞り込んで一点集中 |
| パー | 手口を広げる | ● 1つが成功したら、ラインナップを揃えて品種を拡大する<br>● 周辺機器やサービスも充実させて多面的に展開する |
| チョキ | カットする（切り捨て） | ● 収益が高い商品を残し、利益が出ない商品をやめる<br>● 収益が高い商品をさらに発展させるためにグーに戻る |

グー・パー・チョキを繰り返す

---

あります。

　品種数が増えると、生産時の品種切り替えロスのほか、在庫費用や管理費用などが増加します。売上を切り捨てても、品種数を減らした方が収益向上を図ることができるのです。不採算商品をカットしなければ、新しい商品を生み出す余力も生み出せません。

　たとえばある食品会社では、売れば売るほど赤字の商品が生じました。その商品の生産・販売をやめると売上が下がると思い、生産中止を意思決定できなかったのです。しかしその後、戦略を理解した人が社長になり、思いきって赤字商品から撤退しました。その会社は、売上は減りましたが、減収増益で、慢性の赤字体質から脱却できました。

　思いきったチョキは必要ですが、チョキだけでは売上が下がります。新しい分野を切り拓くことが必要です。そこで新しい分野を視野に入れ、さらにグー・パー・チョキ理論を繰り返します。

　ランチェスター戦略は、戦略の定石の宝庫です。戦略的に考える習慣を身につけるための第一歩としては、ランチェスター戦略がおすすめです。

## 戦略決定トレーニング
## 在庫管理に苦しむ化学メーカー

Let's try!

### 問題発生！ 製品の品種が増えすぎて、在庫管理が経営を圧迫

　毎年300品種の新製品を出しているオイダ化学ですが、在庫管理に苦労しています。原材料や仕掛品、工場内外の製品など、数十万品種の在庫を常に運用しているので管理が繁雑です。在庫管理の手間もさることながら、大量の在庫を抱えるため、倉庫費用も売上増以上に毎年増加しています。

　このままでは、在庫管理費用が増えてさらに経営を圧迫します。しかし、新製品を出さなければ売上は上がりません。一方、過去の製品の製造販売を中止すれば、売上減と在庫処分による評価損で赤字になってしまいます。どちらにしてもジレンマです。すでに黒字はわずかで、一歩間違うと赤字に転落してしまいます。さて、このような状態に、いかに対処すればいいでしょうか？

### フレームワーク活用の手順

#### ❶稼いでいる製品と稼げない製品を分析する
　品種が多いと、生産、在庫、物流などのコストが上昇し、管理も複雑になります。これを解消するためにまず、稼いでいる製品と稼げない製品を分類します。

#### ❷稼げない製品を廃番したときの影響を予測する
　稼げない製品を廃番したときの影響を予測します。廃番にすることで稼いでいる製品に悪影響がある場合は、チョキにしないこともあります。たとえば、周辺機器などで主力製品の付加価値を高めているような製品です。影響のない稼げない製品は廃番にする意思決定をします。

#### ❸一時的な減収を恐れず黒字体質に転換させる
　減収増益は必ずしも悪いことではありません。稼げない製品を廃番にすると、一時的に減収になります。しかし、ムダなコストを削減して増益になるなら、品種数を絞って黒字体質に転換させた方がいいのです。

事業発展に効くランチェスターの「グー・パー・チョキ理論」　16

> **解決のコツ**　**稼げない製品を廃番にして身軽になる**

　製品を廃番にできないのが経営者心理です。「年間数百万円と売上が少ない製品もあるが、やめてしまえばその分の売上が減る」と考えてしまうのです。しかし、年間数百万円の売上を得るために、コストが1千万円以上かかっていたらどうでしょうか？　売上を維持するために、それ以上のコストがかかっていることがよくあります。

　このような稼げない製品は、廃番にしても他の製品に影響がないのであれば、思いきって切り捨てるのも一案です。廃番により、旧製品から新製品への乗り換え需要が生まれることもあります。

　一般的に、品種数が増えると、品種切り替えによる非稼働時間が増えて生産性が低下します。また、在庫スペースと管理費用も増加します。廃番によって短期的には減収でも、コスト削減がそれ以上であれば増益になります。

　ある飲料メーカーは、過疎地の自動販売機を撤去しました。あわせて、販売量が少ない飲料を廃番にしました。その結果、減収増益で赤字体質から脱却できました。増益により、主力製品への先行投資が容易になったのです。

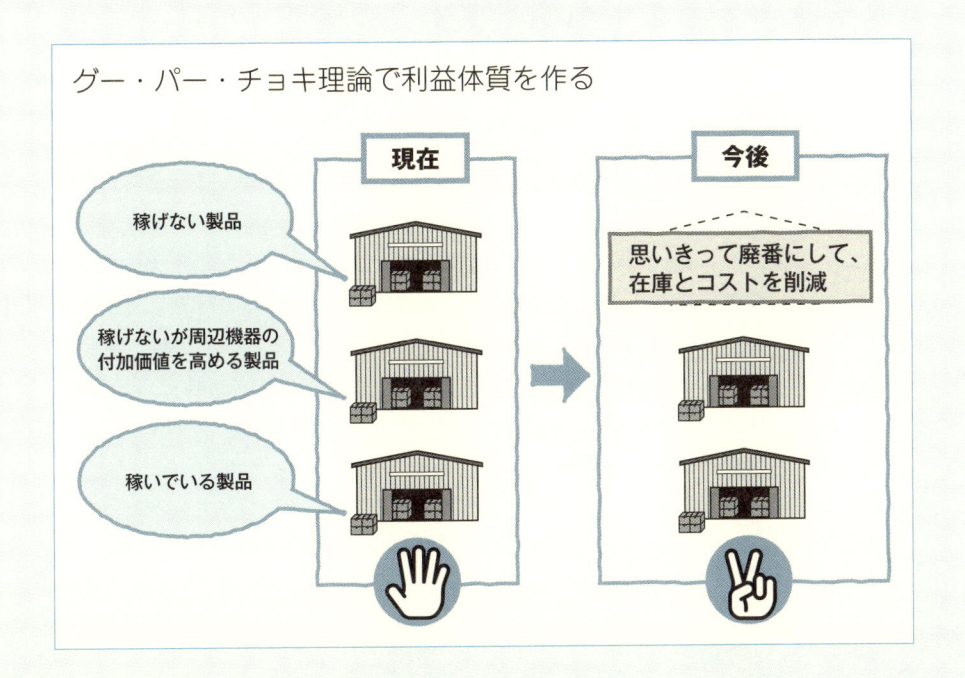

---

**グー・パー・チョキ理論で利益体質を作る**

現在
- 稼げない製品
- 稼げないが周辺機器の付加価値を高める製品
- 稼いでいる製品

→

今後
- 思いきって廃番にして、在庫とコストを削減

## 17 「シェアの法則（26％／40％／70％）」から市場での位置をつかむ

市場占有率から自社の立ち位置を判断するのに役立つのが、シェアの法則である。これは短期～長期の目標値の設定に便利だ。

### シェアの法則とは　シェアによって市場での立場は変わってくる

　ランチェスター戦略を研究したアメリカの数学者B・O・クープマンが完成させた市場シェア理論があります。これは、どれくらいのシェア（占有率）があるかで市場での立場が変わることをまとめたもので、「クープマンの目標値」と呼ばれています。**ある分野でのシェアが市場影響シェアである26.1％を超えれば、市場での認知度は上がり、拡大路線に乗れます。しかし、26.1％を下回ると、市場から忘れ去られてシェアは縮小します。**

　41.7％は、相対的安定シェアで、利益が出る水準になります。73.9％は独占市場シェアで安定しますが、独占禁止法に抵触する可能性があります。

### ポイント　まずは市場影響シェアで「26.2％」を目指す

　シェア目標の設定は、まずは、市場影響シェアである26.1％を上回ることを目標に置きます。しかし、現在のシェアと大きな開きがある場合は、並列的上位シェアの19.3％、市場認知シェアの10.9％と、下位の目標値から設定します。

　シェアの範囲は、個別の商品または商品総合で設定します。たとえば、家電ならエアコン、洗濯機、液晶テレビというように商品ごとにシェア目標を設定します。ビールなら、ビール、発泡酒、雑穀酒、ノンアルコールという分類ごとに設定します。また、ビール総合のシェア目標も併用して設定するといいでしょう。

　ナンバーワン戦略（P.86）の、商品ナンバーワン、地域ナンバーワン、顧客ナンバーワンと同様に、地域や顧客ごとにシェアの法則を使うこともできます。

### アドバイス　「41.7％」になればトップの位置は安定

　それぞれのシェアについて詳しく解説していきましょう。
　**73.9％**は、独占的市場シェアです。このシェアをとれば、短期的にトップ

## 第1目標として、シェア26.1%を目標にする

| シェア | シェア区分 | シェアが持つ意味 |
|---|---|---|
| 73.9% | 独占市場シェア | 〈上限目標〉<br>短期的にトレンドがひっくり返る可能性はほとんどなし |
| 41.7% | 相対的安定シェア | 〈安全圏〉<br>首位のブランドや企業がこのシェアを占めていれば、トップの地位は安定しており、不測の事態に見舞われない限り逆転されない安全な状態 |
| **26.1%** | 市場影響シェア | 〈下限目標〉→26.1%を超えることが重要<br>トップであってもいつでも逆転される可能性がある、不安定状態 |
| 19.3% | 並列的上位シェア | 〈弱者中の強者〉<br>弱者の中のドングリの背比べから一歩抜け出しつつある |
| 10.9% | 市場認知シェア | 〈足がかり〉<br>弱者の中で一定地位を確立し、強者への足がかりにする |
| 6.8% | 市場存在シェア | 〈弱者の平均〉<br>かろうじて存在を許される状態。利益率が伸びる可能性は低い |
| 2.8% | ……… | 生き残れるか、消え去るかの分かれ道にあるレベル |

を逆転される可能性はほとんどありません。トップ2ブランド（社）合わせて73.9%以上を占めている場合を「二大寡占」、3ブランド（社）の場合を「三大寡占」と呼びます。

**41.7%**を相対的安定シェアといいます。41.7%のシェアを占めている場合、トップの地位は安定しており、不測の事態に見舞われない限り、逆転されることはありません。**トップにこの数字を握られると、下位のブランドや企業はシェアを上げにくくなります。またこのような市場では、特別に有利な条件がない限り、新規参入しても成功する確率が極めて低いのです。**

**26.1%**は、市場影響シェアです。このレベルでナンバーワンの座にいるブランドや企業は多くありますが、いつ下位に逆転されるかわからない不安定な状態です。26.1%を大きく超えるシェア目標を立てることが重要です。

**10.9%**は、市場認知シェアです。市場においてようやく存在が確認される水準です。**6.8%**は、市場存在シェアです。市場において、ようやく存在を許されるシェアです。これ以下のシェアでは、今後よほどの成長が見込まれない限り、市場から撤退する方が賢明です。

3章　ランチェスターと孫子から学ぶ[判断フレームワーク]

## 戦略決定トレーニング　Let's try!
# 販売目標があいまいな飲料メーカー

### 問題発生!　重要な指針であるシェア目標を感覚的に議論

　トクダ飲料は、業界2位の飲料メーカーです。現在国内シェアは18%です。3年先の販売目標を決める経営会議では、シェア目標をどのへんに設定するか、なかなか意見がまとまりません。

　社長は4分の1の25%、専務は5分の1の20%を目指すべきだと主張しています。「社長、25%なんてムリですよ」と専務。「何を言っているんだ。25%を達成する気がないなら君はクビだ」などと険悪な雰囲気です。「間をとって、ちょっと社長に花を持たせて、23%というのはいかがでしょうか」と常務が口を挟みます。

　しかし、どの数字にも、なぜそのシェアに決めるのかという根拠はありません。シェア目標という重要な指針をこのように何となく決めていいのでしょうか?

### ❶シェアの意味を再確認する

　現在の国内シェアを確認します。一方で、クープマンの目標値を確認します。26.1%、41.7%、73.9%のどれかを目指せば、市場での支配権をとれます。市場に認知されるためには、最低26.1%を超える必要があります。

### ❷自社が目指すべきシェア目標値を決定する

　現在18%のシェアで最も近いのが、19.3%の並列的上位シェアです。しかし、現在のシェア18%のトクダ飲料の目標値としては弱気すぎます。思いきって26.1%の市場影響シェアを目指すべきでしょう。

### ❸目標値を達成するために何をすべきかを考える

　26.1%の市場影響シェアを獲得するには何をすべきか、経営課題を考えます。商品戦略、営業戦略、生産戦略などの視点で、重点施策を明らかにします。少ない労力で成果をあげるために全社一丸になって取り組みます。

# 17 「シェアの法則（26％／40％／70％）」から市場での位置をつかむ

**解決のコツ** 高すぎる目標値は、段階的に達成すればいい

　クープマンの目標値を知らずして、シェア目標を語るなといいたいところです。トクダ飲料は、現在、国内シェア18％ですから、思いきって26.1％を目指すべきでしょう。目標値が高い場合は、段階的に達成していきます。たとえば、その目標値を5年後に達成するとしたら、今後5年間、毎年シェアを段階的に高めていけばいいのです。

　アサヒのスーパードライは、10年間でトップシェアをとるという目標を掲げて、その目標を達成しました。全社一丸となってナンバーワンを目指したのです。

　アサヒは、10年後の顧客になる年代、つまり当時10歳前後の子どもたちの味覚調査を行いました。その結果、薄味傾向と甘くないケーキにうまさを感じることがわかりました。そこで、「コク」と「キレ」が同居する喉越しがいいビールの味のコンセプトを考えて、スーパードライを開発しました。キリンの「苦み」は、濃い味が売りでした。それに対して、切れ味とさっぱり感で対抗する「コク・キレ」ビールがスーパードライでした。

　シェア目標の意味を共有化してから、シェア目標の設定をしましょう。さて、あなたが担当する商品のシェアは何％ですか？

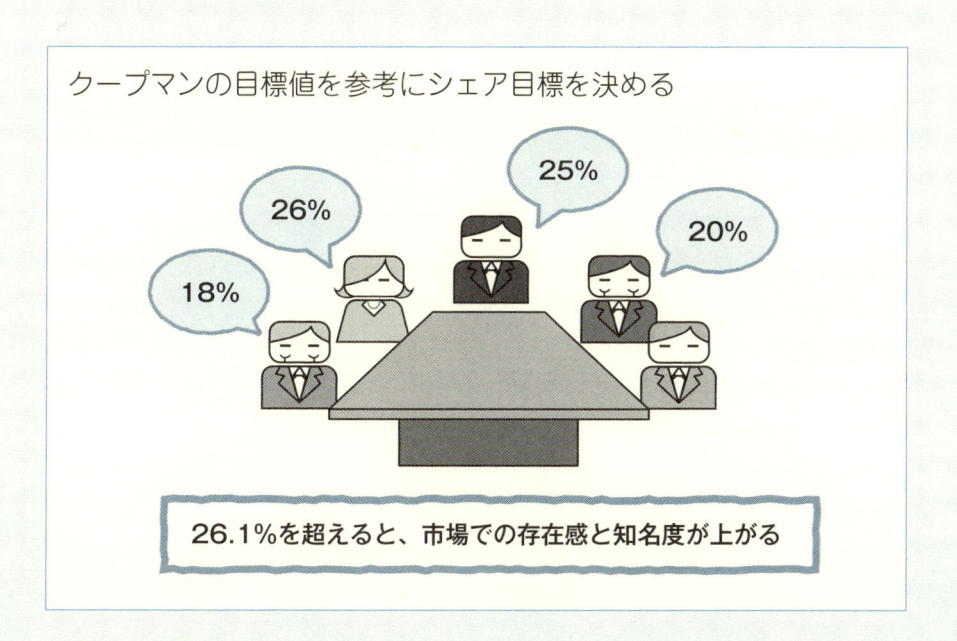

---

**クープマンの目標値を参考にシェア目標を決める**

18％　26％　25％　20％

26.1％を超えると、市場での存在感と知名度が上がる

097

## 18 孫子の「小が大に勝つ3つの戦法」で強者の隙を突く

小さな組織が大きな組織に挑むためには、絶対的に戦略が必要になる。その戦略の立案のヒントになるのが「小が大に勝つ3つの戦法」だ。

### 小が大に勝つ3つの戦法とは　少ない経営資源で勝利を導く考え方

孫子の兵法とは、今から約2500年前の中国春秋時代の孫武の兵法のことです。そこでは、小が大に勝つためには、局所優位主義、少数精鋭、奇襲戦法の3つが効果的だと説かれています。1つめの局所優位主義は、狭い場所に兵を投入することで少ない資源でも有利に戦える方法です。2つめの少数精鋭は、少人数だからこそ、結束力や機動力を発揮できるということです。3つめの奇襲戦法は、敵の不意を突くことで有利に戦えるということです。

### ポイント　弱者でも、強者をおびやかすことはできる

弱者が強者を攻めるときの戦法を説いた兵法ですが、現代にもあてはまります。

局所優位主義は、現代では選択と集中です。**広く浅くではなく、勝負の要を選択し、経営資源を集中させるのが、孫子の局所優位主義です。**

少数精鋭を現代の企業にあてはめれば、小回りがきくチームワークのよい組織を目指すということです。

奇襲戦法は、現代では差別化戦略です。他社と差別化した商品を市場に投入することで、無名の企業でも市場の注目を浴びることができます。まさに、大手企業から見れば神出鬼没の陽動作戦といえます。

### アドバイス　すべての項目で平均点でも、ナンバーワンにはなれない

小が大に勝つための3つの戦法をさらに詳しく見ていきましょう。

1つめの**「局所優位主義」**は、「勝負の要に兵力を集中させる」ということです。小が敵より圧倒的に劣勢であっても、勝つためには、決戦場で敵の兵力を集中させず、分散した状態を作ります。そして味方の全兵力を決戦場の1点に集中して、敵の致命傷になる重要部分を攻めるのです。

## 戦略で勝れば、小でも大に勝てる

| | 戦法 | 経営戦略 |
|---|---|---|
| 局所優位主義 | 勝負の要に兵力を集中させる | 選択と集中<br>1点集中・1点突破 |
| 少数精鋭 | 結束力、機動力、闘争心などの「質」を充実させることで、大兵の「量」を超えることができる | 経営理念（大義名分、求心力）<br>チームワーク、小回りがきく組織 |
| 奇襲戦法 | 敵の不意を突く<br>陽動作戦（情報などで敵を攪乱） | 差別化戦略 |

　2つめの**「少数精鋭」**は小で大に対抗することです。大兵は多数を過信して緊張に欠け、油断するきらいがあります。しかも命令が徹底されず、チームワークに欠け、動きが鈍く小回りがきかないという欠点があります。これは大兵力に安住した結果、組織の危機管理が薄れていることを意味します。

　これに対して小兵力は、結束力・機動力・闘争心などの「質」を充実させることで、大兵力の「量」を超えることができます。

　3つめの戦法は**「奇襲戦法」**です。質・量ともに劣っていても、決戦場において敵の最も重要なポイントを不意打ちすれば勝つチャンスがあります。

　経営戦略では、弱者が勝つための基本戦略として、「差別化戦略」があります。市場から注目度が低い企業では、他社と同じようなことをしていたのでは市場から注目されません。他社にない魅力のある商品を発売することで、弱者でも市場の注目を集めて人気商品に躍り出ることが可能になるのです。

　戦略がない会社は、すべての分野で勝とうと考えます。しかし**すべての分野に注力しても、それぞれが平均点以上になるだけで、決してナンバーワンになることはできないのです。**

3章 ランチェスターと孫子から学ぶ [判断フレームワーク]

## 戦略決定トレーニング
## 新規事業の売上ゼロに焦るIT企業

Let's try!

**問題発生!** 事業の方向が見えないまま、人件費ばかりがかさんでいく

　ABCデータ株式会社は、企業の業務システムの開発を本業としています。近年不況といいつつも、業界全体としてはITを活用した新しいビジネスネタも増えており、銀行融資などの資金調達が比較的容易です。

　ABCデータとしても、新しいビジネスを成功させたいと、新規事業部門を新設し、50名の人員を投入しました。経営側は、環境関連の事業がいいのではと考えています。たとえば、スマートグリッド（新電力網）、電気自動車の電力供給のネットワークをIT活用で実現できないかというのです。

　しかし、50名を投入してみたものの、何をやればいいかというビジネスの方向性は見えないままです。このままでは、売上がゼロのまま、50人の固定費だけが大きくのしかかり経営を圧迫してしまいます。

**フレームワーク活用の手順**

**❶少人数制のプロジェクトチームを数チーム作る**
　何の新規事業をやるかが明確でないまま組織を作るのでは、ロスが大きくなります。まずは少人数のプロジェクトチームを作り、新規事業のテーマをさがします。人員余力があれば、数チーム作って競争させるのもいいでしょう。

**❷チームごとに分野を決めて、新ビジネスのテーマを提案させる**
　プロジェクトチームごとに分野を決めて、新ビジネスのテーマを提案させます。たとえば、コンサルティング、データベース活用、ビジネスモデル開拓などの分野ごとに提案させます。

**❸それぞれのテーマの中から、有望なビジネスを決定する**
　投資対効果と実現可能性を評価して、有望なビジネスを仮決定します。有望なビジネスにおいては、事業計画書を作成してさらに新規事業の有望性を検証します。市場の魅力度と自社の強みを加味して有望なビジネスを決定します。

**解決のコツ** まずは少人数のプロジェクトで新規事業の探索をする

　ある会社の社長は、新規事業に20名を投入して、絶対成功すると豪語していました。しかし、1年経っても成果が出ませんでした。彼らはマニュアル化された定型業務に慣れすぎていたため、新しい発想やアイデアを出し合うということに慣れていなかったのです。

　また、上下関係が厳しい企業風土なので、課長に口答えしてはいけないという暗黙の了解がありました。課長の業務命令を待つだけで、部下の方から意見やアイデアを出していなかったのです。

　プロジェクトは、役職の上下関係重視でなく、目的達成重視です。また、専門分野を活かして、目的達成のために成果をあげる方式です。情報をオープンにして、アウトプットをすることに重きを置きます。

　組織ありきでなく、目的ありきで、「少数精鋭」で小回りがきく組織を目指してはどうでしょう。

　新規事業は、ある程度方向性が見えるまで、少数精鋭で自由な組織のプロジェクト方式で進めるのが賢明です。

---

新規事業のような探索モードは少数精鋭でフラットな組織がよい

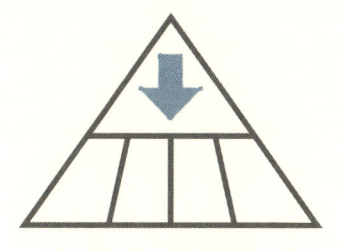

**やるべきことが明確な場合**
組織ありきで団体戦が有利
命令系統と秩序を重視

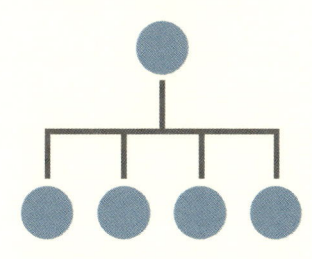

**探索モードの場合**
少数精鋭、フラットな組織
アイデアを自由に出せる組織

## 19 孫子の「小組織の5つの利点」を活かして大組織を動かす

小組織の利点は、中小企業だけにあてはまるものではない。大企業においても、小組織単位で組織を作れば、強い組織になることが可能となる。

### 小組織の5つの利点とは 小組織の利点を活かせば、社員の能力が発揮できる

小組織の利点は5つありますが、どれも組織にとって大切なものばかりです。

1つめが命令の徹底。少人数であれば、短時間で命令の徹底ができます。2つめは機動力の発揮。いざというときでも小回りがききます。3つめは一体感。少人数であればコミュニケーションをとりやすく、一体感が保てます。4つめは造反が少ない。トップやリーダーの目が行き届くので、さぼるわけにはいきません。スパイの侵入にも気づきやすい。5つめは少数精鋭の力。質の充実で量を超えることができます。

### ポイント 社員の能力が発揮できる組織にするために必要

組織が大きくなってくると、寄らば大樹の陰、自分が少しくらいさぼっても大丈夫という心の緩みにより大企業病を生みます。

これを防ぎ、社員1人ひとりの能力を発揮させるためには、小組織の利点を活かして組織作りを進める必要があります。小組織単位で大組織を動かせば、小組織の利点が活かせます。大組織でありながら、小組織の利点を兼ね備えている組織こそが強い組織なのです。

小組織の利点を大組織で発揮するには、社内にいくつもある小組織同士の連携をうまくとる必要があります。**セクショナリズムが横行していては、小組織単位の利点が活かせません。いかにすぐれた部門最適も全社最適には勝てないのです。**社員の能力が発揮できる組織をめざしましょう。

### アドバイス 小組織の5つの利点を大組織になっても失うな

組織は大きくなると、どうしても動脈硬化的な欠点が生じてきます。

大組織が陥りやすい欠点には、「命令が徹底されにくい」、「機敏な行動がとり

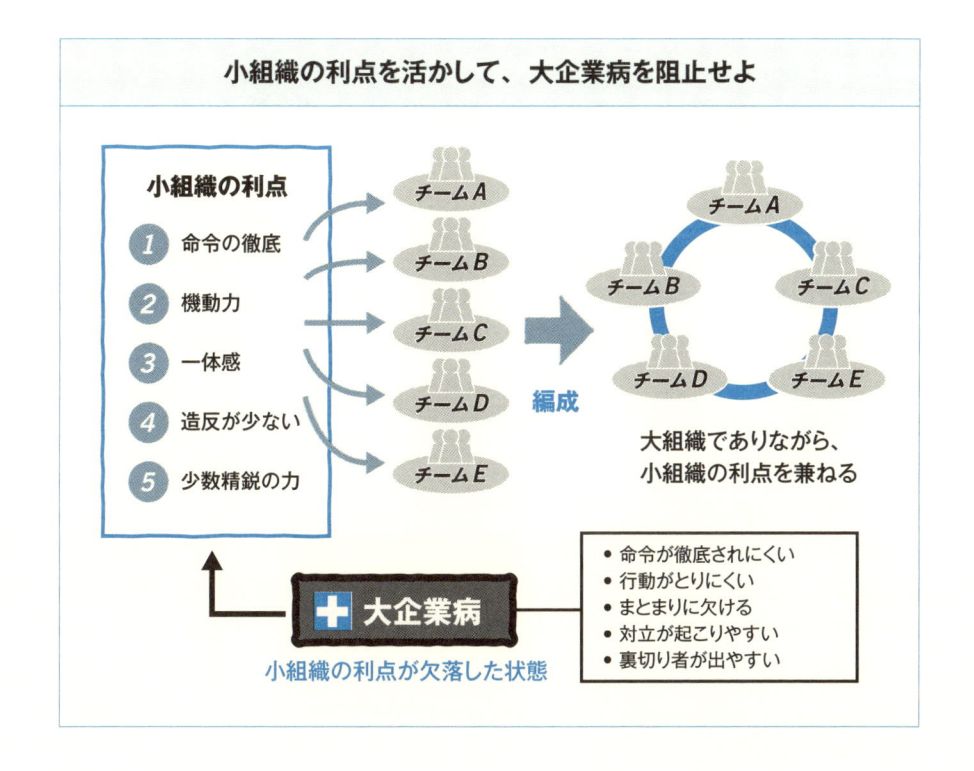

## 小組織の利点を活かして、大企業病を阻止せよ

**小組織の利点**
1. 命令の徹底
2. 機動力
3. 一体感
4. 造反が少ない
5. 少数精鋭の力

チームA／チームB／チームC／チームD／チームE

→ **編成** →

チームA・チームB・チームC・チームD・チームE（連携した円環）

大組織でありながら、小組織の利点を兼ねる

**大企業病**
小組織の利点が欠落した状態

- 命令が徹底されにくい
- 行動がとりにくい
- まとまりに欠ける
- 対立が起こりやすい
- 裏切り者が出やすい

---

にくい」、「大きすぎて、まとまりに欠ける」、「内部対立や派閥闘争が生じ、懐疑的になりやすい」、「命令に従わない者や裏切る者が生じやすい」などがあります。

一方、小さい組織の利点は、「命令が徹底されやすい」、「臨機応変な行動がとりやすい」、「上下ともに一体感を持ちやすい」、「反逆者はすぐにわかる」、「死活をともにするために勇戦する」などです。

**大きい組織に求められるものは、小さい組織の利点を踏まえた組織作りです。小さな組織をいくつも作り、それを合体させて動かせば、強力な組織となります。**

カギになるのは、小組織が経営方針とうまく連携して機動性を発揮できるかどうかでしょう。

なお、いうまでもありませんが、いかに1つひとつの小組織が優秀でも、組織同士が反目し合って組織の壁を作っていたのでは、成果は出せないでしょう。

## 3章 ランチェスターと孫子から学ぶ[判断フレームワーク]

### 戦略決定トレーニング　Let's try!
# 大企業病「セクト主義」に悩む大手ゼネコン

**問題発生！　大企業病に悩む大手ゼネコン**

ガデン建設は、現在では大手ゼネコンの仲間入りをしています。ガデン会長は、創業当時のことをよく口にします。「創業時は社員全員がやる気に満ちあふれていたよ。小回りもきいたし、一致団結して活気があった」。

しかし近年のガデン建設には、大企業病がはびこっています。「自分の部門のことしか考えない。設計部門、営業部門、施工部門の仲が悪いのは何とかならないか」とガデン会長は日々嘆いています。

たとえば、営業が新しい案件を持ってきて設計を依頼すると、設計部門は「今忙しいから4週間待ってくれ」といいます。営業が「2週間以内でないと、他のゼネコンに案件を奪われる」といっても設計部門は無視します。このようなセクショナリズムの横行に、いかに対処すればいいでしょうか？

**フレームワーク活用の手順**

**❶そもそも我々の顧客は誰かを全社で確認する**

「我々の顧客は誰か」の共通認識ができていないことが一番の問題のようです。P・F・ドラッカー博士は「企業とは顧客を創造するものである」という名言を残しています。ガデン建設の「顧客は誰か？」をまず確認すべきです。

**❷「次工程はお客様」「社内顧客」の考えを導入する**

たとえば、トヨタ自動車では「次工程（他の部門）はお客様」と考えています。ガデン建設の場合、他の部門は敵になっています。これを改め、「次工程はお客様」であり、「社内顧客」であるという考えを導入する必要があります。

**❸社内外の顧客に対するサービス精神を高める**

自部門の顧客は誰かを、各部門が正しく認識する必要があります。そして、社内外の顧客に対するサービス精神を高めるために全社一丸となるのです。根本の考え方が顧客に向いていなければ、顧客は逃げていく時代です。

| 解決のコツ | 社内にお客様を作ることで顧客満足度が上がる |

「小組織単位で大組織を動かす」という孫子の教えにおいては、カンパニー制（社内分社化）や事業部制を導入するのも一案です。

ただし、組織を作ると常にセクショナリズムのリスクが伴います。自分たちの部門さえよければいいという考え方を変えるには、企業風土を変えていく必要があります。

「我々の顧客は誰か？」を、各部門でまず認識すべきです。共通の価値観として、「次工程はお客様」を適用します。すなわち社内顧客です。

ガデン建設の場合、設計→施工→営業→顧客の順番に仕事が進みます。設計の顧客は次の工程の施工です。施工がやりやすい設計を心がけるべきです。また、施工の次に営業があるので、施工の顧客は営業となります。このようにガデン建設の全部門は、次工程はお客様として対応すべきでしょう。

社内外の顧客に対するサービス精神を高めて全社一丸となる体制をいかに確立するかが大切です。

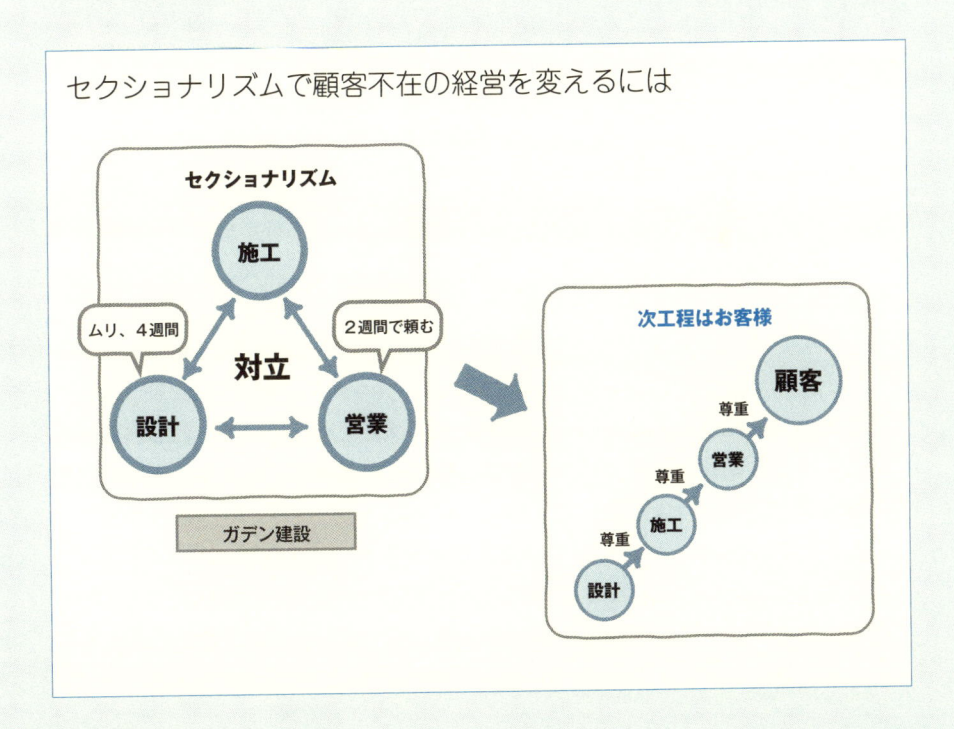

## セクショナリズムで顧客不在の経営を変えるには

**セクショナリズム**

施工 ⇔ 設計 ⇔ 営業（対立）
- ムリ、4週間
- 2週間で頼む

ガデン建設

**次工程はお客様**

設計 →(尊重)→ 施工 →(尊重)→ 営業 →(尊重)→ 顧客

## 20 孫子が説く「組織敗北6つの状態」
―走、弛、陥、崩、乱、北―

孫子は組織が敗北するとき6つの状態となることを説いた。このうち1つでもあてはまれば、組織崩壊の可能性がある。危機を察知するのにも役立つ考えである。

### 組織敗北6つの状態とは　敗北には必ず理由がある

組織が敗北する6つの状態とは、「走、弛、陥、崩、乱、北」です。
1つめの走は、走って逃げるしかない敗け方です。2つめの弛は、弛緩の意味があり、組織の統制がゆるむ敗け方です。3つめの陥は、組織陥落の敗け方です。4つめの崩は、組織崩壊の敗け方です。5つめの乱は、組織が乱れる敗け方です。6つめの北は、敗北の敗け方です。
北には逃げるという意味があり、劣勢にもかかわらずやけっぱちで敵の大部隊を攻めれば、敗北は当然なのです。

### ポイント　6つの状態のどれか1つでも該当するときは要注意

組織が敗北する6つの状態は、組織の異常事態を察知する評価基準といえます。どれか1つでも該当するときは要注意です。あなたの会社の組織が6つの状態に該当していないか総点検してください。2つ以上該当すれば、早期の改革が必要になるでしょう。
たとえば、1つめの走について考えてみましょう。「少数精鋭といえども、兵が多い方が勝つ」と孫子は言っています。1の力で10の敵と戦わせたら、いかなる精鋭でも走って逃げるしかありません。
「君たちは少数精鋭だ」と諭して、必要な人員配置をしなければ、社員は疲弊して顧客に十分な価値を提供できなくなり、組織は敗北するでしょう。少数精鋭を言い訳に使ってはいけません。

### アドバイス　組織が敗北する6つの状態を回避しよう

組織が敗北する6つの状態である「走、弛、陥、崩、乱、北」をそれぞれ詳しく見ていきましょう。

## 組織が敗北する「6つの状態」で自社をチェックせよ

| 敗け方 | 解説 | |
|---|---|---|
| 走(そう) | 1の力で10の敵と戦わせる | 走=走って逃げる |
| 弛(ち) | 幹部が弱く、部下が強いとき | 弛=ゆるむ |
| 陥(かん) | 幹部が強く、部下が弱いとき | 陥=陥落する |
| 崩(ほう) | 最高責任者と幹部が対立するとき | 崩=崩壊する |
| 乱(らん) | 最高責任者が優柔不断なとき | 乱=乱れる |
| 北(ほく) | 最高責任者が場当たり的に判断するとき | 北=敗北する |

　1つめは「走」です。敵の10分の1で戦えと将軍が命令すれば、数に勝る敵に攻め立てられて敗走する結果を生むことになります。戦うだけ無駄です。この状況では、走って逃げるしかありません。

　2つめは「弛」です。兵卒は精鋭でも、将軍や幹部が優柔不断で、適切な命令が下せなければ、兵卒のやる気が失われ、士気もゆるんで敗れることになってしまいます。

　3つめは「陥」です。幹部が勇敢で強く、兵卒が弱いとき、幹部は自分の力を過信して功名に走るあまり、敵の術中にはまってしまい陥落します。

　4つめは「崩」です。幹部が将軍に不満をいだいて反発し、命令に従わなければ、内部崩壊を起こして敗れます。

　5つめは「乱」です。将軍に決断力がなく、命令も徹底されないとき、兵の統率力がなくなり、戦闘の配置が乱れて戦いに敗れます。

　6つめは「北」です。北は逃げるという意味です。劣勢という現実を無視して敵の大部隊を攻めれば、敗北は当然なのです。

3章　ランチェスターと孫子から学ぶ [判断フレームワーク]

戦略決定トレーニング　　　　　　　　　Let's try!
## 経営陣が対立する航空会社の敗因とは

**問題発生！** ワンマン経営の社長に解任動議

「社長解任に賛成の方々は起立してください」の声に経営会議は騒然。ホンマ航空では、社長解任動議が発令されたところです。これにより社長のワンマン経営にピリオドが打たれることでしょう。

これまで社長に反論した役員たちは、例外なく関連会社への転籍、解任のどちらかの処遇がされていました。今残っている役員たちには、表面上は社長のイエスマンですが、心の中では社長の方針に反対している人も多くいます。しかし、社長のたいこもち的な人もいることは確かです。

社長の独断は、今まで経営を混乱させてきました。たとえば、関連会社を統合したかと思えば、翌年分割して元に戻すなど、一貫性がない思いつきが多いのです。経営的にも赤字が慢性化しています。さて、このような危機に陥らないために、どのようなことに配慮すべきだったのでしょうか？

**フレームワーク活用の手順**

### ❶組織が敗北する６つの状態をチェックする

組織が敗北する６つの状態に該当していないか、１つずつチェックしてみましょう。「走」は多くの会社で見受けられそうです。「弛」と「陥」は、モチベーションや責任感のギャップです。ホンマ航空は、「崩（幹部の対立）」が決定的な要因となっています。

### ❷該当するレベルの項目を評価する

６つの状態に該当している項目があったら、重度、中度、軽度の３段階にレベルを評価します。重度が１つでもあれば、改革の必要性ありです。中度が２つ以上あっても危険です。ホンマ航空の幹部の対立は重度のようです。

### ❸早期解決の施策を考える

危険な状況があれば早期解決が不可欠です。組織が敗北する６つの状態に陥っ

ていないか、年1回でも自己チェックすべきです。自己チェック機能が働かない場合は、中立的な立場の第三者機関に依頼するのも一案です。

> **解決のコツ** 幹部が対立すれば組織崩壊に一直線と心得よ

　数年前になりますが、JAL（日本航空）の経営会議で、社長解任動議が出され、社内の経営陣の混乱がニュースで流れていました。その後、JALは上場廃止となり、公的資金を使って再建中です。

　航空業界の現実に目を向けると、格安航空券のLCC（ロー・コスト・キャリア）の出現で、価格競争が激しくなっています。社内で対立している場合ではありません。内乱ほど、組織を弱体化させるものはないのです。全社一丸となって、組織の総合力を発揮することが肝要です。

　組織が敗北する6つの状態をチェックしていくと、ホンマ航空の場合、「崩」が重度です。すでに、組織の内部崩壊状態と言っても過言ではありません。

　強い組織とは、内部統制がしっかり確保されている組織です。幹部も部下も、同じように士気を高めることで、はじめて全社一丸になれます。幹部が対立すれば、全社一丸どころか、組織崩壊へ一直線です。

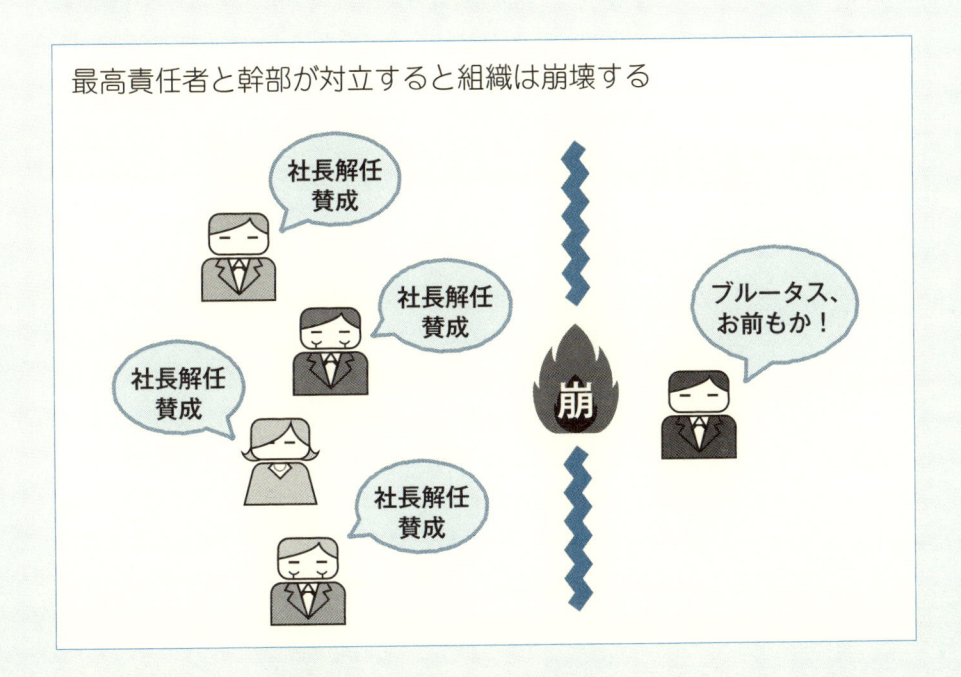

最高責任者と幹部が対立すると組織は崩壊する

- 社長解任賛成
- 社長解任賛成
- 社長解任賛成
- 社長解任賛成
- ブルータス、お前もか！
- 崩

COLUMN

## ロングセラーの裏に「グー・パー・チョキ理論」あり

　ロングセラーには、「グー・パー・チョキ理論」を実践しているものがたくさんあります。

　カップヌードルは1971年に発売され、いまだに売れ筋商品です。カップヌードルは、顧客からのイメージの陳腐化を防止するために、大きく2つの戦略をとっています。

　1つめは、新製品を定期的に発売していることです。チリトマト味、チリトマトシーフード味などの新製品を加えて現在10数種類があります。

　2つめは、CMを未来志向にして陳腐化を防止していることです。たとえば、スターウォーズ、ガンダム、ロボットなどを使ったCMを放映し、未来志向をアピールし続けています。また以前には、宇宙人やボーダレスの時代の動向をテーマにしたCMもありました。

　大豆食品であることをウリにした大塚製薬のSOYJOY（ソイジョイ）は、2品種からのスタートし、現在では12品種です。新しい味の新製品を出すことで、イメージの陳腐化を防止し、新発売のCMにより認知度を上げています。

　パーで広げた新しい味の新製品が売れなければ、チョキで廃番にすればいいのです。カップヌードルもSOYJOYも、一番買ってほしいのは最初のオリジナルの味なのです。

　長年愛され続けるマクドナルドは、品種数を絞ることで、選びやすさ、在庫削減、作業の複雑さの削減をめざしています。新しいハンバーガーを発表したときは、ほとんどの場合、既存のハンバーガーとの入れ替えが行われています。

　品種数が増えると、顧客は悩みます。顧客が商品選びに時間をかけると、店舗の売上が落ちるのです。待ち時間が長いと思った顧客は、並ばないで帰ってしまいます。1人あたりの顧客のレジ時間を短縮させることは、販売機会ロスの低減になります。

第 4 章

# 的外れの努力を防ぐ
# ［視野拡大フレームワーク］

## 21 「逆転の発想」で正反対の視点から解決策を考える

深く考えることも大切だが、一方向の延長線上には解決策や打開策がないという場合もよくある。逆転の発想を用いて発想を広げることが大切だ。

### 逆転の発想とは　ものごとを正反対から考え、死角を発見する

深く考えれば考えるほど、わたしたちは偏った見方をする傾向にあります。一生懸命に考えるほど、偏った見方から抜け出せなくなるのです。そんなときに用いたいのが逆転の発想です。逆転の発想とは、ものごとを正反対から見ることで死角を発見する発想法です。正反対の最も代表的なものは、表と裏です。

他にも、内部と外部、ハードとソフト、＋要因と－要因、足し算と引き算などがあります。たとえば、足し算と引き算であれば、機能を増やす足し算と、機能を減らす引き算の両方から商品企画をするとアイデアが広がります。

### ポイント　逆転の発想は、消耗戦やムダな努力が続いたときに有効

セブン-イレブンが、「夏のおでん」を発売したときは画期的でした。おでんは冬に食べるものという固定観念を変えたのです。夏と冬を入れ替えて考える、これはまさに逆転の発想です。

また、セブン-イレブンは、おにぎりの安売り競争から抜け出すために、通常価格帯の約２倍もする200円のおにぎりを出したことがあります。同様に、通常より割高な160円の究極のアンパンも人気商品になりました。

逆転の発想は、消耗戦が起きているとき、ムダな努力が増えているときなどの発想転換に有効です。「その仕事をやらなかったら何が問題なのか？」と問いかけます。たいして問題が起きないのであれば、努力を最小化して、成果が上がる他の仕事に時間をかけるのも一案です。

### アドバイス　全体を見渡して優先順位を考える

逆転の発想は、ロジカルシンキングのミッシー（モレやダブリがない状態 P.16）の考え方から生まれました。モレがあるとチャンスを失います、ダブリがあると

## 業務にかかわるあらゆる項目を正反対から見てみる

- 内部 ／ 外部
- ハード ／ ソフト
- ＋要因 ／ －要因
- 価値 ／ 費用
- 変動 ／ 固定
- ミクロ ／ マクロ
- 質 ／ 量
- それ自体 ／ それ以外

**逆転の発想**

正反対から考えることで死角を発見する

---

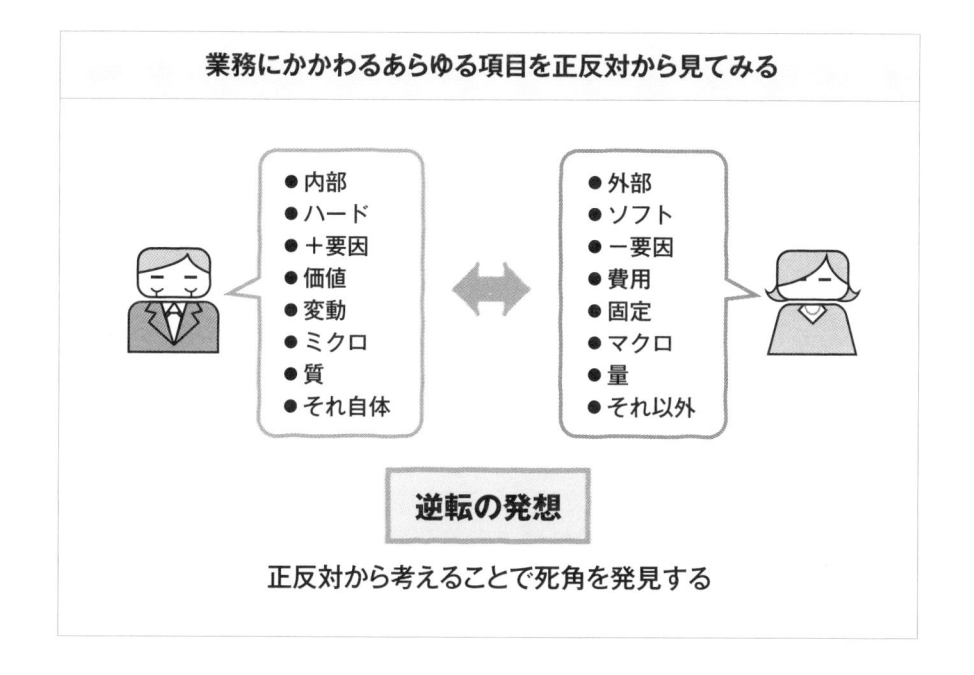

ムダや混乱が発生しやすいのです。

　何か新しいことをはじめるときは、まず、本当にモレやダブリがないかという視点で全体を見渡す習慣をつけましょう。

　全体を見渡してから、プライオリティ（優先順位）を考えて、重要と思われる項目を選択して垂直思考します。そうした作業の際、「＋」と「－」の2元化である逆転の発想はスピーディーに優先順位がつくため便利なのです。

　これ以外にも、「足す商売」から「引く商売」への逆転の発想が注目を集めています。サービスを高めるだけが、商売繁盛の方法論ではありません。

　子ども用品で高収益をあげている西松屋では、ムダな接客サービスをやめることで低価格を実現しています。

　また西松屋の逆転の発想としては、お客が混まない店舗が挙げられます。それにより、ゆっくり買い物ができる環境を提供しているのです。混雑する店舗ができると、近くにもう1店舗作るという徹底ぶりです。

　接客サービスを最小化した店舗、そして混まない店舗作りは、逆転の発想の好例といえます。

4章　的外れの努力を防ぐ［視野拡大フレームワーク］

## 戦略決定トレーニング　Let's try!
## 消耗戦で八方ふさがりのビールメーカー

**問題発生！**　熾烈な安売り競争に疲れ、打つ手なしで思考停止

　ユウヤケ酒造は、雑穀酒の安売り競争で貧乏ヒマなし状態です。
　大手スーパーでは、８８円と水より安い価格で雑穀酒を売り出しています。この価格にはとうてい対抗できませんが、ビールが本業なので、撤退するわけにはいきません。
　安売りに対抗するためには、材料費や人件費などのさらなるコスト低減が必要です。しかし、材料費を減らすと品質低下につながり、顧客ばなれは必至です。コストと品質のジレンマに陥っています。
　いろいろ解決策を考えてはみたものの、どれもうまくいきそうにありません。人件費の安い海外へ工場を移転すると、かえって物流費がかかる……。生産性が高い設備を導入するには莫大な敷地と費用が必要……。この苦しい状況を打開する妙案はあるでしょうか？

**フレームワーク活用の手順**

❶「安い」の逆の「高い」で考えてみる
　安売り戦争から抜け出すために、「安い」の逆である「高い」で考えてみます。デフレ経済だから高ければ売れないという考え方では、現状から抜け出せません。現状の延長線上に打開策がないので、正反対からの思考が求められます。

❷高くても売れるビールを考える
　高くても売れるビールを考えてみます。高いビールを売るために、高級感を出したプレミアムビール市場のシェアを伸ばすことを考えます。高くても売れる戦略への転換です。富裕層や贈り物用には、高いビールが喜ばれます。

❸プレミアムビール、高濃度アルコールなどの差別化を実行する
　プレミアムビールのように価格が高いビールに加えて、アルコール濃度が高いビールも考えられます。アルコールゼロのビールの逆で、高濃度アルコールを考

えるのです。消費者のアルコール度数への関心が高まっている今がチャンスです。同じ値段でたくさん酔えればお得感がある、という打ち出しが可能です。

> **解決のコツ**　安さを求める顧客、高いものを求める顧客の両方を狙え

　ユウヤケ酒造は、これまで継続的なコストダウンを行ってきましたが、それ以上に雑穀酒・ビールの価格下落が進み、厳しい状況に追い込まれています。これ以上値段を下げないという選択肢もありますが、量販店からの値下げ要求が激しく、値下げを断れば、仕入をストップされます。

　安売り戦争から抜け出すためには、今までの発想を一度捨て、すべてを正反対から考える必要があります。

　これは、安いビール市場から撤退するということではありません。ターゲット顧客層を２極化して考えるといいでしょう。安くなければ買わない一般顧客層と、高い方が高級感を味わえるという高額所得層の両方を狙うのです。

　さらに思いきって、ビール以外の市場を開拓するという手もあります。

　とはいっても、これまでの事業とまったく関係のない市場の開拓をしても勝ち目はありません。

　本業の経験を活かせる市場の開拓を狙いましょう。カクテルや酎ハイなどの高級路線もいいかもしれません。また、アルミ缶以外の容器にするのも一案です。逆転の発想が必ずしも成功するかどうかわかりませんが、少なくとも現状の延長線上から抜け出すには効果的です。

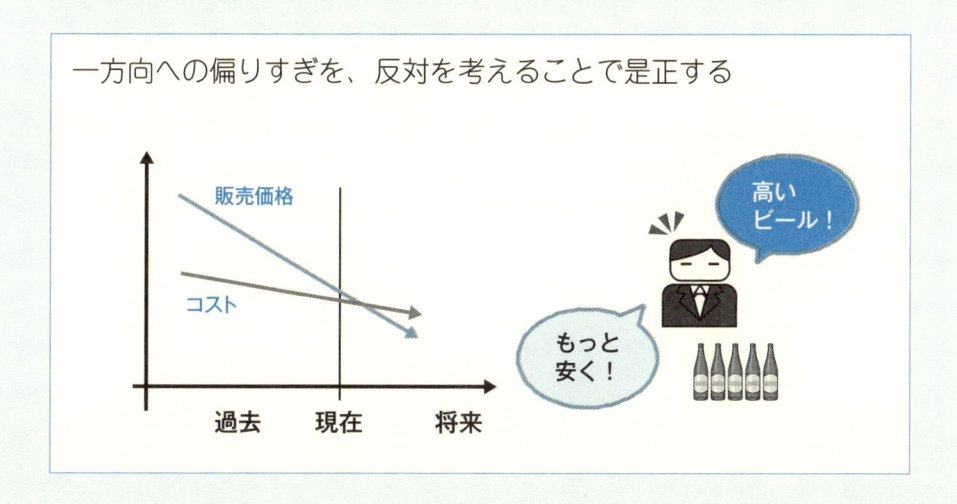

---

一方向への偏りすぎを、反対を考えることで是正する

## 22 「有から新しい有」を生む発想で新しい世界を切り拓く

社内という狭い範囲の中でアイデアを出そうとしても、新しいアイデアは生まれにくい。他企業の成功例をヒントに、自社流にカスタマイズするのが効果的だ。

### 有から新しい有とは｜他社の成功事例を自社流に応用する

有から新しい有を生むのが、アイデア発想の基本です。すでにある有をさがすことで、アイデアのヒントが得られるのです。企業経営においてのヒントさがしは、すでにある先進事例をさがすことです。最良の事例をベストプラクティスといいます。すでに他社が実現したベストプラクティスを知ることで、自社の経営改革のヒントを見つけるのが効率的です。

### ポイント｜他社の成功事例を自社に合った形にアレンジ

会社という狭い世界だけを見て改革のアイデアを出そうとしても、たいしたアイデアは出ません。逆転の発想でいえば内と外、社内だけでなく社外にも目を向けることで、新しいヒントが見つかりやすくなります。

社外の先進事例を探して、発想転換を促してみましょう。ゼロから自前で考えるより、先進事例を探した方が発想が広がります。**同業種、異業種、海外企業などあらゆる視点から、ベストプラクティスをさがします。成長企業、高収益企業、異色な企業、話題になっている企業なども、成功の秘訣の宝庫です。**

ただし、他社の成功の秘訣をそのまま採用してもうまくいきません。自社にあった方法へのカスタマイズが必要です。あくまでベストプラクティスは、アイデア出しのヒントさがしです。

たとえば、「セブン-イレブンやマクドナルドのようなフランチャイズ方式を自社でも導入できないか？」とヒントを得て、自社流のフランチャイズ方式はどのようなビジネスモデルになるか、とアイデアを具体化していくのです。

### アドバイス｜同業他社だけでなく異業種、海外の企業にも学べ

同業他社のトップ企業や成長企業は、多くのヒントを与えてくれます。ライバ

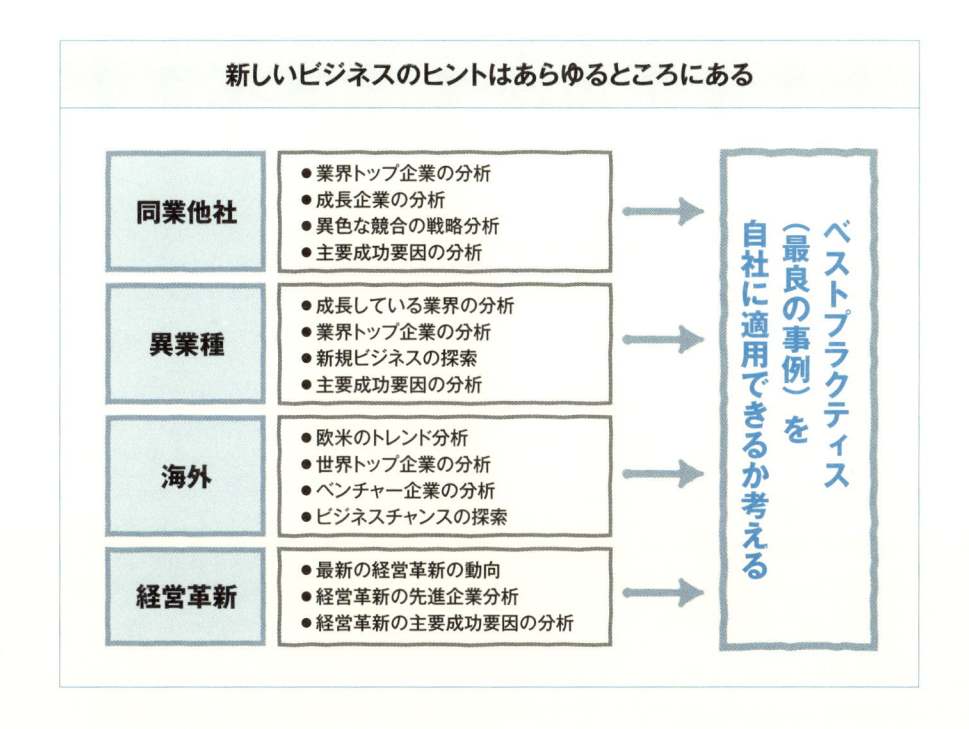

## 新しいビジネスのヒントはあらゆるところにある

|  |  | |
|---|---|---|
| 同業他社 | ●業界トップ企業の分析<br>●成長企業の分析<br>●異色な競合の戦略分析<br>●主要成功要因の分析 | ベストプラクティス（最良の事例）を自社に適用できるか考える |
| 異業種 | ●成長している業界の分析<br>●業界トップ企業の分析<br>●新規ビジネスの探索<br>●主要成功要因の分析 | |
| 海外 | ●欧米のトレンド分析<br>●世界トップ企業の分析<br>●ベンチャー企業の分析<br>●ビジネスチャンスの探索 | |
| 経営革新 | ●最新の経営革新の動向<br>●経営革新の先進企業分析<br>●経営革新の主要成功要因の分析 | |

ル企業の強みと弱みを調べるのもおすすめです。

　異業種の先進企業もヒントが満載です。たとえばメーカーは物流会社の先進事例を調べることで、物流の最先端を学ぶことができます。また、メーカーが情報システムの先進事例を調べることで、情報システムの最先端を学ぶことができるのです。さらに、海外に目を向けるのも一案です。

　数多くの業種、企業にアンテナを張って情報収集すると、ベストプラクティスの"ベスト（最良）"をどのような基準で選べばいいのかと疑問がわくでしょう。

　ベストプラクティスの専門家を自負しているコンサルタントに尋ねたところ、「手に入る範囲のベストプラクティスでいいんですよ」と答えました。「本当にそれでいいんですか？」とさらに聞くと「だって、手に入らないものを追っかけてもしょうがないじゃないですか」という回答でした。

　ベストにこだわりすぎると、かえって迷いが生じます。手に入る範囲のベストプラクティスでいいのです。

## 4章 的外れの努力を防ぐ［視野拡大フレームワーク］

**戦略決定トレーニング**　　　　　　　　　　　Let's try!
# 物流コストがかさみ、赤字のパン製造会社

**問題発生！** 物流コストを抑える方法が見つからない

　アネザキ食品は、コンビニ、スーパーを中心に展開する大規模なパン製造の企業です。全国に7箇所の工場を有し、毎日、コンビニやスーパーにパンを配送しています。

　アネザキ食品の悩みは、莫大な物流費です。全国に物流倉庫があり、トラック600台を所有、運転手900人を雇用しています。年間を通じて無休営業のため、多くの運転手を雇用する必要があり、人件費がかさんでいます。

　「わが社は食品会社のはず。運送業ではない」と社長は嘆きます。物流の固定費は莫大で、赤字が慢性化しています。物流費を今より10％削減できれば、黒字転換できると試算はしています。10％削減を達成するために、どのような発想をしたらいいでしょうか？

**フレームワーク活用の手順**

**❶業界内外を問わず、物流のベストプラクティスを見つける**
　物流を効率的に実践している企業を幅広くリサーチし、ベストプラクティスを見つけます。最も進んでいるのは運送が本業であるヤマト運輸や、海外であればフェデラル・エキスプレスでしょう。メーカー系では花王の物流が有名です。

**❷ベストプラクティスを、詳しく調査する**
　ベストプラクティスの候補をいくつか決めて調査をします。自社で調べるのに限界がある場合は、専門の調査会社を使ってもいいでしょう。リサーチ会社やシンクタンクにアウトソーシングする選択肢もあります。

**❸ベストプラクティスを、さらに応用する**
　ベストプラクティスをリサーチしたら、それをどのように自社に応用するかを考えます。ここからはアイデア勝負です。単なるモノマネではたいした成果は出ません。知恵を振り絞って競争優位を確立しましょう。

| 解決のコツ | ベストプラクティスを知って改革案のヒントとする |

　同業他社の物流、食品業界以外の物流の事例を調査していくと、さまざまなことがわかるでしょう。自社物流、または専門の物流会社にアウトソーシングしているメーカーもあります。

　おすすめしたいのは、売上高に対する物流費の比率の調査です。上場企業であれば、有価証券報告書をインターネットで集めることもできます。その中から物流費比率が低い会社を何社か選び、最終的には２社前後をベストプラクティスとします。ベストとはいっても、十分な情報がない環境での調査ですから、ベストの判断が難しいのです。ですから、２社前後をベストプラクティスとして調査対象にするといいでしょう。

　一方で、物流の専門会社も調査します。専門会社はかなりの合理化を行っているはずです。また、メーカーから受託しているアウトソーシングの業務の仕組みを調べるのも効果的です。

　アネザキ食品はメーカーですから、物流が本業ではありません。本業に先行投資を行うべきです。メーカーのベストプラクティスを調べると、大半がアウトソーシングしていることがわかりました。アネザキ食品も、思いきってアウトソーシングしてはいかがでしょうか？　物流部門を子会社化して、物流会社に買収してもらうという選択肢もあります。アネザキ食品としては、物流費を変動費にできるので、身軽な経営になります。

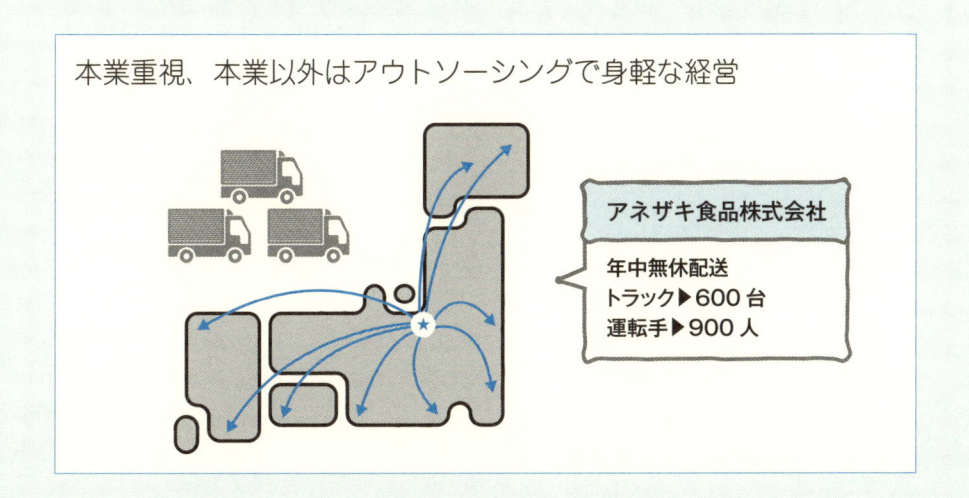

本業重視、本業以外はアウトソーシングで身軽な経営

アネザキ食品株式会社

年中無休配送
トラック▶600 台
運転手▶900 人

# 23 「MUST／WANT」を区別してムダを排除する

すべての仕事に全力を注いでいては、いくら時間があっても足りず、思ったように成果はあがらない。MUSTとWANTの区分けが大切だ。

### MUST／WANTとは　優先順位を整理し、業務効率を高める

MUSTとは、「ねばならない」、WANTとは、「望ましい」という意味です。仕事をMUSTとWANTの優先順位に分けることは、業務効率を飛躍的に高めるのに有効です。WANTはさらに、高・中・低（ハイ・ミドル・ロー）の3段階に分けられます。ハイ－WANTは重要度が高く、完成度を高めてしっかりやった方がいい仕事です。ミドル－WANTは重要度が普通で、完成度へのこだわりはほどほどにして短時間で仕上げます。ロー－WANTは重要度が低い仕事です。完成度へのこだわりは捨てます。

### ポイント　「やらなかったらどうなるのか」を自らに問いかける

やった方がいいからやる、という発想は捨てましょう。「やった方がいい」と「やらなければならない」とは本質的に異なります。

やった方がいいというWANTでは、「やらなかったらどうなるのか」「やらなかったら何が困るのか」と問いかけてみます。特に困らないのであれば、「やらなくてもいい」と考えるべきです。これにより、あれもこれもやらなければいけないという錯覚から抜け出すことができます。

また、「あった方がいい」という理由でデータや情報などの収集を考えた経験はありませんか？

たとえば会議において、何かを決定するときの判断材料に、「社内にアンケートをとった方がいい」「顧客にアンケートをとった方がいい」という話題が出ることがあります。そんなとき、「なかったらどうなるのか、何が困るのか」と問いかけてみましょう。なくても決定的に困らないのであれば、わざわざ情報収集に時間とお金をかける必要はありません。「やった方がいいからやる」という保険をかけるのはやめましょう。

## 仕事に着手する前に「MUST／WANT」の区分けをするべき

| MUST（マスト） | WANT（ウオント） | |
|---|---|---|
| どうしても<br>やらねばならないこと<br>● 時間を優先的に確保するためにスケジュール表に書き込む<br>● 責任感を持って達成する<br>● 信用を失墜させないようきちんと約束を果たす | High WANT | ● 重要度が高い<br>● かなりやった方がよい<br>● 完成度を高める |
| | Middle WANT | ● 重要度は普通<br>● やらなくてすめばラッキー<br>● 完成度は普通を目指す |
| | Low WANT | ● 重要度が低い<br>● やらなくていいことが多い<br>● 完成度へのコダワリを捨てる |

「やった方がいい、あった方がいい」仕事の前に、もっとやらなければいけない大切なことがあるはずです。視野を広くして、本当にやるべき仕事の優先順位を総点検してみてください。

> [アドバイス] 時間の使い方で成果は変わってくる

　MUSTは、やらなければいけないことですから、時間を優先的に確保することが必要です。そのために、どの仕事をいつやるかスケジュール表に書き込んでおきます。

　やった方がいいことのWANTは、ハイ・ミドル・ローの3段階に分けて考えることにより、仕事を効率的にこなすことができるようになります。

　ハイ－WANTを中心に考えると、やるべき仕事の整理が上手になります。

　ミドル－WANTは、完璧主義を捨てて、完成度をほどほどにしておきます。制限時間を先に設定して仕事に取り組むのがいいでしょう。

　またロー－WANTについては、1時間かかるものを30分くらいですませられないかと、常に合理性を追求するといいでしょう。勇気を持って時間の使い方を決断することで、限られた時間をより成果が上がるように使うことができます。

4章　的外れの努力を防ぐ［視野拡大フレームワーク］

戦略決定トレーニング　　　　　　　　　　Let's try!
## 完璧主義で毎日終電の部下への対処法

**問題発生!** メリハリのつけ方が下手な部下の指導法がわからない

　マサシ君はまじめな性格で、仕事熱心です。平日は毎日終電近くに帰ります。飲み会にはほとんど参加せず、先輩や同僚からは、つき合いが悪いといわれます。

　マサシ君は完璧主義で、すべての仕事に手抜きをしません。自分が納得するまで1つひとつの仕事を丁寧に仕上げます。しかし、上司からは、「時間は無限ではないよ。時間の使い方をもっと工夫して、メリハリをつけてほしい」とよくいわれます。

　マサシ君からすると、サービス残業でカバーしているので、会社には迷惑をかけていないつもりです。マサシ君の意識を変えるには、どのような指導をするべきでしょうか？

**フレームワーク活用の手順**

### ❶仕事の重要度をMUSTとWANTで区別する

　まず、仕事の重要度をMUSTとWANTで区別します。最も好ましい判断基準は、本人の独断ではなく、組織で重要度を共有することです。仕事の重要度は組織が決めるものであり、個人の価値観で決めるものではありません。

### ❷WANTをさらにハイ・ミドル・ローの3段階に分ける

　次に、WANTをハイ・ミドル・ローの3段階に分けます。重要度が高いハイーWANT、中ぐらいのミドルーWANT、低いローーWANTに分けます。日頃から、MUSTと3段階のWANTに分ける習慣が大切です。

### ❸MUSTとハイーWANTに優先的に時間を配分する

　優先順位が明確になったら、MUSTとハイーWANTに対し、時間を優先的に配分します。MUSTとハイーWANTは完成度を適度に上げます。ローーWANTは、合格ラインより少し上の完成度を目指し、効率化します。

## 「MUST／WANT」を区別してムダを排除する

**解決のコツ**　「それをやって儲かるのか」を問いかける

　マサシ君はすべての仕事をMUST（ねばならない）として認識しています。さらにすべてを完璧にこなそうとします。

　たとえば、出張報告書を作成するのに丸1日かかります。1日の出張に1日の報告書作りでは、いくら仕事時間があっても足りません。「何で2ページの出張報告書作成に丸1日かかるんだ」と上司が問うと、「誤字脱字がないように、20回くらい読み直します」と言うのです。これでは、本当に大事な仕事をする時間が足りなくなってしまいます。

　MUSTとWANTを区別し、WANTをさらに3段階（ハイ・ミドル・ロー）に分ける習慣が大切です。

　たとえば、出張報告書を使う目的を考えます。部内の数名の社員が5分前後で読む程度の書類ですから、内容がわかればいいレベルのものです。誤字脱字があってもいいというわけではありませんが、時間のかけすぎは時間は禁物です。

　完璧を目指して完成度を100％に近づけるほど、莫大な時間がかかります。完成度の見極めが大切です。

　一番わかりやすい基準は、「それをやって儲かるのか」という問いかけです。これにより、会社にとっての優先順位の高低がはっきりします。

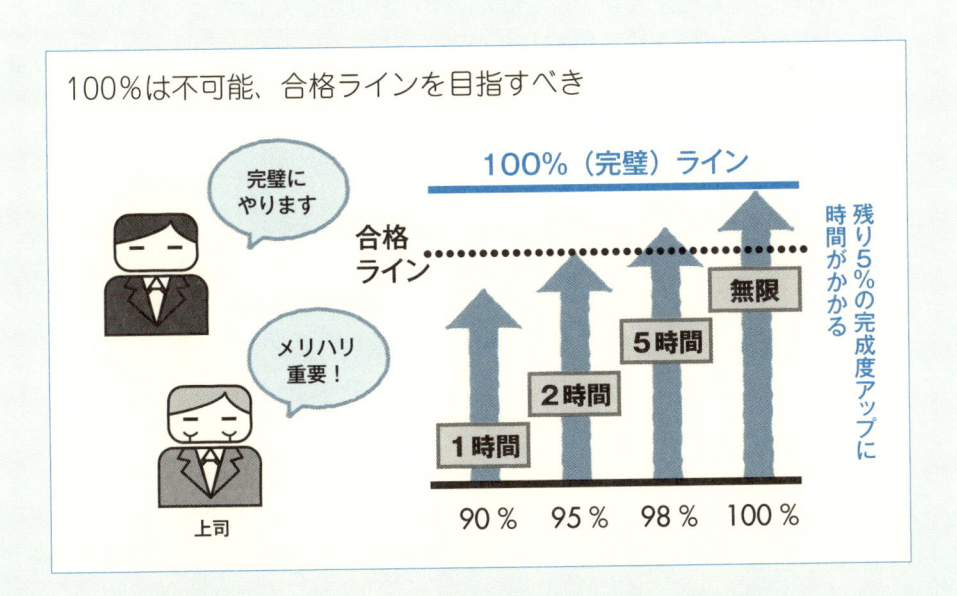

---

### 100％は不可能、合格ラインを目指すべき

- 完璧にやります（部下）
- メリハリ重要！（上司）

100％（完璧）ライン

合格ライン

| 完成度 | 時間 |
|---|---|
| 90％ | 1時間 |
| 95％ | 2時間 |
| 98％ | 5時間 |
| 100％ | 無限 |

残り5％の完成度アップに時間がかかる

4章　的外れの努力を防ぐ［視野拡大フレームワーク］

## 24 「パレートの法則（20／80）」と「みこし担ぎの法則（20／60／20）」

組織がビジネスの動向を上位・下位という視点で分析すると、真実が見えやすくなる。そのための指標となるのがパレートの法則とみこし担ぎの法則だ。

### パレートの法則、みこし担ぎの法則とは｜上位20％でものごとは決まる

　パレートの法則とは、上位20％が全体の80％を占めるというものです。たとえば、上位20％の上得意先が80％の売上や利益をもたらしている状況などです。また、大きな問題の20％を解消できれば、80％の問題は解決できるという意味もあります。

　このパレートの法則を応用したのが、みこし担ぎの法則といわれる考え方です。上位も下位も20％という解釈で、**上位20％は成果をあげている、中間の60％の人は鳴かず飛ばず程度の役割を担っている、下位20％の人は足を引っ張っている**という見方をします。

### ポイント｜経営資源の投入を上位20％に増、下位20％に減

　パレートの法則は経営資源の配分を考えるときにも役立ちます。実務的には、みこし担ぎの法則を応用したＡＢＣ管理という考え方を、営業効率や商品の品揃えなどに用います（右図参照）。Ａランクが上位20％、Ｂランクが中位60％、Ｃランクが下位20％です。

　足を引っ張る下位20％への経営資源投入を減らすことで、上位20％の売上拡大に営業力を集中して強化します。

### アドバイス｜法則を活かしてビジネスや組織をコントロールする

　パレートの法則は、あらゆる分野で見られる現象です。上位20％をきちんとコントロールすれば、残りの80％もコントロールできるということがさまざまな状況で見受けられます。自分の会社や業務にあてはまるものがないか考えてみましょう。

　パレートの法則の応用である「みこし担ぎの法則」は、祭りの御神輿がその元

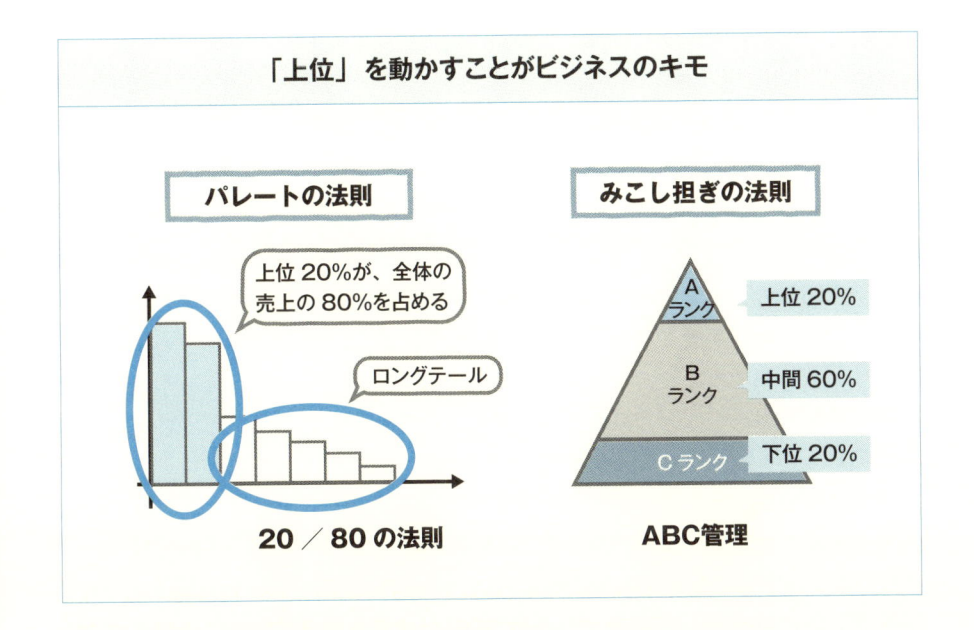

「パレートの法則（20／80）」と「みこし担ぎの法則（20／60／20）」 24

## 「上位」を動かすことがビジネスのキモ

**パレートの法則**

上位20％が、全体の売上の80％を占める

ロングテール

20／80の法則

**みこし担ぎの法則**

Aランク　上位20％
Bランク　中間60％
Cランク　下位20％

ABC管理

となっています。御神輿は上位20％の人がきちんと支えており、逆に下位20％の人は、手を抜いて担いでいます。残りの60％は、適度に参加しています。この数字が真実かどうかは別として、実際の御神輿の様子を見てみると、現実に近いのでは？　と感じられます。

　自然界でも同じような現象が観察されたようです。
　働き蟻の集団を調べてみると、2：6：2（よく働く：適度：働かない）に分かれていました。そして、働き蟻のよく働く上位20％を取り除くと、今まで適度にやっていた蟻が働くようになり、もとの2：6：2の比率に戻ったそうです。
　**数字か量が多い順に並べてグラフにするパレート図を書くと、下位80％は長い尾のようになります**（上左図参照）。この状態を「ロングテール（長い尻尾）」と呼びます。販売数の少ない商品でも、多品種を少量ずつ販売することで、全体の売上を伸ばしているわけです。
　その好例として、「アマゾン・ドット・コム」などのインターネット店舗では、メイン商品を積極的に売りさばくことで年間数個程度しか売れないロングテールの商品でも販売することが容易になりました。
　パレートの法則、それを応用したみこし担ぎの法則（ＡＢＣ管理）を知っておくと、業務の改革や新規ビジネスに役立ちます。

4章 的外れの努力を防ぐ［視野拡大フレームワーク］

戦略決定トレーニング　　　　　　　　Let's try!
# 手間のかかる業務が増えたワイン業者

> **問題発生！** 手間の割に売上が少ない小口注文が増加

　カワネ商事のアリタ課長は、ワイン部門の責任者です。海外からワインの買いつけ、国内の販売業者との仲介が具体的な業務です。輸入の判断は、大きく2通りあります。1つめが、カワネ商事の判断でおすすめワインを輸入して国内の販売業者に卸す提案型販売方式。2つめが、国内の販売業者の注文を受けてから輸入手続きをする取り寄せ方式です。

　2つの方式の売上比率はほぼ同じですが、近年は注文を受けてから輸入する取り寄せ方式が増えています。しかし、取り寄せ方式は、かなりの手間を要します。大口注文であればいいのですが、小口注文だと手間の割に売上が小さいという問題を抱えます。大口も小口も、1件あたりにかかる手間はほぼ同じなのです。

　取り寄せ方式がこのまま増えていくと、業務効率が落ちてしまいます。

> **フレームワーク活用の手順**

**❶ABCランク分けの基準を決める**

　顧客のABC管理で営業効率を高めます。1件あたりにかかる手間は同じなので、大口をAランク、中口をBランク、小口をCランクとします。大口には営業力を集中させ、さらなる売上拡大をめざします。

**❷販売業者ごとにABCランクを割りあてる**

　次に顧客である国内の販売業者1社1社に、ABCランクを割りあてます。たとえば、ヤマカワ物産は大口顧客なのでAランク、モリタ商事は小口ばかりで手間がかかるのでCランクとします。

**❸Aランクを優遇、Bランク客をAランクに格上げする方策を考える**

　売上の割に手間のかかるB・Cランクの顧客には値上げで対応します。販売時に事務手数料という名目を加え実質値上げをします。この事務手数料は大量に買うほど割安になる設定にするといいでしょう。1回の注文でできるだけ大量に

買ってもらい、Ａランク顧客への格上げを促します。

**解決のコツ** ランクごとに単位を変えて販売する

　米国発のマーケティングでは、顧客は平等ではないという考え方が根底にあります。上得意客を優遇し、彼らに対して高サービスを提供し、営業の頻度を高めるというのが基本です。

　ある会社では、Ａランクを訪問販売対象顧客、Ｂランクをコールセンター、メール、ＤＭ（ダイレクトメール）などで積極的にコミュニケーションを維持していく顧客、Ｃランクを問い合わせがあれば対応するレベルの顧客と位置づけています。どの顧客をどのランクにするかは、取引データから自動的に分類されます。

　カワネ商事の場合、近年、手間がかかる取り寄せ方式が増えています。このまま小口の取り寄せ方式が増えると営業人員を増やさざるをえなくなります。コスト上昇は必須です。

　その対策としてＡＢＣ管理を行うのです。Ｃランクの小口顧客には、事務手数料の加算と１本あたりの単価を引き上げてはいかがでしょう。Ｂランクの中口顧客には、事務手数料は無料のままで単価を少し高くします。何万本以上であればさらに単価が何円下がるという、注文数量に応じた単価リストを作ります。大口顧客には、ボリュームディスカウント（大量仕入値引）を行います。

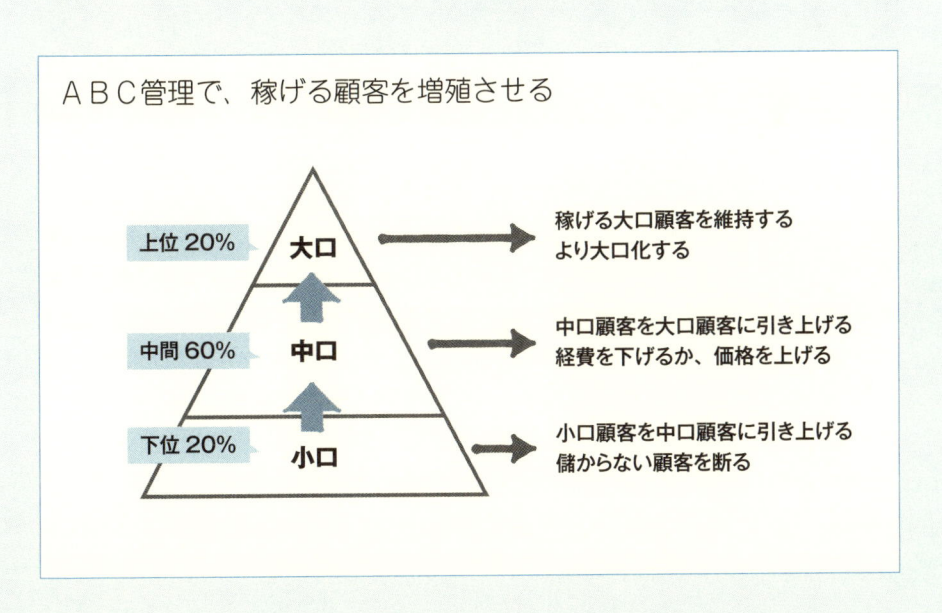

**ＡＢＣ管理で、稼げる顧客を増殖させる**

- 上位20％　大口 → 稼げる大口顧客を維持する　より大口化する
- 中間60％　中口 → 中口顧客を大口顧客に引き上げる　経費を下げるか、価格を上げる
- 下位20％　小口 → 小口顧客を中口顧客に引き上げる　儲からない顧客を断る

## 25 「左脳モード↔右脳モード」で発想力を広げる

左脳型の人、右脳型の人という表現があるが、本来は1人の中に両方が同居しているのが理想だ。これにより問題解決力が大きく高まる。

### 左脳モード↔右脳モードとは　意思決定力を高めてくれる左脳モードと右脳モード

冷静な自分は左脳モード、ホットな自分は右脳モードです。冷静な自分とホットな自分のバランスが重要です。冷静な自分とホットな自分が同居し、お互いが同時に牽制し合うようになるのが理想です。これにより客観的な判断ができるようになります。

たとえば、目の前に困難な課題があるとします。これに対し、冷静な自分だけで向き合ってしまうと、とても乗り越えられそうにもないという判断になってしまう。ホットな自分で考えると困難を乗り越えられる気がしてくる。困難に挑戦する勇気と、冷静な判断とのバランスが、問題解決力を高めてくれます。

### ポイント　左脳モード→右脳モードで新しい視点が見えてくる

多くの人は、左脳モードと右脳モードのどちらかに偏りすぎている傾向があります。おおまかにいえば、いつも冷静で面白みがない人、いつもホットで暴走気味な人の2種類に分けられます。

大切なのは2つのモードの同居と、左脳と右脳のコミュニケーションです。冷静な自分とホットな自分がコミュニケーションをとれば、考える力が高まります。**ホットな自分が困難さを克服するアイデアを出し、冷静な自分がそのアイデアの実現可能性や投資対効果を検証する**、というイメージです。

左脳モードと右脳モードが同時に使えない人は、「右脳モード→左脳モード」の順番に思考するのがおすすめです。まずは右脳モードで発想を広げ、可能性を高めます。そして左脳モードで冷静にアイデアを評価すればいいのです。

### アドバイス　冷静な自分とホットな自分で複眼思考をしよう

右脳は感情脳、左脳は理性脳といわれています。

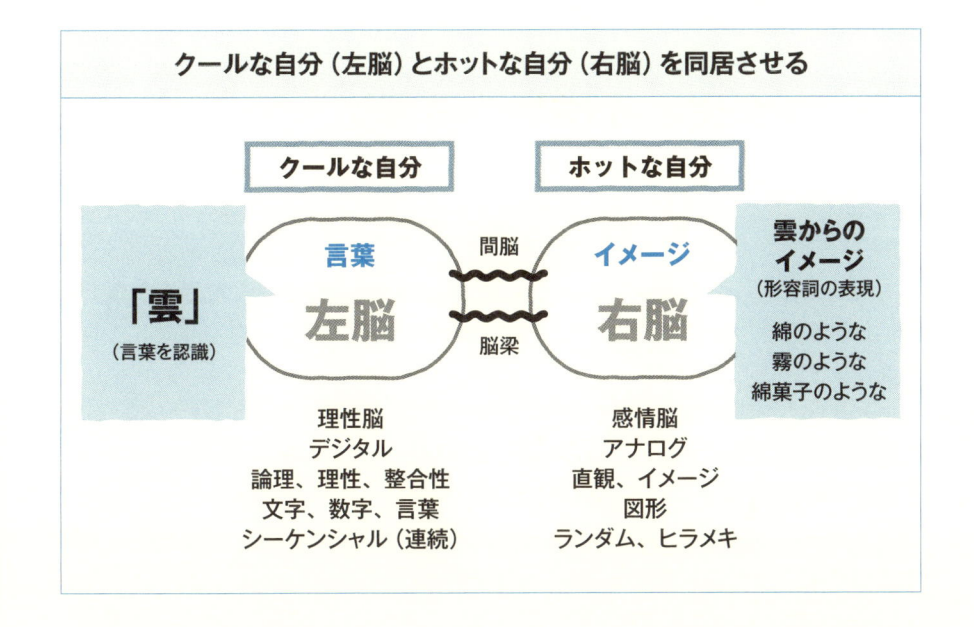

## クールな自分（左脳）とホットな自分（右脳）を同居させる

```
     クールな自分              ホットな自分

              言葉    間脳    イメージ        雲からの
「雲」                ≈                       イメージ
(言葉を認識)   左脳          右脳            （形容詞の表現）
              脳梁                            綿のような
                                              霧のような
                                              綿菓子のような

           理性脳                感情脳
           デジタル              アナログ
        論理、理性、整合性      直観、イメージ
         文字、数字、言葉            図形
      シーケンシャル（連続）   ランダム、ヒラメキ
```

　右脳は、感情、直観、イメージ、アナログ、図形、ヒラメキなどを司ります。

　右脳はランダム思考が得意です。さっきとまったく異なる思考への切り替えを瞬時に行うことができます。直観やイメージは、瞬間に浮かぶものです。一瞬のヒラメキの時間は、わずか1000分の1秒といわれています。

　右脳を活性化するには、左脳と右脳のコミュニケーションを円滑にするのがカギといわれています。左脳と右脳を結んでいる間脳の中にある脳梁を通して、左脳と右脳のコミュニケーションが行われます。

　左脳は、理性、論理、デジタル、文字、数字、言葉などを司ります。整合性を確保しながら考えるため、シーケンシャル（連続）に思考します。左脳は飛躍する思考は苦手です。情報の処理スピードは文字を読む速さ、すなわち約30分の1秒程度です。

　左脳は、目の前にある情報を整理整頓することが得意な一方、ランダムに自由発想することが不得意です。また、左脳は筋道がつながらないことを受け入れられません。そのため、左脳で考えると整合性がない話に批判的になるのです。

　**左脳だけの働きでは、発想は広がりません。批判的になったり、こぢんまりした案に収束させようとします。**発想力を活かすには、左脳と右脳のコミュニケーションが不可欠になります。

戦略決定トレーニング　　　　　　　　　Let's try!
# タイプが異なる部下の指導法

**問題発生!**　ズレの多いモリタ君と対応に疲れるカワダ君

　対照的な2人の部下がいます。モリタ君は熱血漢、猪突猛進で脇目もふらず猛烈に仕事をこなします。一方、カワダ君は理屈っぽく、何ごとも冷静でドライに判断します。

　たとえば、2人に同じ業務を依頼したとします。モリタ君は、すぐ仕事に着手しますが、思い込みが激しく指示した内容とズレることが多いのが悩みです。

　カワダ君は、「なぜこの仕事が必要なのですか？」「投資対効果が不十分なのでは？」といちいち細かく質問してくるので、その対応に疲れてしまいます。彼らを理想の部下にする方法はないのでしょうか？

**フレームワーク活用の手順**

**❶猪突猛進のモリタ君には、冷静かつ客観的に考えるよう指導する**

　猪突猛進のモリタ君は、本能のまま行動する右脳モードです。発想が豊かで、頭や気持ちの切り替えが早いのが強みですが、客観性や冷静な判断に欠けます。もっと冷静になって、全体の視点で考えるよう指導します。

**❷ドライすぎるカワダ君には、思いきって行動することを指導する**

　ドライすぎるカワダ君は、いつも冷静で批判的な左脳モードです。失敗したくないという思いが強く、すぐにできない理由を考えてしまいます。失敗を恐れないで、思いきって行動するよう指導します。

**❸冷静な自分とホットな自分を使い分けるよう指導する**

　左脳と右脳を同時にバランスよく使えるのが理想的です。冷静な自分とホットな自分を使い分けるのです。左脳と右脳が同時に働くと、第3のバランス脳が生まれます。バーチャルな脳ですが、判断能力、思考能力が飛躍的に高まります。

## 解決のコツ　部下の頭脳を左右のバランスモードへ導く

　部下にもさまざまなタイプがいます。大きくは、左脳モード、右脳モード、左右のバランスモードの３つに分けることができます。理想は、左右のバランスモードです。

　上司として根気強く指導を行い、部下を左右のバランスモードに導くことが大切です。モリタ君にもカワダ君にも、それぞれよいところがあります。その長所を活かしつつ、猪突猛進のモリタ君（右脳タイプ）には左脳を使うよう、ドライなカワダ君（左脳タイプ）には右脳を使うよう指導を行うのです。それを繰り返すことで、右脳と左脳のコミュニケーションが生まれ、第３の脳であるバランス脳が生まれます。

　バランス脳を手に入れた彼らはより優秀な人材になることでしょう。リーダーや上司は部下がどんなタイプかを見極め、どのような人材に育てていくかを明確にイメージすることが大切です。

　余談ですが、かつて、手塚治虫氏による『三つ目がとおる』というタイトルの少年漫画がありました。古代の人類「三つ目族」の末裔がさまざまな事件を解決していくＳＦマンガです。天才マンガ家の手塚治虫氏は、左脳と右脳を自在にあやつれる第３の脳を持った、三つ目本人のようにも思えます。

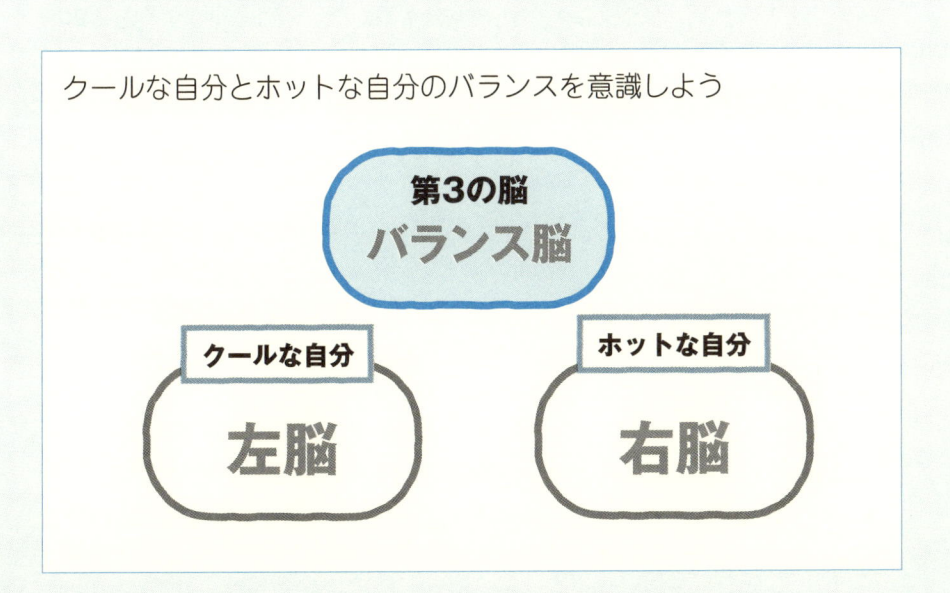

---

**クールな自分とホットな自分のバランスを意識しよう**

第３の脳
バランス脳

クールな自分
左脳

ホットな自分
右脳

## 26 「帰納法」と「演繹法」でベストの解決策を導き出す

ビジネスでは、情報を集め、それをもとに解決策や結論を導き出すケースがよくある。帰納法と演繹法にあてはめれば、最短で説得力を持った結論にたどり着く。

### 帰納法、演繹法とは 仮説が先か？ 調査が先か？

帰納法と演繹法は、ロジカルシンキングの代表的な手法です。

帰納法は、幅広く調査をしてデータを集めることで、問題の解決策を見出すアプローチです。帰納法は、調査が広範囲になり時間がかかりますが、さまざまなデータを集めて考察できるメリットがあります。

もう一方の演繹法は、仮説やたたき台を作成してから調査を行い、検証することで、解決策を見出すアプローチ法です。演繹法は、仮説やたたき台を検証する部分だけを調査すればいいので、調査範囲を絞れるメリットがあります。

### ポイント 原因究明、解決策を効率的に探り出すために便利

帰納法と演繹法は、原因究明や解決策を効率的に探るのに便利です。**ある事柄に対して、帰納法と演繹法のどちらのアプローチをとるのが効率的かを最初に判断すると、問題解決がはかどります。**帰納法と演繹法の元になっているのが三角ロジックです（右図参照）。三角形の頂点に「結論」、左右の底辺に「説得材料」と「説得理由」を配置します。結論とは、主張、提案、意見などです。説得材料とは、主張を裏づける客観的な統計などの数値や事実、具体例などです。説得理由とは、原理原則、法則性、一般的な傾向、常識などの理由づけです。

主張を明確化したら、「なぜ？」という問いかけで、データと論拠を示して主張を支えます。一方、データと論拠を説明したら、「だからどうした？」と主張を伝えます。

### アドバイス どのようなケースで、どちらを選択するべきか正しく理解する

状況が把握できる場合、まずは帰納法で、情報収集や現状分析などの調査からはじめるといいでしょう。なぜなら、ある程度情報がないと、的外れの方針を立

## 三角ロジックで考えると、帰納法と演繹法はわかりやすい

**Why**（なぜ）

結論（主張）

**So What?**（だからどうした？）

説得材料
調査（情報収集、データ）

説得理由
調査結果の要旨

**調査が先**

A事業から撤退すべきだ

帰納法

① A事業は20億の赤字を出した → ② これ以上の赤字は放置できない

**調査が後**

もっと安いメニューを作れば売れる

演繹法

② 280円の牛丼が売れている ← ① デフレ経済では安いものが売れる

---

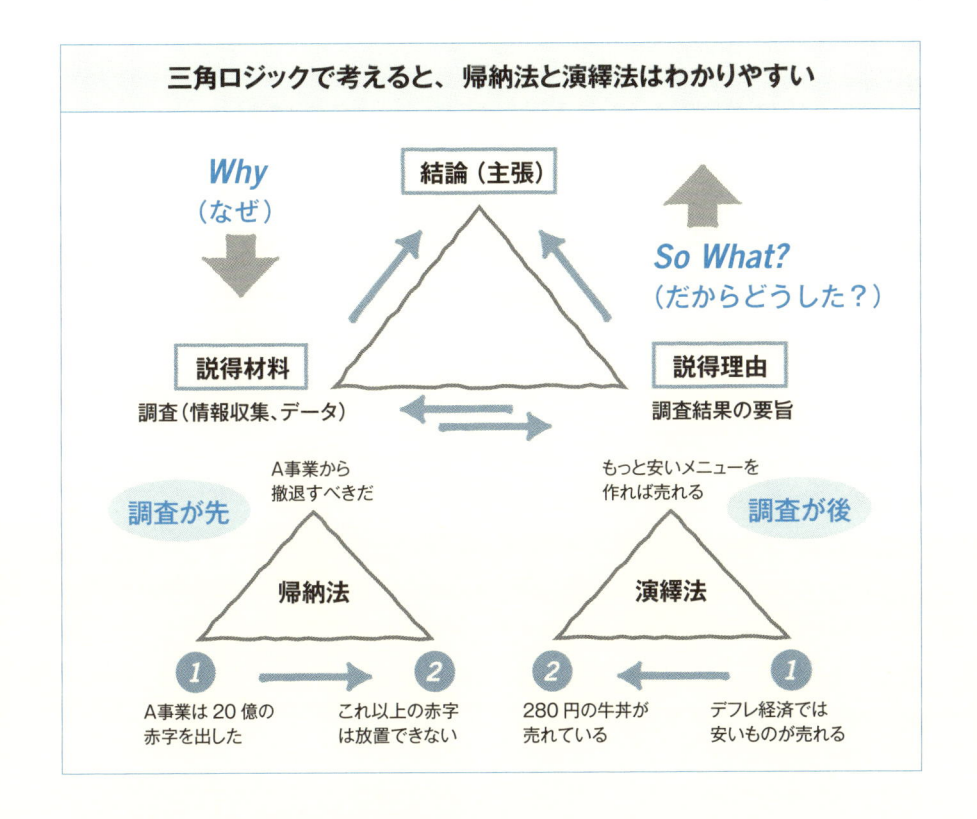

ててしまうリスクが高くなるからです。

　たとえば事件の捜査は、帰納法が多くとられます。事実調査やアリバイ調査などがそうで、さまざまな捜査の結果から犯人を割り出そうとします。

　しかし、現状分析をしてもなかなか問題点が見えてこない場合、大前提（仮説やたたき台）を考えて調査を行う演繹法に切り替えた方が効率的に結論を導き出せます。

　米国のテレビドラマ「刑事コロンボ」の問題解決ストーリーは、演繹法で構成されています。主人公のコロンボは、ちょっとした理由から、まず犯人が誰かという仮説を立て、その仮説が正しいことをデータで証明します。そしてそこから主張に結びつける論理思考です。

　ただし、ドラマなので刑事コロンボの仮説の正解率は100％です。しかし、実際の刑事捜査で仮説に頼りすぎると、えん罪を生むか、的外れの捜査を増やすリスクもあります。

## 4章　的外れの努力を防ぐ［視野拡大フレームワーク］

### 戦略決定トレーニング　　　　　　　　Let's try!
## 調査に時間をかけすぎの老舗商社

**問題発生!**　改革プロジェクトを立ち上げても、増えるのは資料だけ

　ナヤミ商事は、創業100年の老舗商社です。時代の変化に対応してきたつもりですが、なかなか業績は回復しません。赤字転落は経費削減努力で食い止めてはいるものの、画期的な業績回復に至っていません。業務改革により業績回復を達成したいと、業務改革プロジェクトを立ち上げました。

　しかし、プロジェクトを立ち上げて半年、いまだに現状分析中です。問題点は数えきれないくらい出ています。現状分析の資料は、すでに3000ページを超えています。それにもかかわらず、具体的な改革策の方針が見つからないまま時間を浪費しています。社長からは、現状分析もいいが、どのような業務改革をすれば業績回復につながるか、早く提言してほしいと矢の催促です。業務改革を果たすには、どのような方向転換が必要でしょうか？

**フレームワーク活用の手順**

**❶現状分析を一度中断し、簡潔にまとめた資料を作成する**
　現状分析の調査ばかりしていてもきりがありません。その調査から、何が本当に問題なのか優先順位をつける必要があります。調査をしている瞬間にも外部環境は変化しています。時間をかけすぎると、過去の情報が増えるだけです。

**❷業務改革のたたき台を演繹法でいくつか立案する**
　現状分析は打ち切って、すでに収集した情報を参考に、業務改革のたたき台を作成します。追加調査はベストプラクティスの調査に関することに限定し、期限を決めて実施します。

**❸1つに絞り込み、実行計画書を作成する**
　業務改革テーマを1つに絞り込み、実行計画書を作成します。一度に多くの改革テーマを進めるより、投資対効果が高いテーマを1つ決めます。実行計画書を作成してから実行に移ります。

**解決のコツ** 迷ったときは「目的に戻れ」で現状分析の目的を考える

　現状分析をリサーチ会社に丸投げする会社もありますが、報告書を書棚にかざって活用していないケースも多いようです。また、現状分析に時間をかけすぎて、解決策の提案までたどり着かない会社もあります。ナヤミ商事は、後者にあてはまる典型的なタイプです。

　ナヤミ商事は、何を改革すればいいかが見つからないまま、問題点だけは数え切れないくらい出ています。現状分析の資料は増えるばかりですが、どこで調査を打ち切ればいいか、目処が立っていません。

　「迷ったときは、目的に戻れ」といいます。現状分析の目的は、改革を推進することです。改革を推進するためのヒントさがしのために、現状分析を行っているわけです。

　すでに膨大なデータはあるのですから、演繹法に沿ってプロジェクトを進めていけば、業務改革が行えるはずです。

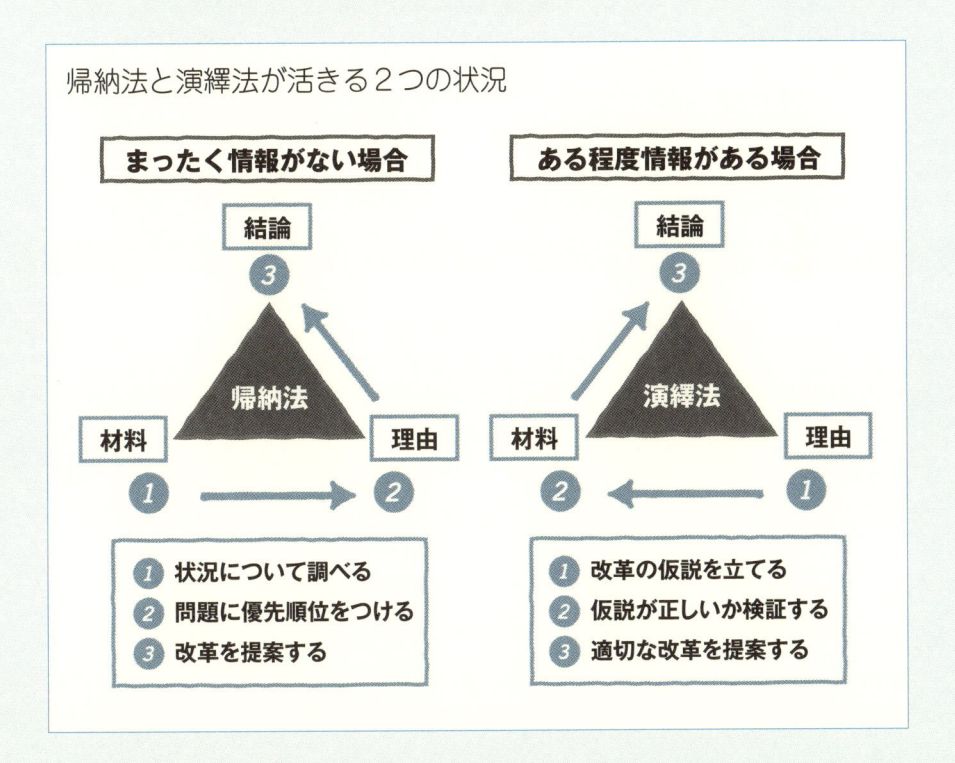

---

### 帰納法と演繹法が活きる2つの状況

**まったく情報がない場合**

結論 ③
帰納法
材料 ① → 理由 ②

① 状況について調べる
② 問題に優先順位をつける
③ 改革を提案する

**ある程度情報がある場合**

結論 ③
演繹法
材料 ② ← 理由 ①

① 改革の仮説を立てる
② 仮説が正しいか検証する
③ 適切な改革を提案する

## COLUMN

## 「新しい有」を生むために経営のタイムマシンに乗ろう

「有から新しい有を生む」のが、発想の定石です。無から有は生まれないのです。

画期的な発明には、自然界を研究してヒントを得たものが多数あります。飛行機は空を飛ぶ鳥をヒントにしました。水に濡れてもすぐに乾く素材はカタツムリの表面を分析して生まれました。宇宙船内での小物の接着には、オナモミ（果実に多数のトゲがあるキク科の一年草）の実のトゲの形状を研究して発明されたマジックテープを使っています。自然界を研究して発明されたものを挙げればきりがありません。

かの有名なアインシュタインでさえ、すでにある理論、目の前の事実や現象の観察から発想をはじめました。過去の偉人が発見した物理理論にわずかな矛盾があることを発見したことから、相対性理論にたどり着いたといわれます。

企業経営という視点でいえば、「タイムマシン経営」があります。これは、米国で成功した経営方式は、2〜3年遅れで日本にやってくるという考え方です。逆に言えば、米国の先進事例を調査して、日本で応用できないかを考えるのが効率的ということになります。

経営コンサルタントにも、タイムマシン経営の考え方を活用している人が大勢います。米国で話題になっている理論の本を探して、日本で翻訳本を一番に出します。そして、「わたしはこの分野では日本でナンバーワンだ」と宣言するやり方です。

ＩＴ業界は、まさにタイムマシン経営のオンパレードです。ただし、2〜3年ではなく、2〜3ヶ月くらいの短期間で日本に上陸します。

ベストプラクティスは、あくまでお手本とヒントです。日本や自社の風土に適応させるために、自分たちの創意工夫が大切であることはいうまでもありません。

第 5 章

# 問題点を見つけて即応する
# ［問題発見フレームワーク］

## 27 「基準と実際のギャップ」を共有し、問題を早期解決へ導く

そこに問題があることに気づいても、基準と実際のギャップが認識できなければ、大きなロスを生んでしまう。ギャップを組織で共有すれば、問題解決はすぐそこだ。

### 基準と実際のギャップとは 「基準」と「実際」のギャップが問題となる

問題とは、基準（Should）と実際（Actual）のギャップです。基準とは期待値であり、あるべき姿です。実際とは、現実の状態です。基準と実際が一致していれば、問題が発生していない状況ということです。実際が基準を下回ると、下回った「ギャップ」の部分が問題になります。基準の認識が人によって異なると、問題を感じる人と感じない人が出てきます。たとえば、上司が認識している基準が高く、部下の基準が低いと、同じ実際を見ていても問題意識が異なります。

### ポイント 実際と基準の認識がズレれば問題解決は難しい

基準と実際のギャップにおいて、共通認識が持てればメンバー間の問題意識が一致します。問題意識が一致すれば、「解決しなければ」という気持ちから、組織は1つにまとまります。**組織内において、まず基準をどう設定するかが改善・改革の第一歩となります。**

基準と実際のどちらか一方、あるいは両方の認識がズレると、問題意識は一致しません。

基準を一致させるために、組織の目標を明確化します。たとえば、売上利益計画で中期目標、年度目標、月次目標などを決めます。一方で実際の認識を一致させるために、現状分析をできるだけ定量的に行います。たとえば、売上利益計画では、毎月の売上と利益を数値で把握することで、基準と実際のギャップを明らかにします。

### アドバイス 問題意識が共有できなければすべて「おせっかい」になる

現状を変えようとするときの第一歩は、問題意識を持つことにあります。問題意識が高い人は、基準値を持って実際とのギャップを観察しようとします。問題

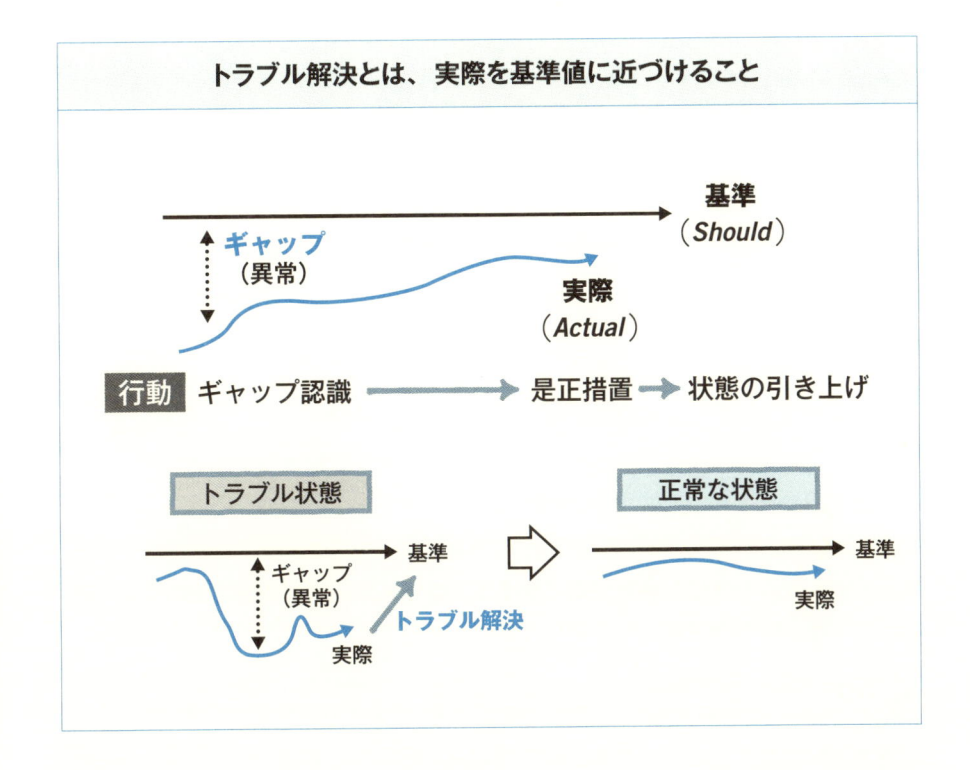

## トラブル解決とは、実際を基準値に近づけること

**基準**（*Should*）
**ギャップ**（異常）
**実際**（*Actual*）

行動　ギャップ認識 → 是正措置 → 状態の引き上げ

トラブル状態　→　正常な状態

基準／ギャップ（異常）／実際／トラブル解決　　基準／実際

---

意識が共有できない場合、まず基準（あるべき姿）がどうあるべきかの共通認識を持ちます。そして現状分析などで実際を確認します。こうすることで基準値と実際とのギャップを認識しやすくなります。

　問題解決とは、基準値と実際の状態を一致させることです。たとえば、工場で慢性的に1％の製品不良が発生していたとします。トラブルで製品不良が5％になったとすれば、このような状況では、何とかもとの1％に戻すことを考えるでしょう。しかし、製品不良が急に増えた「異常」に気づかなければ、対策はとれません。

　つまり、**問題解決とは、基準値と実際を把握してギャップ（異常）を問題として認識し、そのギャップをなくすために是正措置を実施して、実際の状態を引き上げていく活動なのです**。

　問題解決とおせっかいの違いは何でしょうか？　関係者が問題意識を感じていない場合、何をやってもおせっかいになります。関係者が問題意識を共有してこそ、問題解決の第一歩が踏み出せるのです。

## 5章　問題点を見つけて即応する［問題発見フレームワーク］

### 戦略決定トレーニング　Let's try!
# 問題意識のない部下が顧客のいいなりに

**問題発生!**　問題意識がない部下と社内の他部門との間で板挟み

　資材部門のヤナミ課長は、問題意識がない部下たちの顧客対応に悩んでいます。たとえば、仕入価格を部品メーカーの言いなりで決めてしまうのです。
「仕入価格の値下げ交渉も、仕入担当の仕事だ」と課長が言っても、部下たちは聞く耳を持ちません。「課長、仕入先もたいへんなのですから。値引き交渉したらかわいそうですよ」と、仕入先に気を使うのです。
　ヤナミ課長は、自社の原価管理部門から、もっと部品の仕入コストを下げてくれないと、資材部門の定員を減らして人件費を削減しなければならない、と相談されています。ヤナミ課長は、厳しい会社の状況と問題意識がない部下との板挟みで、胃が痛い毎日です。

**フレームワーク活用の手順**

### ❶資材部門の基準としてあるべき姿を明確化する
　まずは、資材部門の基準としてあるべき姿を明確化するのが、部下たちの問題意識を高める第一歩となります。数値で定量化できるものはもちろん、時間厳守や規律を守るなど意識面の定性的な基準も決めておきましょう。それにより、実際とギャップが一目瞭然になります。

### ❷実際とのギャップを明確化する
　次に現状分析や既存のデータ収集などにより、実際がどうなっているかを誰もが正しく認識できるようにします。たとえば、仕入データ、工場の要望、クレームなどを文書化します。そして、実際とのギャップが見えるようにするのです。

### ❸基準と実際のギャップをなくすために対策を話し合う
　基準と実際のギャップの共通認識ができれば、問題意識も共有できます。これで改善や改革の話し合いの土俵が整ったわけです。基準と実際のギャップをなくすために何をすべきか、前向きに対策を話し合いましょう。

> 解決のコツ　守りの問題解決から、基準値を上げて攻めの問題解決へ

「仕入価格５％削減」といった経営目標が達成できたらそれでいいのでしょうか？　もちろん、与えられた目標を達成すれば合格ラインではありますが、問題意識が高いチームならもっとコストが減らせないかを考えるでしょう。

たとえば、仕入価格をもう１％削減できないかと、新しい目標となる基準値を定めて、チャレンジすることも必要です。問題意識は低いレベルから高いレベルまで、大きく３種類に分類できます。

最も低いレベルの問題意識は守りに関すること、すなわちトラブル対応です。トラブルは、問題が強制的に提示されます。放置すると問題が拡大していくので、否応なしに解決が求められます。

高いレベルの問題意識として、攻めに関することがあります。目標となる基準値を新しく決めて、それにチャレンジしていくのが攻めの問題です。これは、問題意識の高さでさらに２種類に分けられます。１つは、現状の枠組みの中で見つける発見型の問題（改善）です。もう１つは最も高いレベルの問題意識で、自ら創る問題（改革）です。これは現状のしがらみにとらわれないで大胆に目標設定して現状打破をめざすものです。

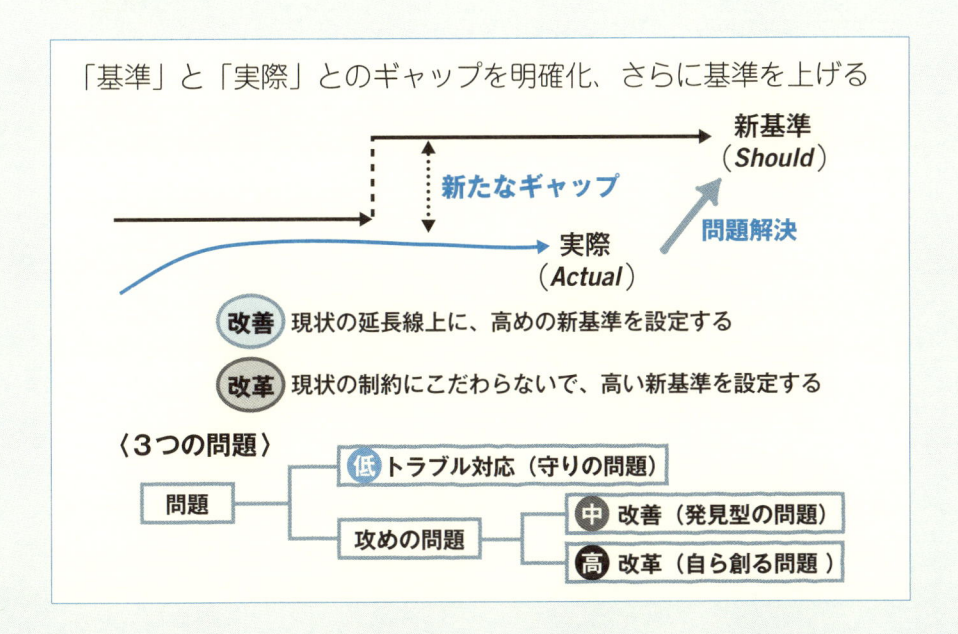

「基準」と「実際」とのギャップを明確化、さらに基準を上げる

新基準（*Should*）
新たなギャップ
実際（*Actual*）
問題解決

改善　現状の延長線上に、高めの新基準を設定する
改革　現状の制約にこだわらないで、高い新基準を設定する

〈３つの問題〉

問題
├─ 低　トラブル対応（守りの問題）
└─ 攻めの問題
　　├─ 中　改善（発見型の問題）
　　└─ 高　改革（自ら創る問題）

## 28 「ダラリの法則」で職場の問題を見つけ、仕事を効率化する

ダラリの法則は、問題を見つける切り口だ。基準と実際とのギャップを見ずに、実際を見るだけで問題点が見つかる便利な法則である。

### ダラリの法則とは　ムリ・ムダ・ムラの視点で問題点を見つける

　ダラリの法則とは、問題点を見つけるときに有効な視点です。「ムリ・ムダ・ムラ」の3つの視点で問題点を洗い出します。

　ダラリの法則は、「3ム」「3M」とも命名されています。世界中に「カイゼン」を普及させたトヨタは、海外でも通用するように3Mの名称を採用しています。ダラリの法則で問題点を見つけてカイゼンの第一歩を踏み出しましょう。職場で問題点を列挙すると、同じ問題点が何人もの人から出てきます。同じ問題点が出ると、「自分だけじゃなくて、みんなも同じことを感じていたのか」と問題意識が共有できます。

### ポイント　オフィスワークにもダラリの法則は使える

　ダラリの法則が生まれたのは工場です。日本のメーカーの強さは、工場のカイゼン力にあったといっても過言ではありません。カイゼンによる低コスト力が世界中を席巻したのです。

　ホワイトカラーでも、ダラリの法則は使えます。たとえば、チェック、管理、調整などのムダは、身の回りを観察すると意外に多いものです。日常の業務を当たり前と考えないで、身の回りのムリ・ムダ・ムラを見つけて、カイゼンしてみてはいかがでしょう。

### アドバイス　社内で最も効率的なやり方を標準化する

　「ムリ・ムダ・ムラ」の1つひとつを詳しく見ていきましょう。
　1つめは**「ムリ」**。ムリをしていればどこかにしわ寄せがきます。長期的に見て得策とはいえません。
　ムリな計画を立てる、ムリな納期を引き受ける、ムリな値下げをする、ムリに

## 職場であらゆるムリ・ムダ・ムラを洗い出す

**ムダ**
- 歩くムダ
- 運ぶムダ
- やり直しのムダ
- 調整のムダ
- 監視のムダ
- 待つムダ
- 探すムダ
- チェックのムダ
- 在庫のムダ
- 作りすぎのムダ
- 複雑さのムダ
- 手間をかけるムダ

**ムリ**
- ムリな計画を立てる
- ムリな納期を引き受ける
- 残業が慢性化する（体のムリ）
- ムリな値下げをする
- ムリに担当を押しつける
- 力のいる仕事
- 不自然な姿勢
- 注意のいる仕事

**ムラ**
- 仕事のやり方のムラ（標準化ができていない）
- 忙しさのムラ（特定の人や職場に仕事が集中）
- 気分のムラ（上司の気分で判断基準が変わる）
- 成果のムラ（仕事の仕上がり品質にムラがある）

担当を押しつけるなどがあります。また力のいる仕事、不自然な姿勢、残業が慢性化するなどの肉体的なものもムリに含まれます。

　2つめの「ムダ」は、やり直しのムダ、調整のムダ、チェックのムダ、監視のムダ、待つムダ、探すムダ、手間をかけるムダ、複雑さのムダなどです。

　3つめの「ムラ」は、仕事のやり方のムラ、忙しさのムラ、気分のムラ、成果のムラなどがあります。

　仕事を標準化していないと、仕事のやり方にムラが発生します。**同じ仕事なのに人によってやり方がバラバラであれば、能率的な人と能率が悪い人が出てくる上に、品質にもバラツキが出ます。**最も能率的なやり方を標準化して能率を上げる必要が生じます。

　なお、効率的なやり方が見つかれば、その都度、標準作業を変更します。新しい技術が現れれば、作業を抜本的に見直します。

## 戦略決定トレーニング Let's try!
## 業務改善が一向に進まない広告代理店

### 問題発生! メンバーから出てくるのは問題点ではなくグチばかり

　広告代理店のクボタ広告社で業務改善活動が発足しましたが、なかなか前向きな会議になりません。改善活動は、「現状分析─原因究明─改善案の作成─実施」に沿って進められる予定となっていますが、はじめの現状分析の段階で議論が停滞しています。

　現状分析で問題点を出し合ったところ、「サービス残業が多い」、「セクハラが多い」、「給料が安い」など、前向きな問題点が出ません。

　このようなくり返しでは、いくら現状分析をしても、改善すべき問題点が整理できません。議論を前向きな方向へ進めるにはどうしたらいいでしょうか？

### フレームワーク活用の手順

**❶ムリ・ムダ・ムラの視点で問題点を出す**

　まずはムリ・ムダ・ムラの視点で問題点を次々に出します。残業が慢性化するのは、体のムリになるので問題点に加えます。日常業務の中でムリ・ムダ・ムラを見つけてカイゼンする企業風土を作れば、一流企業の仲間入りができます。

**❷ムリ・ムダ・ムラの問題点を分類して整理する**

　ムリ・ムダ・ムラの問題点を分類して整理します。付箋紙を使えば、各人が匿名性をもって自由に問題点を書けて便利です。書いたものを1枚ずつ読み上げながら、模造紙や白板上で分類していきます。

**❸問題点を5段階評価して、重要な問題の解決策を立案する**

　問題点のすべてが重要とは限りません。重要度が高い問題点と低い問題点が混在しています。問題点を1つずつ読み上げながら、5段階評価をします。参加メンバーが「5」「4」など、重要度を声に出しながら、評価点数をつけます。高い評価の問題点を絞り込んで対策をとります。

**解決のコツ** まずはグチを出しきることからはじめる

　付箋紙に問題点を書き出すと、全員から問題点を吸い上げることができます。同じ問題点が書かれた付箋紙があってもかまいません。同じ内容のものは、捨てずに重ねます。多く重なった付箋紙の問題点が、多くの人が共通に感じている問題点であることがわかります。

　最初は書きやすいのでグチのような問題点が多いでしょう。グチでもいいからどんどん書いて枚数を増やします。グチを書ききった頃から、前向きな問題点が出てきます。たとえば、「仕入担当が納期を長めに設定するので、営業が顧客との板挟みで苦労している」といった業務改善のネタが出てきます。

　日常業務の中で、ムリ・ムダ・ムラを見つけてカイゼンする企業風土になれば、半年に1度くらい、職場で2時間ほど集まって、ダラリの法則で問題点を共有化しましょう。さらに、改善案を話し合えると効果的です。

## ムリ・ムダ・ムラで分類して問題整理しよう

| 対象業務 | ムリ | ムダ | ムラ |
| --- | --- | --- | --- |
| 部内会議 | ●臨時会議をムリに開催するため、スケジュール調整にムリが出る<br>●発言者にムリに担当を押しつけられる<br>●議論が不十分なまま、強行決裁をする | ●議題がないのに定例会なので会議する<br>●結論が出ない会議が多く、会議のムダ<br>●進め方がいい加減なので、どうどうめぐりの議論でムダな時間が多い | ●発言者が偏っている<br>●話題に偏りがある<br>●司会者の気分で議題がころころ変わる<br>●参加率が低い人がいる（出席率のムラ） |
| 営業活動 | ●値下げしてムリに受注を獲得する<br>●ムリな営業ノルマを押しつけられる<br>●ムリな訪問営業計画を立てる | ●訪問地域が分散しており、ムダな移動が多い<br>●予算がない取引先に営業する（受注できない）<br>●経費をムダ使いする<br>●遠方ばかりに営業活動する（出張のムダ） | ●訪問計画が場当たり的でムラがある<br>●やる気にムラがある<br>●月末にならないと本気で営業しない（稼動率のムラ） |

5章　問題点を見つけて即応する［問題発見フレームワーク］

## 29 「フォーマル／インフォーマル」で組織を活性化する

ひとくちに会社の組織というが、実は、2つの種類の組織が存在する。それぞれの特性を知り使い分けることで、臨機応変に動き、確実な成果を出せるのだ。

### フォーマル／インフォーマルとは　会社には「公・私」2つの組織がある

　フォーマル組織とは、日常業務を推進している一般的な階層組織です。役割と権限が明確な公式的な組織といえます。具体的な役割として、たとえば、年度目標を決めて目標を達成するために、上から下への命令系統で業務を推進します。
　一方、インフォーマル組織は、社内の人間関係の信頼を中心とする非公式的な組織です。たとえば、部門を超えて何でも気軽に相談できる関係はインフォーマル組織といえます。同じ会社の中にこの2つの組織が存在します。

### ポイント　2つの組織を使い分けて成果を出す

　フォーマル組織とインフォーマル組織には、それぞれメリットとデメリットがあります。メリットが活かせるように使い分けることが肝要です。
　フォーマル組織のメリットは、やるべきことが明確なときに効果を発揮するということです。上下関係がはっきりしているので、あらかじめ決められた目標達成に有利です。デメリットは、現状維持から抜け出せない、小回りがきかない、決定に時間がかかるなどです。
　インフォーマル組織のメリットは、探索や新しい取り組みに強いということです。自由でフラットな関係なので、新商品開発やアイデア発想に有利です。デメリットは、上下関係を無視して組織の秩序が低くなる、人によってモチベーションの差が大きくなりやすい、などです。

### アドバイス　人事異動や役所に左右されないインフォーマル組織

　会社の組織図に明記されているのは、フォーマル組織です。しかし、企業を動かしているのは、フォーマル組織だけではありません。人間関係で結ばれた仲間であるインフォーマル組織も、企業を動かす原動力です。

## 状況に合わせて2つの組織を使い分ける

**フォーマル組織**
（公式的な組織）

| | |
|---|---|
| 長所 | ● やるべきことが明確なとき<br>● 効率的な団体戦<br>● 組織の秩序が高い |
| 短所 | ● 現状維持<br>● 小回りがきかない<br>● 決定に時間がかかる |

**インフォーマル組織**
（非公式的な組織）

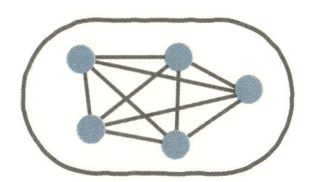

| | |
|---|---|
| 長所 | ● 探索や新しい取り組みに強い<br>● 新しい発想が生まれやすい<br>● 信頼関係を増幅する |
| 短所 | ● 組織の秩序が低い<br>● モチベーションの差が大きい<br>● フォーマル組織が優先されやすい |

　フォーマル組織を人間関係の縦糸とすれば、インフォーマル組織は人間関係の横糸です。フォーマル組織は人事異動によって一夜のうちにリセットされますが、インフォーマル組織は、人事異動があっても人間関係は継続します。**環境変化に柔軟に対応できる強い会社は、インフォーマル組織の重要性を知るDNAを持っています。**

　この2つの組織を機能させている代表がトヨタです。トヨタでは、今日の業績はフォーマルであるピラミッド組織できちんと遂行します。明日の準備ではインフォーマル組織のフラットな仲間関係でカイゼンに取り組みます。

　トヨタ生産方式は、最高の品質、最低のコスト、最短のリードタイムを達成するマネジメントシステムと定義されています。このトヨタ生産方式を生み出し、進化させているのは、インフォーマルな組織です（P.162コラム参照）。

5章 問題点を見つけて即応する[問題発見フレームワーク]

戦略決定トレーニング　　　　　　　　　　　Let's try!
## 新しい波に後れをとったIT企業

**問題発生!** 軍隊方式で、新しいことに対応できていない

　オクレ通信は、トップダウンが極めて強い会社です。業務命令、上司命令に文句をいうことは許されない雰囲気です。企業風土は、まるで軍隊を思わせます。上司にとっては、扱いやすい人材こそ最高の部下です。部下は一様に、上司に反発すると睨まれるので従っているフリをすればいいと割り切っています。言われたことはやるけど、言われなければやらない人材が大半を占めます。

　しかし近年のオクレ通信は、IT業界のガラパゴスといわれています。変化が速いIT業界の新しい流れに乗り遅れているのです。たとえば、クラウド対応のシステム開発では完全に後れをとっています。新しいことへの対応力が欠如しているのです。このままの社風で、さらに進化が速まるIT業界で生き残っていけるでしょうか？

**フレームワーク活用の手順**

❶ 2つの組織を使い分ける重要性を知る

　フォーマル組織とインフォーマル組織の両方が大切であることを経営者が認識することが大切です。トップダウンが悪いわけではありませんが、トップダウンの強い会社では、インフォーマル組織が育たない傾向があります。

❷ テーマによってフォーマル組織、インフォーマル組織を選択

　やることが明確な仕事は、団体戦のフォーマル組織で進めるのが効率的です。一方、探索や新しいアイデアが求められるテーマは、インフォーマル組織が向いています。状況に応じて2つの組織を使い分けます。

❸ 将来のメシのタネは、インフォーマル組織で進める

　新事業・新製品開発など「将来のメシのタネ」は、自由な意見を交わせるインフォーマル組織での発案が向いており、プロジェクト方式で進めるのが効果的です。さまざまな部門から専門家が集まって、改革、カイゼン、開発などを進めます。

> **解決のコツ** 新しい試みは成果と連動させることが前提

　オクレ通信は、外資系企業の３Ｍ（スリーエム）の運営方針を参考にするといいでしょう。画期的なオフィス文具・付箋紙を発明した３Ｍには、新しいことをはじめるためのルールがあります。
　１つめが、15％ルールです。社員の持ち時間の15％を新商品開発や業務改革などの新しいことへの挑戦に使うのです。インフォーマル組織を中心にこれを実践すれば、新商品の孵化器となります。
　２つめは、30％ルールです。これは、15％ルールで新しいことへの挑戦に時間を使うことで、過去４年間の売上高の合計において新製品比率が30％を超えていることを求めるものです。
　新製品の定義は、①改良品②拡大品（市場を拡大する製品）③真水（新分野での新製品）です。
　この中で、最も重要なのは真水を増やすことです。

---

### 明日（未来）の準備のために今日の時間を使おう

**外資系企業の３Ｍでは、新しいことをはじめる際のルールがある**

**15％ルール**
社員の持ち時間の15％を、新商品開発や業務改革などの新しいことへの挑戦に使う

**30％ルール**
その挑戦により、過去の４年間の売上を合計したとき、新製品比率が30％を超えていることを求める

**新製品の定義**
1. 改良品
2. 拡大品（市場を拡大する製品）
3. 真水（新分野での新製品）→真水を増やせ

## 30 「ホウレンソウ」で上下関係を円滑にする

仕事の基本「ホウレンソウ」は有名だが、確実に実行している人は意外と少ない。「ホウレンソウ」で周囲を巻き込んでの問題解決は、高等テクニックだ。

### ホウレンソウとは 情報を伝えておけば、上司は味方になってくれる

ホウレンソウは、「報告、連絡、相談」のことです。**人間は情報不足になると、不信感を持つようになります。あなたのホウレンソウがないと「A君は最近報告がない。どこでさぼっているのだ」と上司は疑心暗鬼になります。**これは人間の本能的なものです。上司があなたの仕事を把握することで、はじめて正当な評価がされるのです。

ホウレンソウ不足は、鉄分不足になり、血液に十分な酸素が行き渡らなくなります。ホウレンソウで上司との人間関係の酸欠を防ぎましょう。

### ポイント 問題を発見したら、悪い情報こそ早めに伝えておく

上司や関係者に報告することで、コミュニケーションを高めましょう。とくに悪い情報こそ早めに報告することが大切です。隠しておいて後でばれると、「何で隠していたんだ。信用できないヤツだ」と思われます。報告の仕方1つで、同じ成果でも評価がダウンします。

上司や関係者に事前に相談することで、仲間に引き込めます。相談することで、相手が親身になって考えてくれます。ただし、「どうしましょうか？」という抽象的な相談ではなく、「こうしたいのですが、どうでしょうか？」、「2つの代替案を考えています」というように、自分の考えを加えておくことで、主体的な相談姿勢になります。

### アドバイス ホウレンソウで上司の信頼を勝ち取ろう

「ホウレンソウ」の報告、連絡、相談をそれぞれ詳しく見ていきましょう。

1つめの**「報告」**は、上司や関係者に報告することでコミュニケーション向上に効果的です。悪い報告は早めに、いい報告は急がなくてもいいので、アピール

## 意外に実行されていない「ホウレンソウ」を再確認!

**報告**

**上司や関係者に報告することでコミュニケーション向上**
- 悪い報告は早めにして開き直ろう
- いい報告は急がなくてもいい、自分をアピールできる効果的なタイミングを見計らって報告しよう
- 事実を正確に報告しよう
- 報告の仕方1つで、同じ成果でも評価がアップする

**連絡**

**気まずい思いをしないよう連絡モレに注意しよう**
- 5W2Hを意識して、情報を正しく伝えよう
- チーム活動では連絡がコミュニケーション手段
- 情報を共有化することで相互理解が可能になる
- 連絡方法はお互いに負荷が軽減できる方法を選ぼう

**相談**

**上司や関係者に相談することで、仲間に引き込む**
- 「どうしましょうか?」ではなく、自分の考えや代替案を持って相談しよう
- 相談することで相手が親身になって考えてくれる
- 相談することで的外れの努力を減らすことができる
- 上司の意見を取り入れれば上司から評価されやすい

---

できる効果的なタイミングを見計らって報告するとよいでしょう。

　2つめの**「連絡」**では、気まずい思いをしないよう連絡モレに注意しましょう。5W2H(いつ、どこで、誰が、何を、どうする、なぜ?、いくら?)を意識して、情報を正しく伝えます。また、チーム活動では連絡が最も基本的なコミュニケーション手段となります。情報を共有化することで相互理解が可能になるのです。ただし、連絡方法はお互いに負荷が軽減できる方法にします。

　3つめの**「相談」**は、上司や関係者に相談することで、仲間に引き込むことです。上司はいつも忙しい存在です。回答をスムーズに引き出す相談を心がけるのがこちらの誠意です。「どうしましょうか?」と漠然と相談するのではなく、自分の考えや代替案を持って相談しましょう。

## 5章　問題点を見つけて即応する［問題発見フレームワーク］

戦略決定トレーニング　　　　　　　　　Let's try!
# 上司の知らないところで問題を起こす部下

### 問題発生!　上司に無断で値引きを口約束で大クレーム

　トドロキ君の口癖は「上司に相談するのは時間のムダ」。しかし彼は、1つひとつの仕事の進め方が大雑把、「何とかなるさ」という甘さが何ともならない状況を引き起こします。

　たとえば先日、お得意先からトドロキ君の上司に電話がありました。「トドロキさんがこの価格で大丈夫だというから社内稟議を通したのに、今さら値引きできないというのはどういうことだ！」と先方は激怒しています。

　トドロキ君に状況を聞いたところ、上司に無断で値引きの口約束をしていたことがわかりました。さて、このようなトドロキ君をどう改善すればいいのでしょうか？

### フレームワーク活用の手順

#### ❶ ホウレンソウで上司を味方にする

　上司を味方にするという考えが、結果的に部下の評価を高めます。日頃からホウレンソウで上司とコミュニケーションをとると、仕事を正しく評価してもらえます。上司が知らないところで成果をあげても、部下が勝手にやったことであり、上司は嬉しく感じないのです。

#### ❷ 悪い情報は早めにホウレンソウする

　ホウレンソウ不足の状態でトラブルが起きると、「何でこんな大事なことを報告しなかったんだ」と上司は思います。監視していないと何をしでかすかわからない、と上司に思われてしまったら、会社での居心地が悪くなるのは必至です。

#### ❸ トラブルが起きそうなときも早めにホウレンソウする

　トラブルが起きそうなときは早めにホウレンソウすべきです。事前相談と、トラブルが起きてからの事後相談では雲泥の差です。人は同じことでも先に言われれば納得しやすいのですが、後から言われると納得できないものなのです。

| 解決のコツ | 決裁権限が自分より上のときは、特にホウレンソウが重要 |

　トドロキ君のような一匹狼志向の部下は、成果をあげれば評価されると考えています。しかしフォーマル組織での成果は、上司に評価してもらわなければ成果として評価してもらえないのです。上司に相談するのは時間のムダではなく、上司に正しく理解してもらい、無用な誤解を防ぐ第一歩です。まず、このことを彼に丁寧に説明し、行動を変えるきっかけを作ります。

　決裁権限が上司か、それ以上の役職者にある場合は、特にホウレンソウによる事前相談が大切です。

　また、トラブルが予想されるときは早め早めのホウレンソウをしておく必要があります。

　トラブルメーカー（トラブルをよく起こす人）にならないように、何ごともあらかじめが肝要です。孫子の兵法の1つに「あらかじめの兵法」があります。予約、予期、予想、予備、予算、予防、予告、予報など、ホウレンソウによる上司の事前理解は極めて重要なことです。

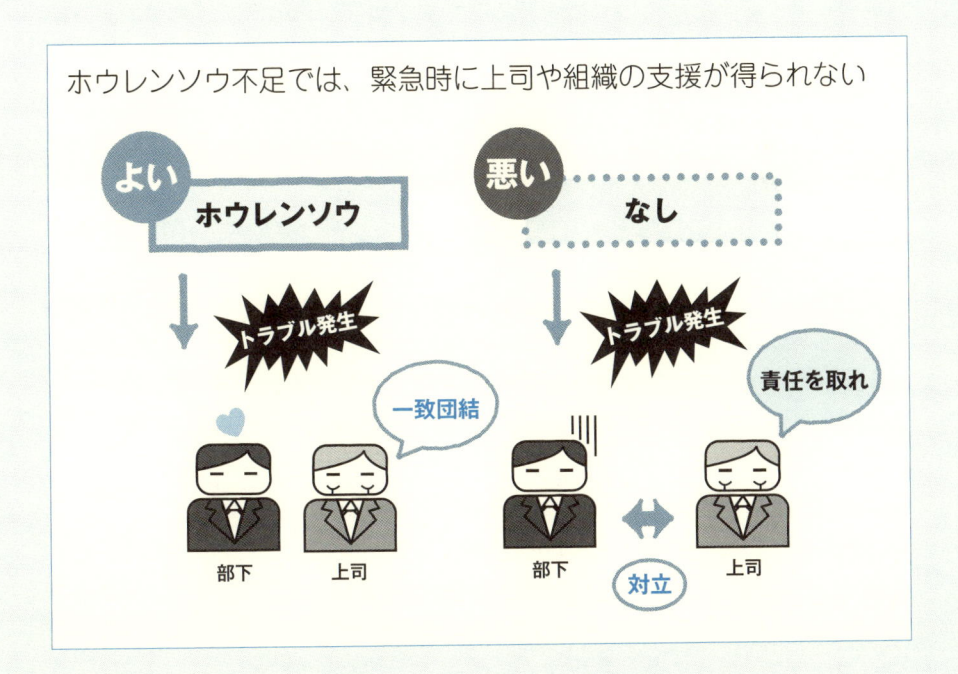

ホウレンソウ不足では、緊急時に上司や組織の支援が得られない

よい　ホウレンソウ
↓
トラブル発生
一致団結
部下　上司

悪い　なし
↓
トラブル発生
責任を取れ
部下　⇔　上司
対立

## 31 アイデアがどんどん出る「オズボーンのチェックリスト」

ビジネスの現場において、新しいアイデアを出す重要性が高まっている。短時間で数多くのアイデアを出すきっかけになるのが、オズボーンのチェックリストだ。

### オズボーンのチェックリストとは　アイデアを生む源泉となる9項目

オズボーンのチェックリストは、幅広い視点からバランスよくアイデアを出すのに役立ちます。そのためのリストとして次の9項目を設定しています。①他に利用したらどうか？　②アイデアを借りたらどうか？　③大きくしたらどうか？　④小さくしたらどうか？　⑤変更したらどうか？　⑥代用したらどうか？　⑦入れ換えたらどうか？　⑧反対にしたらどうか？　⑨結合したらどうか？

### ポイント　何となく、ではアイデアは出てこない

漠然とアイデアを出そうと思ってもなかなか出ないものです。オズボーンのチェックリストという「有」があればアイデア出しは簡単になります。たとえば、家庭用プリンタを例に商品開発を考えてみましょう。「代用したらどうか？」だけで考えてみても、コピーやＦＡＸに利用、パソコンやデジタルカメラのデータ保存に利用など、すぐにさまざまな代用が浮かびます。

### アドバイス　より具体的なチェックリストで精度の高いアイデア出し

オズボーンの9項目のチェックリストには、1項目につき、2つのより具体的なチェック項目があります。それぞれの項目を列挙していきます。

1項目めは「他に利用したらどうか？」です。今のままで新しい使い道はないか、少し変えて他の使い道はないかなど、代替を問いかけます。

2項目めは「アイデアを借りたらどうか？」です。これに似たものはないか、他に似たアイデアはないかなど、お手本がないかを問いかけます。

3項目めは「大きくしたらどうか？」です。何か加えたらどうか、もっと回数を多くしたらどうかなどの拡大案を問いかけます。

4項目めは「小さくしたらどうか？」です。分割したらどうか、やめたらどう

### 「アイデア出し」の対象をチェックリストにあてはめる

**1** 他に利用したらどうか？
- [ ] 今のままで新しい使い道はないか
- [ ] 少し変えて他の使い道はないか

**2** アイデアを借りたらどうか？
- [ ] これに似たものはないか
- [ ] 他に似たアイデアはないか

**3** 大きくしたらどうか？
- [ ] 何か加えたらどうか
- [ ] もっと回数を多くしたらどうか

**4** 小さくしたらどうか？
- [ ] 分割したらどうか
- [ ] やめたらどうか

**5** 変更したらどうか？
- [ ] 形式を変えたらどうか
- [ ] 意味を変えたらどうか

**6** 代用したらどうか？
- [ ] 他の材料にしたらどうか
- [ ] 他の人にしたらどうか

**7** 入れ換えたらどうか？
- [ ] 他の順序にしたらどうか
- [ ] 原因と結果を入れ換えたらどうか

**8** 反対にしたらどうか？
- [ ] 役割を逆にしたらどうか
- [ ] 立場を変えたらどうか

**9** 結合したらどうか？
- [ ] 目的を結合したらどうか
- [ ] アイデアを結合したらどうか

---

かなどの縮小案を問いかけます。

5項目めは「変更したらどうか？」です。形式を変えたらどうか、意味を変えたらどうかなどの修正案を問いかけます。

6項目めは「代用したらどうか？」です。他の材料にしたらどうか、他の人にしたらどうかなどの候補を問いかけます。

7項目めは「入れ換えたらどうか？」です。他の順序にしたらどうか、原因と結果を入れ換えたらどうかなどのシミュレーションを問いかけます。

8項目めは「反対にしたらどうか？」です。役割を逆にしたらどうか、立場を変えたらどうかなどの可能性を問いかけます。

9項目めは「結合したらどうか？」です。目的を結合したらどうか、アイデアを結合したらどうかなどの統合案を問いかけます。

5章　問題点を見つけて即応する［問題発見フレームワーク］

## 戦略決定トレーニング　Let's try!
## 新製品で完全に行き詰まった電機メーカー

> **問題発生!**　アイデアが出ないまま、プレゼンの日が近づく

　ヒカリ電気のホシノ課長は、空気清浄機の新製品の責任者です。部下を集めて何度も新製品会議を繰り返していますが、いいアイデアが出てきません。静音、省エネ、粉塵回収率向上など、ほとんどのアイデアは二番煎じです。
　「今までのままでは、たいした新製品ができないよ。他社をあっと言わせるアイデアが必要だ」と部下たちにハッパをかけます。「もう出しきった感がありますが……」と部下たち。開発部長にプレゼンする期限が刻一刻と迫ります。
　最近では苦しまぎれに「空気がきれいにならない空気清浄機はどうですか?」という部下まで出る始末。「それじゃあ、空気清浄機と言わないのだよ。明日までに1人10個のアイデアを持ち寄ること」と課長。このような雰囲気で、魅力的な新製品が生まれるのでしょうか?

> **フレームワーク活用の手順**

**❶チェックリストを使って事前にアイデアを1人100個考えてくる**
　1人100個のアイデアを持ち寄ります。オズボーンのチェックリストがあれば可能です。9項目ありますから、1項目あたり12個作成すれば100個を超えます。

**❷9つの視点で順番に具体的なアイデアを出し合う**
　会議でアイデアを持ち寄ります。メンバー間で事前にアイデアを交換しておくと、会議時間を短縮できます。たとえば、会議の2日前にアイデアをまとめたデータを共有しておきます。

**❸アイデアをぶつけ合って有望なアイデアを絞り込み、具体化する**
　メンバー同士でアイデアをぶつけ合うことで、新しいアイデアが生まれることがあります。たとえば、2つのアイデアを合成して1つのアイデアにすることもできます。有望なアイデアをいくつかに絞り込んで具体化します。

> **解決のコツ** きっかけになる「有」があればアイデアはいくらでも出る

　ヒカリ電気の新製品会議が煮詰まったのは、無から有を出そうとしたからです。有から有を出すことを意識すれば、アイデアは泉のように湧いてきます。そのきっかけとなるのがオズボーンのチェックリストです。ヒカリ電気の空気清浄機の新製品について、このリストを使って具体策を出してみましょう。

　下の表がそれをまとめたものです。いかがでしょう。チェックリストさえあれば、アイデアを出すのは意外に簡単です。「他に利用する」という1項目で見ても、扇風機、換気、空気乾燥、洗濯物乾燥機、冷暖房と数々のアイデアが挙がっています。

　前に述べましたが、有から有を生むことができるのです。1人ひとりがたくさんのアイデアを出せるのですから、それをまとめて絞り込めば、すばらしいアイデアが生まれる確率が高まります。

## オズボーンのチェックリストでアイデアを出してみる

| チェックリスト | アイデア例（空気清浄機の場合） |
|---|---|
| 1 他に利用する | 扇風機、換気、空気乾燥、洗濯物乾燥、冷暖房に利用する |
| 2 アイデア借用 | 他社製品、海外製品、異業種、自然界、社外からアイデア借用 |
| 3 大きくする | 巨大化する、性能を高める、幅を広げる、広範囲で使える |
| 4 小さくする | コンパクトにする、幅を狭める、コストを小さくする、音を小さくする |
| 5 変更する | 形状を変更、デザインを変更、技術を変更する |
| 6 代用する | 材料を代用、担当者を代用、扇風機に代用する |
| 7 入れ換える | 組立手順を入れ換え、発売時期を入れ換え、設計者を入れ換える |
| 8 反対にする | 上下逆にする、前後逆にする、高い製品、安い製品にする |
| 9 結合する | 花粉除去機能を結合、エアコンと結合、建物にビルトインする |

## 32 「Before／After」の比較で進むべき道を明らかにする

進むべき道を見つけることは、組織、個人のどちらの場合においても容易ではない。Before／Afterの比較により、中〜長期の目標設定がしやすくなる。

### Before／Afterとは 時系列の前後の比較でわかりやすく伝える

Before／Afterとは、時系列の前後で比較する手法です。

たとえば、改善前をBefore、改善後をAfterにして比較することができます。一般的には、同じカテゴリの事柄を箇条書きにして比較しますが、図解にして比較してもいいでしょう。

Before／Afterの言葉は、家のリフォームをテーマにしたテレビ番組で有名になりました。テレビ番組では、リフォーム前をBefore、リフォーム後をAfterとして映像で比較する手法が採用されました。

### ポイント 過去と現在、現在と将来が比較できる

Before／Afterという2つの時系列で捉えると、物事が立体的に見えてきます。

たとえばBeforeを現在、Afterを将来として考えてみましょう。現在の自分と将来の自分という2つの目で捉えると、Afterはそのまま将来の目標になります。2年後、3年後の具体的な目標を持つことで、向上心をかき立てることができます。

さらに先の自分の現在と10年先を考えてみると、中間の5年先、3年先に何をすべきかを考えられるようになります。

### アドバイス Before／Afterを用いて、新たな一歩を踏み出す

Before／Afterの比較は、組織と個人のどちらにでも適用できます。それにより変化が客観視できます。

自分の会社に対して、「3年前と比較して何が変わったか？」を問いかけてみましょう。もし変化がほとんどなければ、この3年間で進歩していないことになり、変化した部分があれば、そこが成長した部分といえます。

## Before ／ Afterで、「過去－現在」「現在－将来」を比較する

**３年後の具体的な目標を考える場合**

| 今まで（Before） | | これからの３年間（After） |
|---|---|---|
| ● 今の仕事をきちんとこなす<br>● 体調管理に留意する | 方針 | ● 主体的に行動できるようにする<br>● 時間を捻出して新しいチャレンジ |
| ● 与えられた仕事がきちんとできる<br>● 残業が慢性化<br>● 専門分野があいまい | 仕事 | ● 積極的に改善を提案する<br>● 週２日は18時までに帰る<br>● 専門スキルを向上する |
| ● 趣味の時間を確保する<br>● 健康のため夜更かしをしない | 自分 | ● 株を買って経済動向に関心を持つ<br>● 朝早起きをして散歩をする |
| ● 賃貸マンションに住んでいる<br>● 通勤時間が１時間以上かかる<br>● 家族を大切にする | 家庭 | ● マンションなどの持ち家を買う<br>● 通勤時間を30分以内にする<br>● 日曜日は家族で出かける |

　たとえば、新しい事業を展開するようになった、売上高が〇億円上がった、新サービスをスタートさせた、採算のとれない工場を閉鎖したなどの変化が考えられます。

　自分自身に対してもBefore／Afterで比較してみましょう。「３年前の自分と今の自分、どれだけ進歩したか？」を問いかけてみましょう。過去と現在を比較すれば、今までの成長を確認することができます。また、現在と未来を比較することもできます。未来は、そのまま目標設定になります。現在をBefore、３年後の目標をAfterとして比較すれば、進むべき道が明らかにできます。

　組織においても個人においても、現状維持では進歩しません。Before／Afterの比較でどれくらいの期間でどれくらい成長したかを確認しつつ、目標を設定し、新たな一歩を踏み出しましょう。

5章 問題点を見つけて即応する［問題発見フレームワーク］

戦略決定トレーニング　　　　　　　　　　　　　Let's try!
## 新企画の内容がつかめない企画部長

### 問題発生！ そもそもプレゼンの意図がよくわからない

社内の上層部に対するプレゼン会議で、サトシ君はプロジェクターを使いながら、「わたしの提案は、この図のようになります」と説明しています。
「これが、この企画で実現したいことかね」と社内で影響力がある企画部長。「そうです。図解にしてわかりやすくしました」とサトシ君。しかし、企画部長はしきりに首をかしげています。「で、今までと何が違うのかね？」と企画部長。「今までと何が違うって、ここに書いてあるのが提案内容です。今までのことはどうでもいいと思いますが……」とサトシ君。これでは企画はボツになります。
どうも企画部長は、現状認識ができていないので、現状と新しい提案との違いが理解できないようです。

### フレームワーク活用の手順

#### ❶企画のテーマと目的を明確にする

企画のテーマと目的を確認します。そして企画書の目次を作成して、全体のストーリーを明確にします。企画書では、「この企画で何を実現したいのか」を、わかりやすく表現する必要があります。

#### ❷ Before ／ After を対比させて、今までとの違いを示す

「この企画で何を実現したいのか」を伝える項目に、Before ／ After による対比を入れます。1枚の左側に Before、右側に After を配します。After は企画で何を実現するかを表現する必要があるので、大きめの図解にするといいでしょう。

#### ❸ After であるべき姿をより詳細化する

After の図解1枚では、まだ概要レベルでしか実現したいことが伝わっていない可能性があります。そこで3枚前後の詳細な資料を追加します。たとえば、組織面、業務面、業績面など、切り口をいくつかに分けて、何を実現したいのかを詳細にします。

「Before／After」の比較で進むべき道を明らかにする | 32

> **解決のコツ** 相手との共通認識はないという前提で資料を作成する

　Afterだけを提示しても、Beforeの共通認識がなければ、何をどう変えようとしているのかが第三者に伝わりません。
「この企画で何を実現したいのか」というAfterだけでなく、「現在はどうなっているのか」というBeforeと比較することでプレゼン内容が格段にわかりやすくなります。
　サトシ君のプレゼンには、このBefore／Afterの視点が欠けていました。
　Beforeの部分では「共通認識はもともとない」という前提で資料を作成すべきです。そもそも、同じものを見ていても、人によって現状認識が異なります。
　実際、企画部長もサトシ君が期待していたほど現状認識ができていないので、現状と新しい提案との違いの部分がわからなかったのです。
　後日、Before／Afterの比較を丁寧にしたところ、企画部長はスムーズに内容を理解してくれました。Afterを強調したことで、内容のすばらしさにも気づいてもらえました。
　このように、同じ内容でも見せ方によって結果は変わってきます。

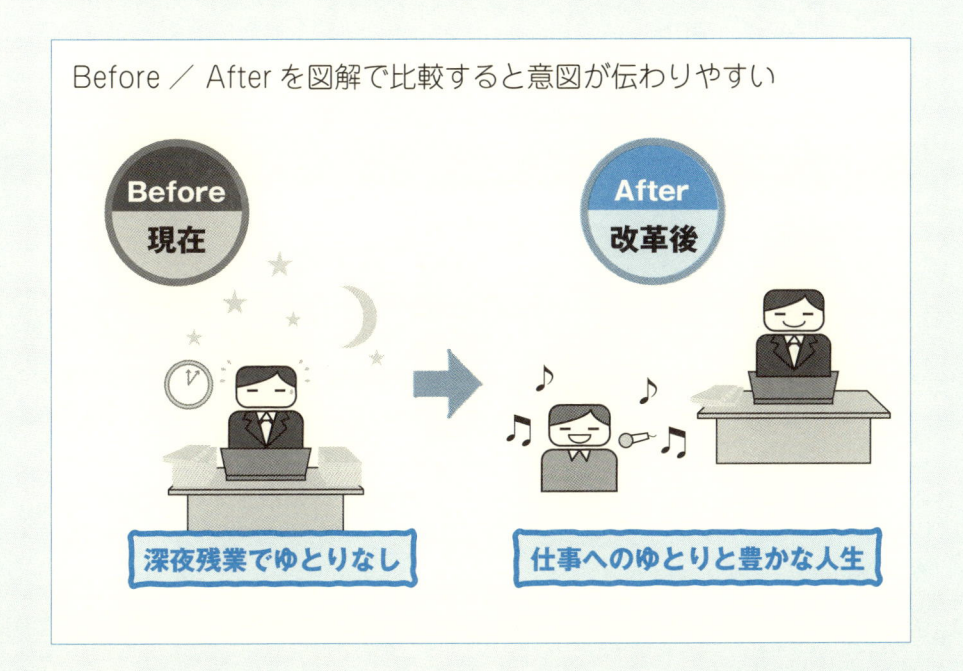

Before／Afterを図解で比較すると意図が伝わりやすい

Before 現在 → After 改革後

深夜残業でゆとりなし　　仕事へのゆとりと豊かな人生

## COLUMN

## カイゼンの原動力を担う仲間づくり、トヨタの「自主研」

　トヨタでは、インフォーマルな仲間づくりを、社内外を問わず推奨しています。異質の価値観を持った人とコミュニケーションをとることで、新しいことに気づき、問題解決のアイデアが出やすくなるのです。

　トヨタがインフォーマル組織による活動で飛躍的な進歩を見せたのは、1976年に大野耐一氏が提案したＴＰＳ（トヨタ生産方式）自主研究会でした。「ムダとは何か、本当の問題とは何か、動きと働きの違いは何か」という研究を自主的にはじめました。これは、トヨタ生産方式を体系的化する出発点になりました。

　インフォーマル組織による自主研究会は、しだいに組織に定着し、「自主研」と呼ばれるようになりました。

　自主研は月に４〜５回開催されていますが、毎回出席を義務づけられてはおらず、そのうち都合のつく１回に参加すればいいという形で定着しています。ではどのような形で、自主研が進められていくのでしょうか？

　まず、班長が自分の職場のカイゼンテーマを出します。それに対してあちこちから集まった自主研メンバーが、丸１日かけてカイゼンのアイデアを練ります。テーマを出したその職場の班長は、カイゼン活動には参加せず発表だけを聞きます。職場をよく知っている班長が参加しないのは、先入観にとらわれずにカイゼンをするためです。

　カイゼンをすると、せっかく正常に稼働していた職場や工程に何か不具合が出るのではないか、と心配になる人がいるかもしれません。しかしトヨタでは、失敗を恐れずにカイゼンを即実行に移します。もしもうまくいかなかったら、元に戻せばいいと割り切って考えています。カイゼンの失敗は、悪いことではありません。次への成功への通過点と考えているのです。

第 6 章

# 現状把握力と分析力を高める
# ［分析フレームワーク］

## 33 「事実と判断」を区別して状況やデータを正しく把握する

「事実」と「判断」は異なるものである。この2つが区別できるようになると、思い込みにとらわれず、常に冷静な戦略決定ができるようになる。

### 事実と判断とは 「客観的＝事実」「主観的＝判断」の違い

　事実とは、誰もが否定できないことです。誰もがそうだと一様に言えば、それは事実となります。事実には客観性があります。客観性があれば、第三者を説得することが容易です。一方、判断は、事実に経験と先入観を加えたものです。つまり、「判断＝事実＋経験や先入観」となります。判断は主観的です。同じものを見ていても、1人ひとりの判断は異なります。経験や先入観は、人によってまったく異なるので、同じものを見ていても判断が異なってくるのです。

### ポイント 事実を見失うとステレオタイプになる

　事実と判断を区別することで、思い込みを防ぐことができます。どこまでが事実で、どこからが判断かを意識して区別するのです。
　わたしたちは、「経験や先入観」という色眼鏡で物事を見ています。その色眼鏡があることを忘れると、事実と判断を混同してしまいます。事実は、ありのままを見る観察によって得られます。
　事実と判断を混同し、事実を見失うと、ステレオタイプなものの見方になってしまいます。ステレオタイプとは社会学の用語で、紋切型な態度をいいます。印刷のステロ版（鉛版）印刷術が語源で、考え、態度、見方が、判で押したように同じように多くの人に浸透している状態をいいます。

### アドバイス 判断を事実として誤認しないよう意識する

　わたしたちは、思い込みに陥りやすいものです。**思い込みの多くは、判断の積み重ねによって事実を過小評価し、目の前の現実からどんどんかけ離れていくことで生み出されます。**
　事実と判断は異なるものです。事実と判断を区別する習慣を身につけましょう。

## 事実と判断を区別すると、物事が正しく見える

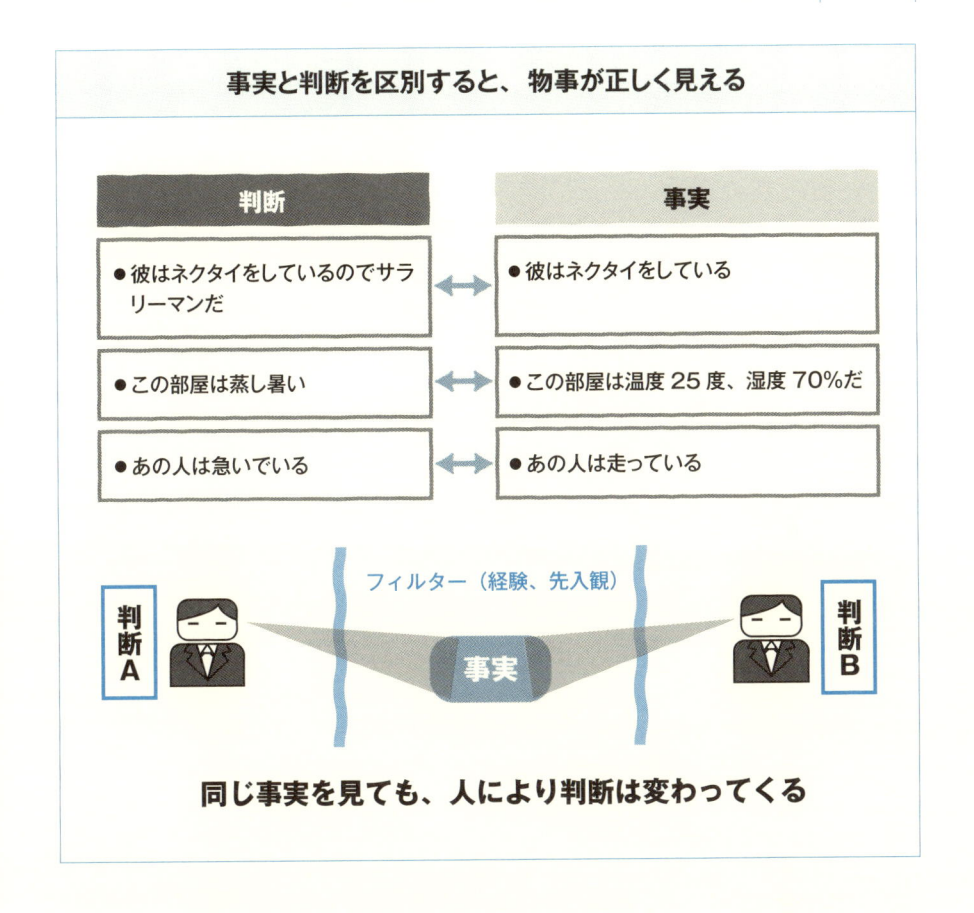

| 判断 | | 事実 |
|---|---|---|
| ●彼はネクタイをしているのでサラリーマンだ | ⇔ | ●彼はネクタイをしている |
| ●この部屋は蒸し暑い | ⇔ | ●この部屋は温度25度、湿度70％だ |
| ●あの人は急いでいる | ⇔ | ●あの人は走っている |

フィルター（経験、先入観）

判断A　事実　判断B

**同じ事実を見ても、人により判断は変わってくる**

　事実とは、客観的に見て誰もが否定できないことです。

　事実と判断を混同すると、事実を見失ってステレオタイプになります。たとえば、「ネクタイをしているからサラリーマンだ」と短絡的に判断してしまうのがステレオタイプです。事実は、就職活動中の学生だってネクタイをするし、自営業者だってネクタイをします。ネクタイをしているのは事実で、サラリーマンと断定するのは判断です。

　判断は、事実を観察して経験や先入観を加えた上で結論づけられる主張です。「判断＝事実＋経験や先入観」なのです。わたしたちは、無意識のうちに経験や先入観を加えた上での判断を事実として誤認していることが多くあります。いつもこのことを意識しながら、状況やデータを見ていくことが大切です。

# 6章 現状把握力と分析力を高める [分析フレームワーク]

## 戦略決定トレーニング　Let's try!
## クレームが増え続ける製造メーカー

### 問題発生!　「たぶん、こうじゃないか」が連発される品質改善会議

ある製造メーカーの営業部の上司と部下のやりとりを見てみましょう。
部下：「最近、クレームが増えています」
上司：「どのようなクレームが増えているのか？」
部下：「いろいろです」
上司：「いろいろって、具体的には？」
部下：「営業部の電話が長くなっているのは、クレーム対応の電話のせいです」
上司：「だから、どんなクレーム内容だ？」
部下：「品質に関する内容が多いみたいです」
上司：「じゃあ、品質を高めればクレームは解決するのだな？」
部下：「たぶん、それで大丈夫ですよ」

### フレームワーク活用の手順

**❶現状分析として事実を定量的に収集する**

現状分析をして必要なデータを定量的に収集します。具体的な数字を把握することが大切です。多い、少ないだけでは、何を基準にしているかがあいまいです。たとえば、クレームの種類別の件数を集計すれば定量的なデータが出ます。

**❷問題が起きている事実を詳しく分析する**

クレームの種類別に、状況を具体的に分析します。クレームの発生原因が製品にあるのか、または販売方式や営業対応の問題なのか、顧客が悪質なのかなどの事実をベースにして把握します。

**❸なぜそのような問題が起きたかを原因究明する**

1つひとつの問題において、なぜそのような問題が起きたかを原因究明します。「Ｗｈｙ？」を問いかけることで原因に一歩近づけます。原因究明できれば、原因を除去する対策をとることができ、再発防止になります。

### 解決のコツ　事実を把握してから原因究明に進もう

　会議か議論において、「たぶん」「ぜったい」という言葉が出ている場合、その発言をした人は、事実ではなく、判断によって物事を見ている可能性が高いといえます。人は自信がないときに、「たぶん」「ぜったい」という言葉を無意識に口にするものです。「たぶん」は、自分の意見をごまかす余地を残し、後で言い訳できるようにしておきたい気持ちの表れです。一方、「ぜったい」は、自信がないから、自分にぜったい大丈夫と言い聞かせている気持ちの表れなのです。「ぜったい大丈夫」は、実は大丈夫ではないことを意味しているのです。

　品質改善会議は、判断による発言の連発で、水掛け論になっています。問題を解決するためには、まず何が問題なのか、事実を把握するのが第一歩です。事実を確認したら、なぜ問題が起きるのかを原因究明します。原因究明は、事実を観察することからはじめます。

　事実を観察したら、原因を想定します。これはその人の経験を活かして判断します。判断の前に事実を確認しておくことが大切です。事実と判断を区別する習慣を身につけましょう。

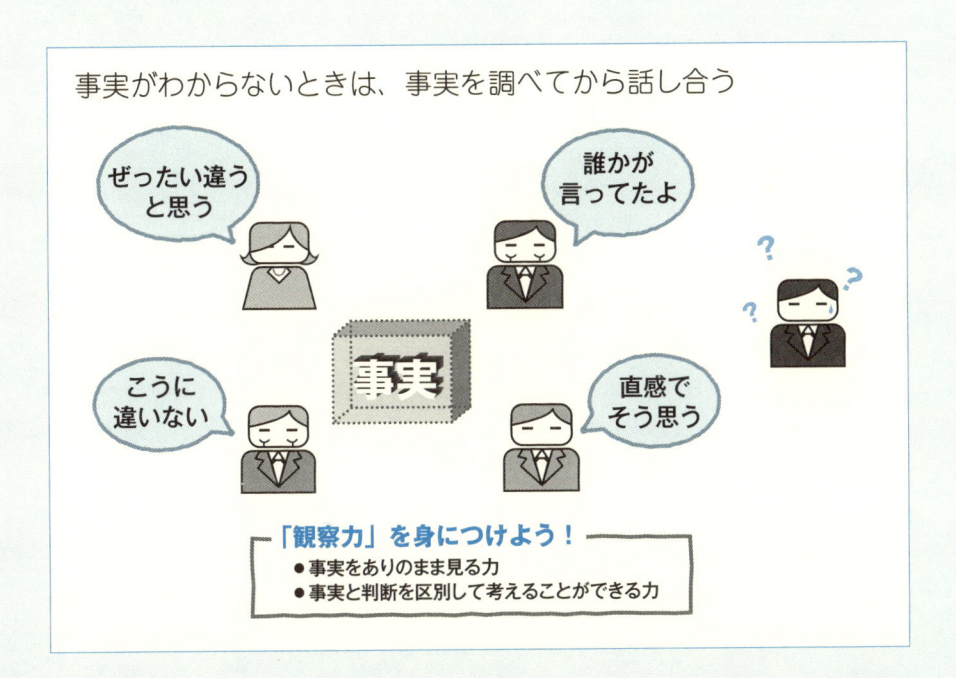

---

**事実がわからないときは、事実を調べてから話し合う**

- ぜったい違うと思う
- 誰かが言ってたよ
- こうに違いない
- 直感でそう思う

【事実】

**「観察力」を身につけよう！**
- 事実をありのまま見る力
- 事実と判断を区別して考えることができる力

## 34 「三現主義」で冷静に正しい最終判断をくだす

インターネットによって手軽に情報が集まる時代だが、その情報をうのみにはできない。よい仕事をしている人には、三現主義で判断をくだしている人が多い。

### 三現主義とは 現地・現物・現実的で事実に基づき判断する

三現主義とは、「現地・現物・現実的」のことです。これらの情報を集めるには、フットワークの軽さが大切です。
「現地」とは、実際に現地に行って自分の目で確かめることです。現地に行けば、五感をフル活用できます。「現物」とは、実際に現物を見て判断することです。いくら広告が魅力的でも、現物を見るまではわかりません。そして「現実的」とは、空論ではなく、現実的に考えて判断することです。机上の空論では、非現実的な意思決定をするリスクが高まります。

### ポイント よい仕事は自ら動いて作り出すもの

三現主義は、正しい意思決定をするための定石です。
新しいことをはじめるときや問題解決にあたるときは、三現主義に基づいて進めるべきです。
「百聞は一見にしかず」といわれるように、事実を自分の目で観察することで、判断力を高めることができます。**机上の空論では、判断を積み重ねることで、実態と大きくかけ離れていく危険性があります。**
ある不動産会社の経営者によれば、「土地を買ってほしいという話は掃いて捨てるほどある。しかしその大半は、買う魅力がないので他で断られた土地が回ってきたもの。だからほとんど断る」とのことです。つまり本当にいい土地は、自分たちの足でさがし回るということです。

### アドバイス 空論から生まれたアイデアを、現実的に判断する

三現主義は、ステレオタイプな思考に陥ることの防止に効果があります。ここで、三現主義の「現地・現物・現実的」をそれぞれ詳しく見ていきましょう。

## 三現主義を守れば、非現実的な意思決定を避けられる

**三現主義**
現地／現物／現実的

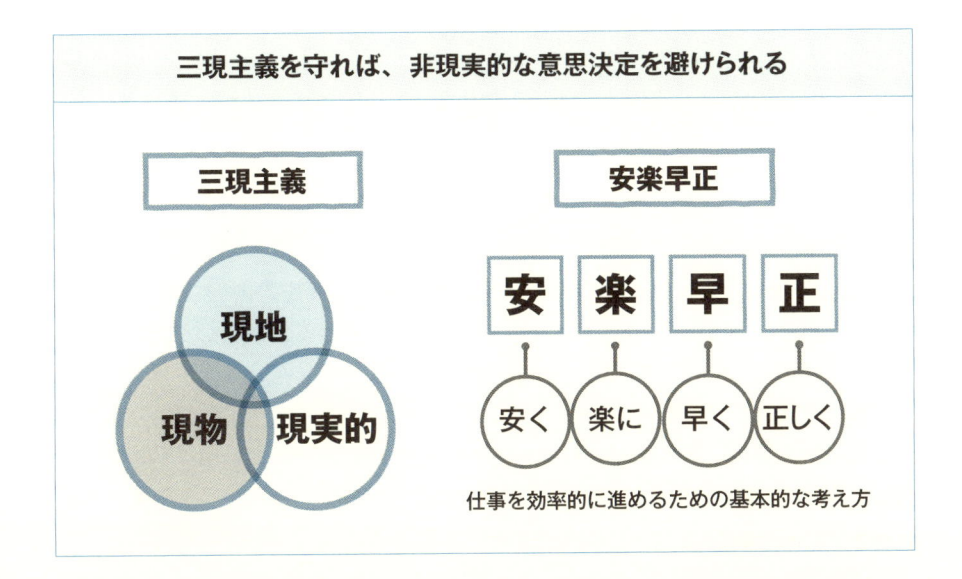

**安楽早正**
安く／楽に／早く／正しく
仕事を効率的に進めるための基本的な考え方

「**現地**」とは、実際に現地に行って自分で確かめること。刑事捜査では現場100回といいますが、現地でなければわからないことがたくさんあります。現地に行けば、五感をフル活用できます。五感とは、視覚、聴覚、触覚、味覚、臭覚です。視覚で見えなくても、雰囲気を肌で感じることもあります。五感をフル活用すると、直感である第六感も働きやすくなります。

あるメーカーでは、改善のネタ探しをする場合、工場の生産ラインの現場に行って、人が立てる円を床に描いて30分間じっと観察するそうです。そうすると必ず問題点と問題発生の原因が見つかるというのです。

「**現物**」は、実際に現物を見て判断すること。現物を観察することで、新たな発見があるかもしれません。思ったより重かったとか、デザインが悪かったとか、色のイメージが違ったなど、現物を見ることで気づくことは少なくありません。

そして「**現実的**」は、空論や非現実ではなく、現実的に考えて判断すること。アイデアの段階では、空論や非現実なものが入ってもかまいませんが、最終判断は現実的であることが大事です。

机上の空論では、非現実的な意思決定をするリスクが高まります。三現主義でフットワークを高めましょう。

## 戦略決定トレーニング　Let's try!
# 墓に囲まれた土地を購入した不動産会社

**問題発生!** 現地調査せず、地図だけで購入決定…

　不動産会社の社長と専務が、最近購入した土地を前に頭を抱えています。「誰だ、こんな墓地だらけのところにマンション建設用地を買おうと提案したのは!?」と社長。「すみません、開発部長がおすすめだというので……。安さだけで承認してしまいました」と専務。「メインストリートのすぐ近くという意味で一等地というのはわかるが、何も周りに墓地だらけの土地を買わなくてもいいだろう。もう少し調べてから判断しても遅くなかったんじゃないのか?」という社長。専務は言葉が出ません。

　地図を見ながら一等地を買ったつもりですが、現地の確認が甘かったようです。地の利がわからないところでの机上の空論は、リスクが高いといえます。このようなミスをしないために、どのような対処をすればよかったのでしょうか?

**フレームワーク活用の手順**

**❶ 三現主義で調査する**

　机上で考えることも必要ですが、三現主義の「現地・現物・現実的」で考えることの方が大切です。刑事捜査の現場100回とまではいいませんが、土地であれば、昼と夜、季節によっても景色や雰囲気が変わるので、それを確認するために何度か現地に足を運ぶべきでした。

**❷ 三現主義で問題点や対策を考える**

　地図上で墓地の存在はわかっていたようですが、購入検討している土地が墓地に囲まれていたとは想定外のようです。現地に行って、現物の土地を見る、そして近所に聞き込みをして評判を調べるのも一案です。

**❸ 三現主義で意思決定する**

　最終的には、三現主義で意思決定します。買わないという意思決定もあります。しかし、マンションを販売する自信があるのであれば、墓に囲まれていると

知っていても、あえて買うという選択肢もあります。売れ残りや値引き販売を考慮して、かなりの低価格で仕入れないと採算がとれないことは想定しておくべきでしょう。

> **解決のコツ** 大きな決定を急いで下してはいけない

冒頭の社長と専務のやりとりはマンガのようですが、これは私の実体験に基づいて構成しました。

大手不動産会社が沖縄初進出と銘打ってマンション開発に乗り出したものの、周辺はお墓だらけでした。わたしも現地を訪れたのですが、最初はお墓があることに気づきませんでした。ただ何か寒気がするので変だなと思っていました。大きなこけが生えた古い石を見つけたので担当者に確認すると、「お墓です……」という答えが帰ってきました。

まさに五感が寒気で拒否反応を示していたということです。「値引きしますよ」といわれましたが、もちろん、寒気を感じるようなマンションを購入するはずありません。担当者曰く「当初は半年前に完売予定でしたが、さすがにこれだけお墓に囲まれると売れないですね」と落胆していました。販売担当者は、まさに金縛り状態です。

大きな意思決定には、三現主義の現地・現物・現実的が欠かせません。意思決定をあせりすぎると、つい三現主義を忘れて、机上で考えてしまいがちです。

---

**机上の空論はほどほどに、三現主義でいこう**

✗ 現地
✗ 現物
✗ 現実的

「いいんじゃな〜い」

用地買収後 ➡

「やばい、周囲は墓地だった」

**判断失敗**

## 35 「独立関係／従属関係」で膨大な情報をわかりやすく整理する

独立関係と従属関係を意識すると、物事の関係性を整理できるようになる。自分の仕事の範囲や優先順位も明らかになり、意思決定に役立つ。

### 独立関係／従属関係とは　2つのものに交わりがあるかないか

　独立関係とは、2つのものに交わりがないことです。たとえば、営業において得意先であるA社とB社は独立関係で扱わねばなりません。それを無視して営業担当が、B社に対して「A社の仕事が忙しいので、御社の仕事を後回しにします」といったら、B社は「A社で忙しいのはそちらの問題で、わが社には関係ない」と機嫌を損ねるでしょう。一方、従属関係は、2つのものが関係し合うことです。片方が変化すれば、もう一方も変化の影響を受けるという関係です。

　たとえば、C社の総務部と総務一課は従属関係にあります。にもかかわらず両方にあててDMを発送したらムダが発生してしまいます。目の前の2つが独立関係なのか、従属関係なのかを区別して考えることが大切です。

### ポイント　完全に分けられる情報か、同じ分類の情報かを区別する

　独立関係と従属関係の区別は、情報整理に有効です。独立関係であれば、分類項目を完全に分けることができます。一方、従属関係であれば、同じ分類にすることができます。

　2つの関係が、相互作用を及ぼさない関係の場合、独立関係といいます。たとえば、東京山手線の運行時間の遅れと、大阪環状線の運行時間の遅れは無関係なので独立関係といえます。

　2つの関係が、相互作用を及ぼし合う関係の場合、従属関係といいます。たとえば、JRと地下鉄が相互乗り入れをしている場合、どちらかに車両故障などによる運行時間の乱れがあれば、もう一方の側にも何らかの影響が出ます。

　また、日本を日本の中の都道府県は、包含関係になっています。包含関係が成立する場合は、従属関係になります。

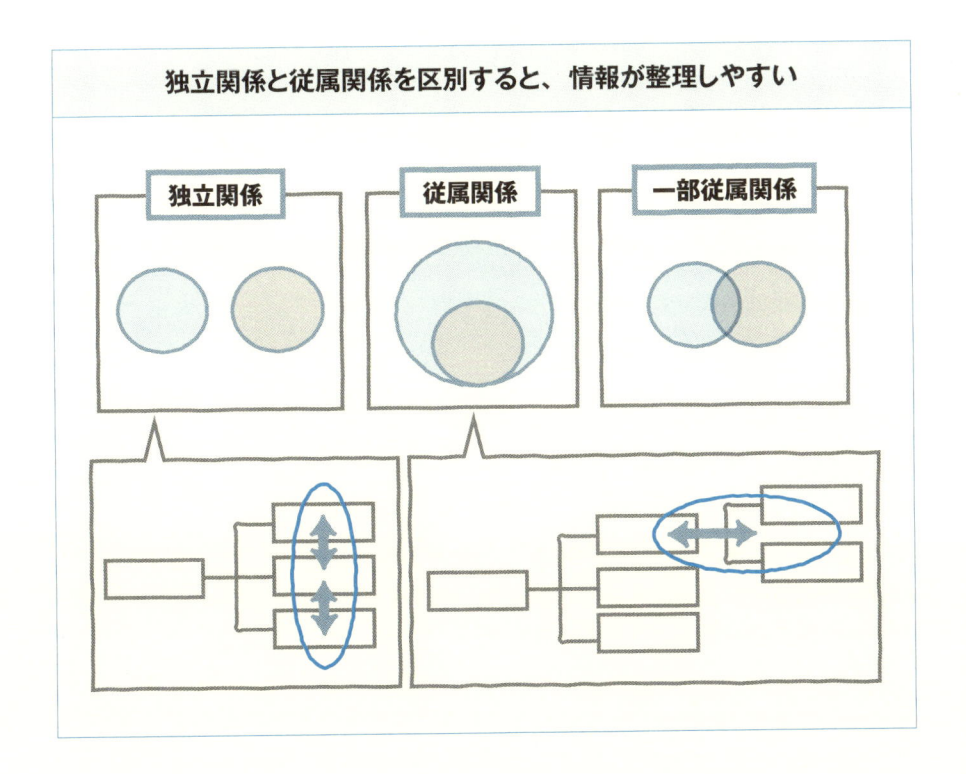

「独立関係／従属関係」で膨大な情報をわかりやすく整理する | 35

**独立関係と従属関係を区別すると、情報が整理しやすい**

独立関係　　従属関係　　一部従属関係

---

[アドバイス] **独立関係と従属関係は図解で考えるとよくわかる**

　独立関係と従属関係は図解で考えるとわかりやすくなります。
　独立関係では２つのものは重ならないので、離れた関係であることが一目瞭然です。また、並列になる場合も独立関係です。２つのものの間で重なってくる部分があれば従属関係と認識します。
　たとえば、表と裏は独立関係です。「〜以外」にすると、独立関係になります。「表以外」はすなわち「裏」なので、２つは独立関係です。
　「所属名」で考えると、従属関係になります。たとえば、社員が属しているのは部門や会社です。社員と部門、社員と会社も従属関係になります。
　また、独立関係と従属関係が両立する、一部従属関係もあります。たとえば、学校の部活動で、陸上部と書道部の両方、または片方だけに属している生徒がいたとします。陸上部か書道部の一方だけ属している人同士は独立関係になります。

173

## 戦略決定トレーニング
## 部下にあたり散らす公私混同の上司

*Let's try!*

**問題発生!** 夫婦げんかをするたび会社で不機嫌になるハラダ部長

　ハラダ部長は夫婦げんかをしているときに、決まって不機嫌になります。長いときには1週間以上も不機嫌で、その間、ちょっとしたきっかけで部下をどなりつけます。

　今では部下も、部長が不機嫌なときは近づきません。悪い報告をするときは、部長の機嫌が直るのを待ちます。

　また、ハラダ部長の気分のムラが激しいのも部下たちの悩みです。夫婦げんかをしていないときでも、悪い報告をした途端、あからさまに不機嫌になります。部長の機嫌ばかり気にして、部下たちは仕事に集中できません。報告がしにくいせいで仕事に遅れが出るときもあります。

**フレームワーク活用の手順**

❶「公」「私」2つの関係が独立関係なのか、従属関係なのかを区別する

　日頃から、2つの関係が独立関係なのか、従属関係なのかを区別します。会社という「公」と家庭の「私」は独立関係です。公と私は分けて考えるべきです。

❷仕事では「公」「私」は独立関係がキホン

　これはあたり前のことですが、家庭の事情を仕事に持ち込むべきではありません。なぜなら、公と私は独立関係だからです。ただし、結婚式などの一生に一度のことであれば、人間性を加味して、公より私を優先する従属関係になる場合もあります。

❸家庭の事情を職場に持ち込まない

　家庭で商売をしている八百屋さんなどの自営業であれば、公と私は従属関係になるかもしれません。しかし、公と私が独立関係のサラリーマンの場合は、家庭の事情を職場に持ち込まない方が歓迎されます。

| 解決のコツ | 出社後、帰宅後の 10 分間で公と私のモードを切り替える |

　原則として、家庭と仕事は、独立関係にあります。そのため、家庭のもめごとを仕事に持ち込むべきではありません。ただし、同じ人間ですから、気持ち的にはまったくの独立関係とはならないでしょう。しかし、仕事の管理責任を持った社会人としては、家庭と仕事の問題はやはり独立関係とするべきです。

　通勤時間を、頭の切り替えのために利用できます。この時間を切り替えスイッチにして、公のモード、私のモードに切り替わるのです。出社後、または帰宅直後の 10 分間をモードの切り替えに使うことをおすすめします。

　わたしの場合、帰宅直後に妻がいろいろ話しかけてきて、イライラすることが多かったので、「帰宅後 10 分間だけは話しかけない」という約束をしてもらいました。帰宅しても、仕事モードからの切り替えに 10 分程度かかるとわかったからです。それ以降、妻からいろいろ話しかけてきても、イライラしなくなりました。魚と同じで、家庭の水になじむのに、帰宅後 10 分間かかることが発見でした。会社も同じで、会社に着いたら 10 分間は仕事モードに切り替える時間の確保が必要です。

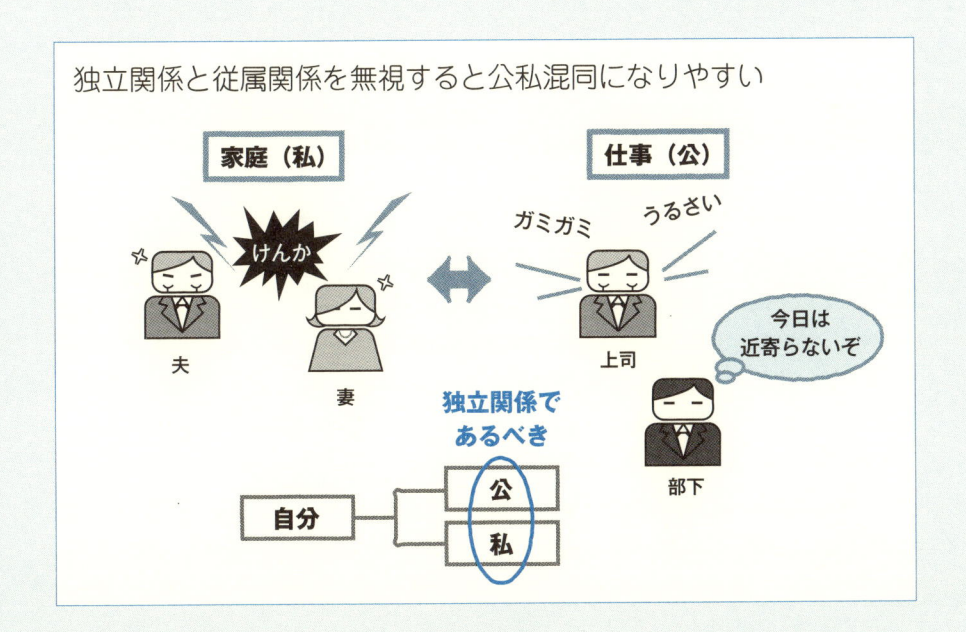

**独立関係と従属関係を無視すると公私混同になりやすい**

## 36 「原因と結果」を明らかにして根本から解決する

因果関係を明らかにするためには、「原因と結果」に分けて考えることが有効だ。悪い原因を除去すれば、いい結果を導くことができる。

### 原因と結果とは 成功と失敗には、必ず「原因」がある

結果には必ず原因があります。成功には成功の原因があります。失敗には失敗の原因があります。成功か失敗の要因を運のせいにしていたのでは、経験を次の機会に活かせません。たとえば、クレームを結果とします。クレームが起きないようにしようといくら職場で声をはり上げても、その原因対策をつきとめ、根本対策を組み立てなければ問題の解決にはなりません。「次回からは気をつけます」という対症療法はできても、根本対策にはならないのです。

### ポイント 問題の下には、必ず発生の原因が潜んでいる

原因と結果を分ける習慣を身につけることで、根本対策の重要性に気づきやすくなります。表面化した問題は結果であり、氷山の一角です。

**いくら問題を解決しても、問題が発生している根本原因を除去しない限り、次から次へと類似の問題が発生します。**

氷山にぶつかって沈没したタイタニック号は、海中に沈んだ大量の氷山によって、船体が破壊されました。その後、米国は、船の安全を守るためにさまざまな実験を行いました。氷山を溶かす、ダイナマイトで爆破する、黒い灰を氷山にまいて太陽熱の吸収率を高めるなどの実験を行いました。

しかし最終的には、いくら海面上の氷を溶かしても、次から次へと海中の氷が浮き上がってくるということに気づきました。それにより、溶かすことをあきらめ、レーダーで氷山を把握し、近くを航行する船に氷山の位置情報を知らせる手法が導き出されました。

この例のように、表面にある氷山(問題)をいくらなくしても、海中にある氷山、すなわち隠された真の原因をなくし、それを除去しなければ根本対策にはならないのです。

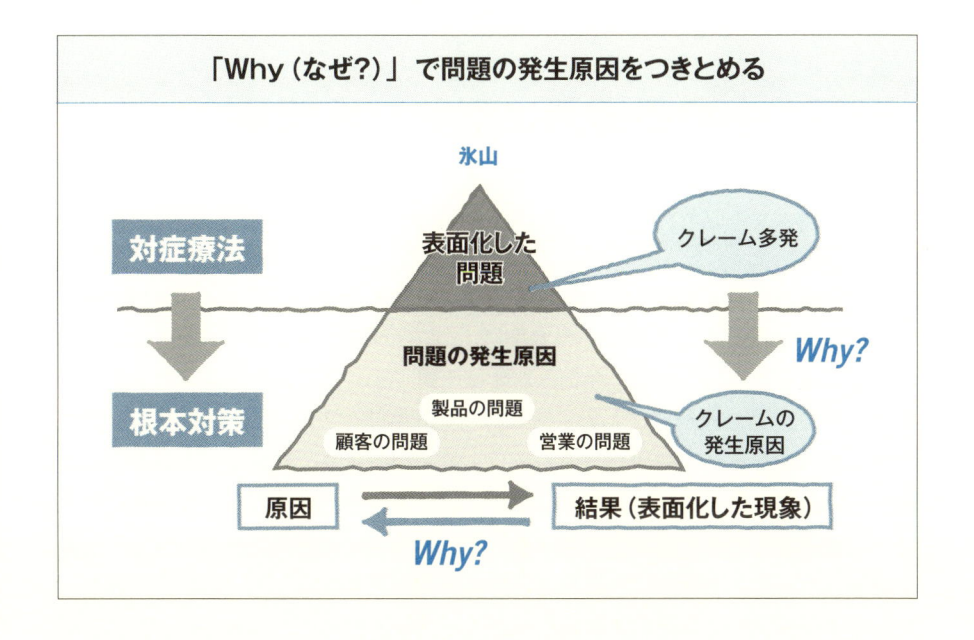

## 「Why（なぜ？）」で問題の発生原因をつきとめる

氷山

対症療法 → 表面化した問題 — クレーム多発

根本対策 → 問題の発生原因（顧客の問題／製品の問題／営業の問題） — クレームの発生原因

Why?

原因 ← → 結果（表面化した現象）

Why?

**アドバイス　原因究明をして根本対策。真の問題解決は再発防止にある**

　わたしたちが直面している問題は、さまざまな原因が絡み合って、結果として表面化しているにすぎません。氷山にたとえると、水面上に出ているのがトラブルなどの表面化した問題です。しかしそのトラブルを解決したとしても、発生原因自体を除去しないと、どんどん新たな問題が浮き上がってきます。たとえば、営業部門が顧客とトラブルになったとします。その顧客に対して謝罪だけですませれば、同じ原因のクレームがまた発生してしまうでしょう。契約書の不備、不十分な説明など問題を特定し、再発防止の原因究明することが必要です。

　原因究明するためには、「Ｗｈｙ？」が最適です。なぜかと問いかけることで、問題発生の原因を探る第一歩がはじまるのです。なぜを問いかける人は、成功しても失敗しても、その経験から多くのことを学習できます。なぜ成功したのか、成功はしたが反省すべきこともあったと考えることで着実に成長していけます。

　なぜを問いかけない人は、結果だけに関心が高く、原因究明をしません。成功すれば自分が優秀だったと有頂天になり、失敗すれば運が悪かったと悔しがります。これでは、せっかくの経験が次の学習につながりにくく、成長のスピードが遅くなります。

## 6章　現状把握力と分析力を高める [分析フレームワーク]

### 戦略決定トレーニング　Let's try!
# 部下たちの長電話に悩む営業部長

**問題発生!**　長電話禁止で、携帯電話料金が5倍に

　カマタ建設の営業部では、「電話がつながりにくい」というお客様の声から、電話回線を増やしました。すると今度は、「電話がつながっても、担当者が話し中で出てもらえない」という新たなお客様の声。よくよく調べてみると、長電話する人が多いことが原因でした。中には1本の電話で30分以上話す人もいて、これではいくら電話回線があっても足りません。そこで、営業部長は「長電話禁止」というルールを新たに作りました。これにより、長電話はなくなりました。「やればできるじゃないか」とご満悦の営業部長。ところが2〜3ヶ月後、部長の見えないところで営業担当者が会社の携帯電話で長電話していることがわかったのです。営業部全体の法人契約の携帯電話料金が5倍にも跳ね上がったことで発覚しました。「いったい何をやっているんだ！」と上層部からお叱りを受ける営業部長。彼の行動のどこに問題があったのでしょうか？

**フレームワーク活用の手順**

### ❶長電話の原因を究明する
　長電話の理由を、「なぜ、長電話になるのか？」と問いかけて、原因究明を行います。「クレーム対応の電話で長電話になる」が原因だとすれば、クレームを減らすことが根本対策です。

### ❷原因を除去するために何をすべきかを考える
　長電話の原因となっているクレームをなくすためには、何をすべきかを考えます。「なぜ、クレームが発生するのか？」を問いかけて原因究明します。

### ❸原因を除去して根本対策をとる
　クレームの原因を見つけるには、5回Ｗｈｙを繰り返せといいます。これを、トヨタでは5Ｗｈｙ（ファイブ・ホワイ）とよんでいます。繰り返し原因究明を行い、原因を除去して根本対策をとれば再発防止になります。

## 「原因と結果」を明らかにして根本から解決する

**解決のコツ** 原因究明で根本対策を実施する

　短絡思考で対策をとるのはやめましょう。ちょっと立ち止まって「なぜ？」と問いかけてみます。なぜがないと、問題の単純な裏返しが対策になってしまいます。「会社が儲からないなら、儲かるようにしなさい」、「営業の電話が長いなら、2分以内で切るよう徹底しなさい」という場当たり的な問題の裏返しでは、的を射た対策は導けないのです。

　「なぜ、長電話になるのか？」と問いかけて、原因究明します。「クレーム対応の電話で長電話になる」が原因だとすれば、クレームを減らすことが根本対策です。そして、「なぜ、クレームが発生するのか？」を問いかけて原因究明を行います。

　クレームの原因を見つけるには、5回Whyを繰り返せといいます。どんな問題でも、5回繰り返すうちには問題の本質に行き着くのです。これを、5Whyとか、なぜなぜ問答といいます。

　問題が起きたときは、一回立ち止まって、Why？で思考しましょう。表面化した問題は氷山の一角です。問題の原因を見つけて、悪い原因は元から断ち切ることが必要です。原因究明を行い、それにより見つかった発生原因を除去して根本対策をとれば再発防止になります。

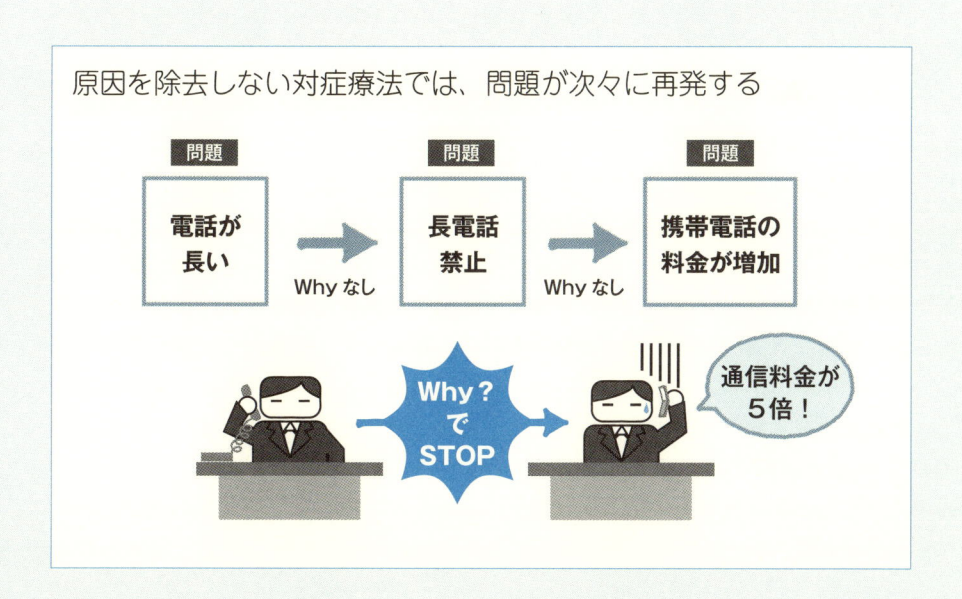

---

**原因を除去しない対症療法では、問題が次々に再発する**

| 問題 | | 問題 | | 問題 |
|---|---|---|---|---|
| 電話が長い | → Whyなし | 長電話禁止 | → Whyなし | 携帯電話の料金が増加 |

Why？でSTOP

通信料金が5倍！

## 37 「is／is not」で原因を深掘りする

is／is notは、正常と異常の2つを比較して、なぜその違いが発生しているのかを原因究明する手法だ。Ｗｈｙ？ に匹敵する原因究明の手法である。

### is／is notとは 一方にあって、一方にないものを比較する

　is／is not（ある／ない分析）は、2つの違いに注目して、違いが発生している原因を見つける手法です。これはＷｈｙで問いかけても原因究明できない場合に有効です。正常な状態をis、異常な状態をis notとし、事実を区分けして記載します。ポイントは、違いの部分を中心に記載することです。2つが同じ状態であれば書かなくてもかまいません。この比較は1項目ずつ、同じ切り口で比較します。

### ポイント 一歩踏み込んだ原因究明をするときに有効な方法

　Ｗｈｙでは難しい、一歩踏み込んだ原因究明にはis／is notが有効です。原因究明に行き詰まったとき、関係者数名が集まってis／is notをホワイトボードなどに書いていくと、原因究明が容易になります。

　is／is notでは、いい状態と悪い状態の2つを比較することで、悪い状態になった原因を探っていきます。

　いい状態と悪い状態の比較には、2つの対象の選び方があります。1つめは、対象を「変化の前後で比較する方法」です。たとえば、正常だったときの設備、異常が発生した後の設備の2つを比較します。これにより、異常の発生原因を探ることができます。2つめは、「異なる2つを比較する方法」です。たとえば、業績好調なA支店と、業績不振なB支店を比較します。なぜ同じ会社なのに業績に差が出るのか、という視点で原因究明を行っていきます。また、業績がいい競合他社と、業績不振の自社を比較することもできます。

### アドバイス 変化の前後での比較、異なる2つの比較、どちらも使える

　状態が異なる2つを、is／is notで比較すると、どこが異なるのかを鮮明

## 「ある (is)」「ない (is not)」の比較で原因が見えてくる

| 仕事ができる人 **is ある** | | 仕事ができない人 **is not ない** |
|---|---|---|
| 仕事ができるAさん<br>● 時間を守る<br>● 約束を守る<br>● 変更の場合は早めに連絡がある<br>● 人の話をよく聞く<br>● コミュニケーション力がある<br>● 自力本願<br>● 上司にきちんと報告する<br>● メモをきちんととる<br>● 事務処理の提出物が早い<br>● 女子社員に親切<br>● 取引先の評判がいい<br>● その日の仕事が終わるまで残業<br>● グチを聞いたことがない<br>● 言い訳をしない | ⇔<br>2つを比較することで見えないものが見えてくる | 仕事ができないBさん<br>● 時間を守らない<br>● 約束を破る<br>● 自分の都合でドタキャンする<br>● マイペースで話したいことだけ話す<br>● コミュニケーション力がない<br>● 他力本願<br>● 上司に報告しない<br>● メモをとらない<br>● 事務処理の提出物が遅い<br>● 女子社員にいやがられている<br>● 取引先からのクレームが多い<br>● 退社時間は正確に17時<br>● グチが多い<br>● 言いわけが多い |

に捉えることができます。is／is notには2つの比較手法があります。それぞれを詳しく見ていきましょう。

　1つめは**「対象を変化の前後で比較する」**です。たとえば、「A製品が好調な売上だった」ことに対して、ある時点から「A製品が急に売れなくなった」とします。好調なときと、売れなくなったときの違いを、1つひとつ書き出してみます。その違いに注目すると、変化の前後の状態が把握でき、なぜ変化が発生したのか、その原因を探るヒントが見つかります。

　2つめは**「異なる2つを比較する」**です。たとえば、仕事ができるAさんと仕事ができないBさんを、is／is notで比較してみます。仕事ができないBさんは、時間にルーズ、メールの返事が遅いなど、具体的な違いが明らかになるでしょう。ホワイトボードや紙に書きながらis／is notをすると、2つの違いの全体像が見えてきます。これにより、原因が絞り込めるようになります。単純な場合は、頭の中だけでis／is notをしてもかまいません。また、システム・エンジニアの人は、プログラム異常においては、無意識にis／is notでエラーさがしをしています。

6章 現状把握力と分析力を高める[分析フレームワーク]

戦略決定トレーニング　　　　　　　　Let's try!
## 突然、売上が激減したプリンタメーカー

**問題発生!**　いくら現場に聞いても売上減の理由がわからない

　アシダ事務機器は、高性能のカラープリンタのメーカーとして定評があります。しかし、先月から主力機種のカラープリンタの売上が激減しました。販売部長としても放置できません。
　「なぜ、売上が激減したのか?」売上が激減した理由を、営業担当者を1人ずつ呼び出してヒアリングしました。しかし誰1人、明確な原因を答えられるものはいませんでした。
　中には「景気が悪いからです」とか、「一時的な落ち込みにすぎません」という者もいました。また、部長に怒られていると勘違いしたのか、「心を入れ替えてがんばります」、「部下にムチ打ってでも売らせます」と、精神論的な回答も目立ちます。これではラチがあきません。原因究明をするにはどうしたらいいでしょうか?

**フレームワーク活用の手順**

**❶ is／is notで、2ヶ月前と現在を比較する**

　好調だった2ヶ月前と現在を比較します。好調だった2ヶ月前をis、不調の現在をis notとして、左右に違いを書き出し比較します。販売量、競合、販売地域などの比較をするといいでしょう。

**❷ 違いに注目して、売上激減の原因想定を絞り込む**

　is／is notの表を作成します。関係者が数名が集まって、会議室でホワイトボードを囲んで作成するといいでしょう。営業担当であれば記憶にある情報を思い出すだけで作成できるはずです。数名いれば十分な情報収集ができます。

**❸ 絞り込まれた原因想定を検証し、原因究明を行う**

　is／is notの表がある程度作成できたら、1つひとつに対して、「なぜ、この違いが発生するのか?」を問い、原因究明を行っていきます。60〜70％以上

の確率で怪しいと思われる原因は、追加調査で事実を確認します。たとえば、競合他社の新製品の売れ行き調査など、ピンポイントで情報収集して原因が正しいかを検証します。

> **解決のコツ** 原因の候補が真実か、調査による検証を行う

　is／is notは悪い状態になった原因を探るときに有効な手法です。具体的に2つの比較方法がありますが（P.181参照）、今回は「対象を変化の前後で比較する」を中心に原因究明が行われました。その結果、下の図のような結果になりました。

　変化前（is）は競合企業が3社、競合品種は9品種でした。しかし変化後（is not）は、1社新規参入で競合企業4社、競合品種は12品種になりました。新規参入と新製品によって、A製品の売上が落ちたことが原因の候補として浮かびあがってきます。しかし、この段階では、これはあくまでも仮定でしかありません。それを確認するためには、新製品の販売情報を調査し、検証を行う必要があります。

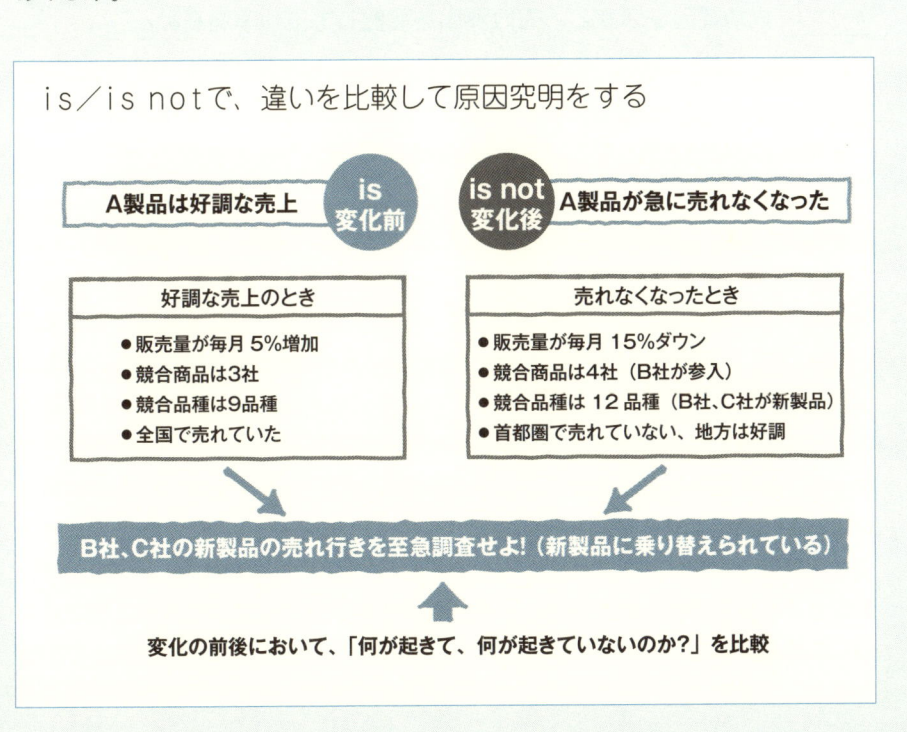

## is／is notで、違いを比較して原因究明をする

**is 変化前** A製品は好調な売上　　**is not 変化後** A製品が急に売れなくなった

**好調な売上のとき**
- 販売量が毎月5％増加
- 競合商品は3社
- 競合品種は9品種
- 全国で売れていた

**売れなくなったとき**
- 販売量が毎月15％ダウン
- 競合商品は4社（B社が参入）
- 競合品種は12品種（B社、C社が新製品）
- 首都圏で売れていない、地方は好調

↓　↓

**B社、C社の新製品の売れ行きを至急調査せよ！（新製品に乗り替えられている）**

↑

変化の前後において、「何が起きて、何が起きていないのか？」を比較

## 38 「成功体験／失敗体験」をうまくコントロールする

成功体験が過去の栄光を美化し、失敗体験がタブーを作る。大切なのは「なぜ成功したのか」「なぜ失敗したのか」の原因究明だ。

### 成功体験／失敗体験とは 成功、失敗、どちらも貴重な経験

　成功体験、失敗体験には必ず、その結果を生んだ原因があります。原因をきちんと把握できれば、次回以降の仕事の成功率を高めることができます。成功体験の原因究明をしないと、成功体験に酔いしれて守りが甘くなります。失敗体験の原因究明をしないと、同じような失敗を何度も繰り返してしまいます。貴重な経験を次に活かすために、どちらの原因究明も必要なのです。

### ポイント 成功要因を活かし、失敗要因を克服して成功率を高める

　成功体験、失敗体験の原因究明は、仕事のあらゆる場面で役に立ちます。原因究明をしないとどうなるのでしょうか？
　**成功要因の原因究明をしないと、成功体験が思考を停止させます。**自分は過去に困難を乗り越えられたから、能力が高いと過信してしまうのです。がむしゃらにやらなくても、次回もうまくいくだろうと過信して努力をしなくなります。
　失敗体験は、自分自身や組織の中にタブー（禁止事項）を作ります。一度痛い目にあうと、二度と同じ目にあいたくないので、失敗したことを避けて通るようになります。これによりチャレンジ精神を失っていくのです。

### アドバイス 外部環境が変化すれば成功要因や失敗要因は変化する

　成功体験は思考を停止させます。過去の成功したときの枠組みと現在の枠組みが同じとは限りません。むしろ同じでない場合の方が多いでしょう。たとえば、「営業マンは机に座るな。足で稼げ」と言うベテラン営業マンがいまだに存在します。現代のモノ余りの時代においては、押し売り営業は通用しません。過去の成功体験から脱却するためには、「なぜあのとき、成功したのか？」という理由を明確にすることです。

## 成功体験で思考停止に陥るな、失敗経験をタブーにするな

### 本当に大切なのは、過去の成功体験からの脱皮

- 成功体験が忘れられない
- 過去が美化される
- あのときはうまくいった ← 思考の停止

**解決策** 「なぜ成功したのか？」を原因究明せよ

### 失敗体験がタブーを作るメカニズム

**事例** 夜、爪を切ると縁起が悪いのでやめた方がよい

| 過去の失敗体験 | 原因究明なし → | タブーになる |
|---|---|---|
| 夜、爪を切る | | 縁起が悪い |

**言い伝え、タブーは環境の変化で無意味になる**

---

　一方、世の中にはタブーといわれているものがたくさんあります。たとえば、「夜、爪を切ると縁起が悪いのでやめた方がいい」という言い伝えがあります。電気が世の中になかった昔は、夜に暗いところで目を寄せて爪を切ることは危険だったかもしれません。しかし現代の枠組みにおいては、夜に明るい照明の下で爪を切ることは危険ではありません。**タブーというのは、「なぜ？」という原因や理由が省略されたまま、失敗の結果だけが伝えられることが多いのです。**だから、なぜタブーになったのかを知らないまま、タブーとして伝えられていることがたくさんあります。

　言い伝えの多くは、生活の知恵として伝えられますが、過去と現代との環境の枠組み（前提条件）が異なる場合、すでに無意味なタブーも多いのです。

## 戦略決定トレーニング　Let's try!
# 「成功は才能」「失敗は運」で成長のない部下

### 問題発生！　商談が破談になった理由を説明できない

「課長、ミコミ建設との商談、破談になりました」とウミノ君。「何で破談になったんだ？　昨日までうまく進行していると言っていたじゃないか」と課長。「いやぁ、運が悪かったんですよ」とウミノ君。「運が悪かったってどういうことだ。もっと具体的に原因を教えてくれよ」と課長。「ダメだったものは、しょうがないじゃないですか……」。課長はこんなウミノ君の態度に怒り心頭です。

逆に、仕事で成功をおさめたときには、大はしゃぎのウミノ君。「ボクって天才！」と平気で言う始末。そんな態度のため、年間の営業目標を一度も達成せず、課長も手に負えません。こんなウミノ君の態度を改めさせる指導方法はあるでしょうか？

### フレームワーク活用の手順

**❶成功体験、失敗体験の原因究明をする**

　過去2～3年にさかのぼって、成功体験、失敗体験の原因究明をします。それ以上さかのぼると外部環境の変化が大きいので、原因を見誤る可能性がでてきます。外部環境が変化すれば、成功要因や失敗要因も変わってきます。

**❷成功要因を活かし、次回以降の成功率を高める**

　成功要因を原因究明し、次回以降の成功率を高めます。「なぜ成功したのか？」を問いかけるといいでしょう。成功に大きく貢献した一手があるはずです。その一手を中心に成功要因を分析して原因究明をしていきます。

**❸失敗要因を克服して、次回以降の成功率を高める**

　失敗要因を原因究明し、次回以降の成功率を高めます。「なぜ失敗したのか？」を問いかけるといいでしょう。失敗の原因は必ずあります。

| 解決のコツ | 「Ｗｈｙ人間」になれ！

　ウミノ君のように失敗を運のせいにしていては、せっかくの経験が次に活かせなくなります。このままでは今後も、彼は同じような失敗を何度も繰り返すでしょう。上司としては、ことあるごとに「なぜ？」を問いかけて、原因究明をする訓練を行うといいでしょう。

　ウミノ君本人に直接アドバイスをするなら、「なぜ？」を５分に１回、１日100回問いかけなさいと言いたいですね。はじめてのミスは、会社としてもある程度許せます。社員の学習のための授業料のようなものです。しかし、同じミスを２度、３度と繰り返していたのでは進歩がありません。

　営業活動の結果が出るたびに、ウミノ君には成功要因、失敗要因の分析をさせる報告書を書かせてもいいかもしれません。自主的に分析をする部下なら報告書までは不要ですが、ウミノ君レベルになると具体的な指導が必要です。

　「なぜ成功したのか？」「なぜ失敗したのか？」の問いかけは、最終結果が出たときはもちろんのこと、途中段階でも行うことをおすすめします。

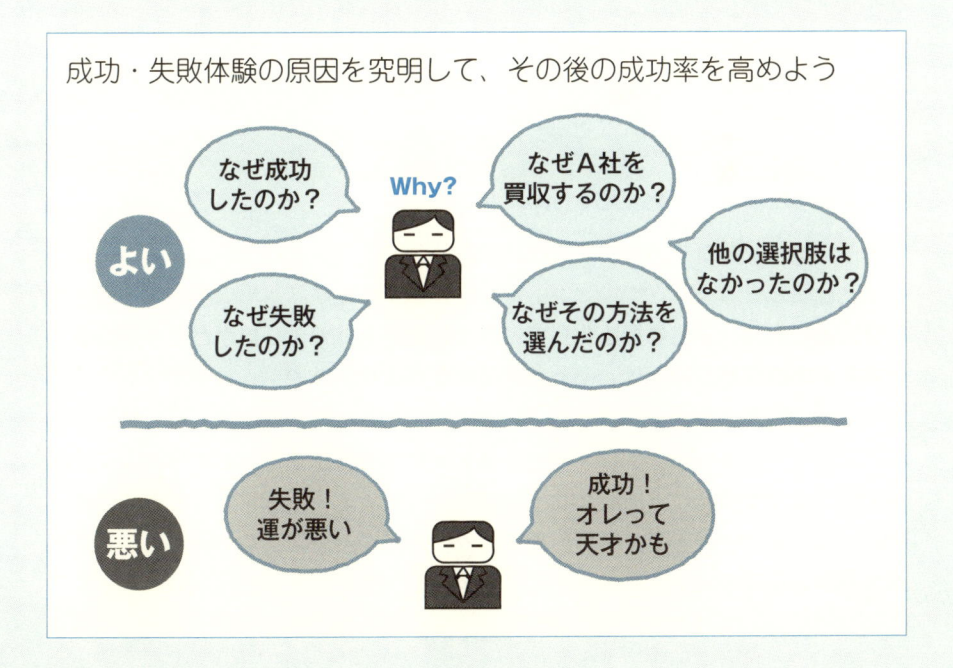

---

成功・失敗体験の原因を究明して、その後の成功率を高めよう

**よい**
- なぜ成功したのか？
- なぜ失敗したのか？
- Why?
- なぜＡ社を買収するのか？
- なぜその方法を選んだのか？
- 他の選択肢はなかったのか？

**悪い**
- 失敗！運が悪い
- 成功！オレって天才かも

## 39 「仮説−実行−検証」を回して仕事の精度を高める

せっかく仮説を立てても、仮説のまま何もせずに終わらせている人が多い。仮説は検証して、成果につなげることが重要。それに役立つのが仮説検証サイクルだ。

### 仮説−実行−検証とは　少ない調査やデータで新しい発見をする近道

少ない調査やデータで新しい発見をするためには、「仮説─実行─検証」の仮説検証サイクルが効果的です。

**仮説とは仮の結論です。もっと身近な言葉にすれば、「たたき台」といった方がわかりやすいでしょう。**現時点では100％正しいかどうかは不明でも、たたき台として仮説（仮の結論）を立てます。次にピンポイント（限定された範囲）で調査し、仮説が正しいかどうかを検証します。最終的に仮説が間違っていれば、修正するか、新しい仮説を再立案します。こうした「仮説─実行─検証」のサイクルは、問題状況を把握し、問題解決するために役立つ手法です。

なお、この「仮説─実行─検証」のサイクルはPDSサイクルとも呼ばれます。計画（Plan）、実行（Do）、検証（See）を繰り返すものであり、企業が商品やサービスを向上させるために広く利用しているフレームワークです。

### ポイント　仮説の検証は感覚で行っていい

「仮説─実行─検証」のサイクルは、問題が起きたときの原因究明に役立ちます。また、改善案を考えるときのヒントさがしにも使えます。

**仮説があれば、調査を最小化して、最短距離でそれが正しいかどうかを検証できます。仮説が正しければ、それが結論になります。**仮説が正しくなければ、修正するか、新しい仮説を立てて検証します。

仮説を立てることは、さほど難しくありません。直感を働かせて「このような傾向があるのでは？」、「原因はこうではないか？」と、予想するくらいの気軽さでいいのです。ただしあくまで仮説であり、たたき台ですから、正しいかどうかを検証する必要があります。

### 仮説があることで少ない調査やデータで結果にたどり着く

〈仮説がない場合〉
調査分析
問題解決プロセス
現在 → 結論
寄り道（試行錯誤）が多い

〈仮説がある場合〉
仮説 → 修正 → 結論
問題解決プロセス

**仮説-実行-検証サイクル**

- 仮説の立案　*Plan*（計画）
- 仮説の実行　*Do*（実行）
- 仮説の検証　*See*（検証）

---

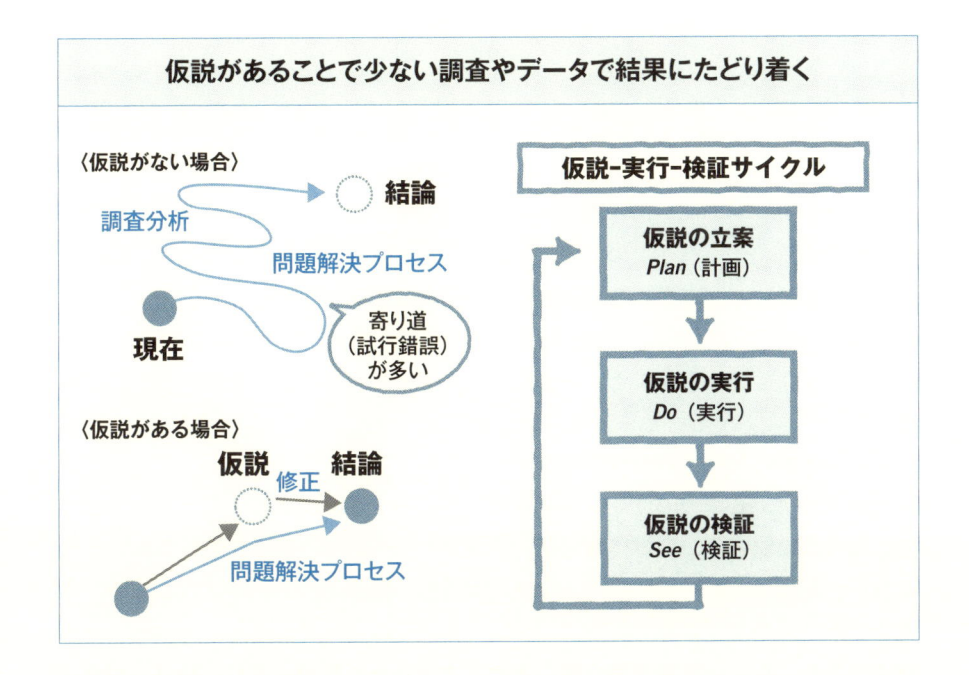

**アドバイス** 「仮説―実行―検証」を終えたら、次のサイクルへ

「仮説―実行―検証」のサイクルは、「仮説立案」→「仮説の実行」→「仮説の検証」の順に進めていきます。

1つめの**「仮説立案」**は、気づき、分析などから直観やヒラメキ重視で行います。ただし、仮説立案にはある程度の情報が必要です。たとえば、業務知識や経験があると、それに基づき情報収集がしやすくなります。情報があれば、仮説の精度が高まります。

2つめの**「仮説の実行」**は、仮説が正しいかどうかを検証するための具体的な行動です。たとえば、仮説を検証するためにデータ収集する、既存のデータを使って仮説の検証をするなどを試みます。

3つめの**「仮説の検証」**は、仮説が正しいかどうかの判定を行います。仮説が正しければ結論とします。仮説に修正が必要であれば、「仮説―実行―検証」の2サイクル目に入って、修正した仮説が正しいかどうかを検証します。仮説が間違っていた場合は、却下して新しい仮説を立てて、3サイクル目に入ります。

仮説検証のサイクルを回すことで、仮説の精度を高めることができます。

## 戦略決定トレーニング　Let's try!
# 販売データを使いこなせないコンビニ店長

**問題発生!** 今日も仕入の予想がまったく当たらない

　アタリ店長は、販売傾向を読み取って、品揃えに活かすため、毎日販売データとにらめっこしています。在庫切れになると、販売チャンスを逃してしまいます。パンや弁当などを仕入れすぎて廃棄量が増えると、利益を失います。売れ筋商品は何か、何をどれくらい仕入れれば廃棄量を減らせるかなど、頭が痛い毎日です。

　しかし実のところ、アタリ店長はデータを見ても販売傾向がほとんど理解できません。ただ、気休めに見ているだけです。データがないより、あった方が気休めになるというくらいのレベルです。欠品が多い一方、廃棄量が多い傾向は一向に改まりません。たとえば、パン1つとっても、菓子パンがたくさんあまってしまう一方、食パンは欠品するなど、まったく予測が当たりません。彼がデータを使いこなすには、何が欠けているのでしょうか？

**フレームワーク活用の手順**

**❶まず仮説を立ててデータで確認する**

　毎日販売データとにらめっこするのもいいのですが、店長ですから、日々の売れ行きを、三現主義（現地・現物・現実的）で観察しているはずです。日々の観察から、気づき、直観、ヒラメキ重視で仮説を立案します。

**❷立てた仮説を実行してみる**

　仮説を立てたら、それを検証するために必要な行動を起こします。たとえば、POSデータで時間帯別や曜日別のパンの販売量を再集計で出力してみるのもいいでしょう。また、パンの仕入数を増減して、在庫や欠品の動向をシミュレーションするのも一案です。

**❸実行の結果を検証、新しい仮説を立てる**

　結果に基づき、仮説を検証します。仮説が正しければ、今後の仕入に活かします。仮説が間違っていれば、修正するか、新しい仮説を立て、売上拡大をめざします。

| 「仮説-実行-検証」を回して仕事の精度を高める |

**解決のコツ** データを眺める前に、事実をじっくり観察する

　アタリ店長は、もっと直感を働かせて、仮説をどんどん立てるべきです。データではなく事実を観察するのです。観察すれば、さまざまな販売傾向に気づくでしょう。たとえば、「土曜日の夕方は、パンの売れ行きがいい」という販売傾向に気づいたとします。そこで、仮説を検証するための実行に移ります。ＰＯＳデータを使って「曜日別、時間帯別のパンの売れ行きを集計」すればいいのです。検証結果が、「土曜日の17時台からパンの売れ行きが30％アップ」となれば、パンの仕入と品揃えを改善すればいいのです。

　次に、仮説検証サイクルの２サイクル目に入ります。新しい仮説は、「休日の朝はパン食ですませる家庭が多い。バターの売れ行きもいいはずだ」。実行として「バターの売れ行きを集計」します。検証結果がそれにあてはまっていたら実行します。もちろん、「仮説─実行─検証」はここで終わりではありません。３サイクル、４サイクルと繰り返すほど売上拡大につながる確率が高まります。

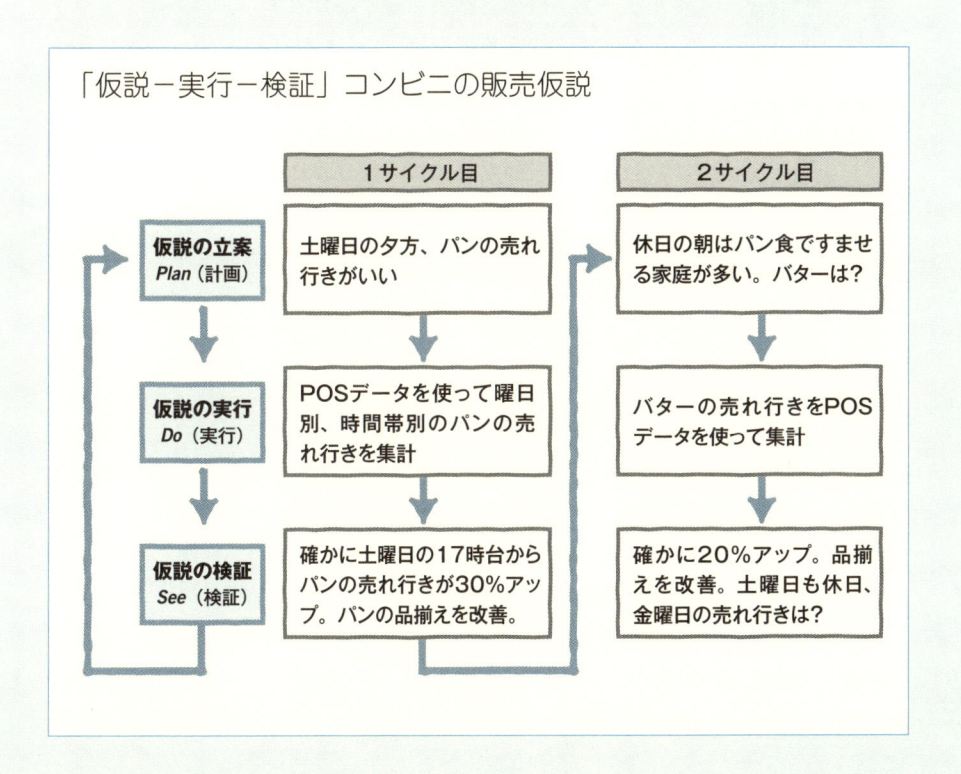

「仮説－実行－検証」コンビニの販売仮説

|  | １サイクル目 | ２サイクル目 |
|---|---|---|
| 仮説の立案 Plan（計画） | 土曜日の夕方、パンの売れ行きがいい | 休日の朝はパン食ですませる家庭が多い。バターは？ |
| 仮説の実行 Do（実行） | ＰＯＳデータを使って曜日別、時間帯別のパンの売れ行きを集計 | バターの売れ行きをPOSデータを使って集計 |
| 仮説の検証 See（検証） | 確かに土曜日の17時台からパンの売れ行きが30％アップ。パンの品揃えを改善。 | 確かに20％アップ。品揃えを改善。土曜日も休日、金曜日の売れ行きは？ |

COLUMN

## 東京ディズニーリゾートから学ぶ「捨てるもの」と「守るもの」

　TDR（東京ディズニーリゾート）は、常に進化し続けることを基本理念に置いています。「完成した瞬間から陳腐化が始まる」という創業者ウォルト・ディズニーの教えがあるからです。TDRが進化する経営的ねらいは、リピート顧客の獲得です。完成した瞬間から陳腐化がはじまるとは、「成功体験で思考停止に陥るな」にふさわしい経営理念です。わたしたちは成功体験に固執し、一度成功体験のワナにはまると抜け出せません。成功体験に満足した瞬間、わたしたちは進化を止めるワナにはまってしまうのです。

　TDRのリピート戦略には、大きく2つあります。1つめは、パレードなどのショーを定期的に大リストラします。人気のエレクトリカルパレードも、改善を続けると同時に、何年かに一度、破壊と創造を繰り返します。2つめはアトラクションです。約3年に一度、新しいアトラクションを新設することでリピート顧客の満足度をあげるのです。

　日本のリストラクチャリングを見ていると、何でも捨てればいいという安易な発想が見受けられます。その企業のコアコンピタンス（競争力となる強み）まで捨ててしまえば、今まで企業を支えていた利益の源泉を自ら放棄することになります。自社のコアコンピタンスを認識し、それを強化するために、捨てるべきものは何か、守るべきものは何かを、慎重に考える必要があります。

　「完成したら捨てる」が基本のTDRですが、かたくなに守り続けているものもあります。パレード以外のアトラクションのすべては完成していて、百科事典くらいの厚みがあるマニュアルと、徹底した社員教育で維持されています。しかし、これがTDRの信頼感と魅力でもあるのです。お気に入りのアトラクションを何度も楽しめるから、安心してリピーターになれるのです。

第 7 章

# 限られた時間とお金で成果を高める
# ［効率化フレームワーク］

| 7章　限られた時間とお金で成果を高める [効率化フレームワーク]

## 40 「時間・お金」の発想で よりよい人生戦略を立てる

経営資源は、「ヒト・モノ・カネ・情報」、個人の資源は「時間・お金」である。仕事やプライベートで自分の時間とお金をどう使うかが、人生戦略となる。

### 時間・お金とは　わたしたちは、所属している組織に時間を投資している

　個人の資源は時間とお金です。わたしたちは、所属している会社や学校などの組織に時間を投資することを意思決定しているのです。学生であれば、学校に時間とお金を使って、キャリアアップの準備をしています。ビジネスパーソンであれば、会社に自分の時間を使って、お金を得る意思決定をしています。中には、キャリアアップのために、休日や定時後を使って、自分の時間とお金を使って、資格取得を目指している人もいることでしょう。

### ポイント　「時間・お金」の使い方を意思決定して将来を切り拓く

　将来を切り拓くために自分の時間とお金をどう投資していくかを考えましょう。流れに任せるのではなく、意思を持つことが大切です。
　中長期的な自分の人生のシナリオを描くことが大切です。ただし、安易な転職はおすすめできません。
　自分を高めるために、時間とお金を投入してはいかがでしょう。資格取得という手もありますが、趣味に投入してもいいでしょう。たとえば、スポーツや習いごとを新たにはじめてみるのです。
　1日24時間、1年365日という時間は、すべての人に平等に与えられています。時間を捻出する気持ちが大切です。いくら仕事が忙しくても、遊ぶ時間は捻出できるはずです。資格取得や趣味で技能を上げることを遊び感覚で行えば、時間の捻出も楽しいでしょう。

### アドバイス　限られた勤務時間で、最大の投資対効果を

　「時間・お金」は個人の資源を表しますが、企業内の個人活動についても、当然強く意識すべきです。あくまでも、わたしたちの本業は仕事です。仕事に使われ

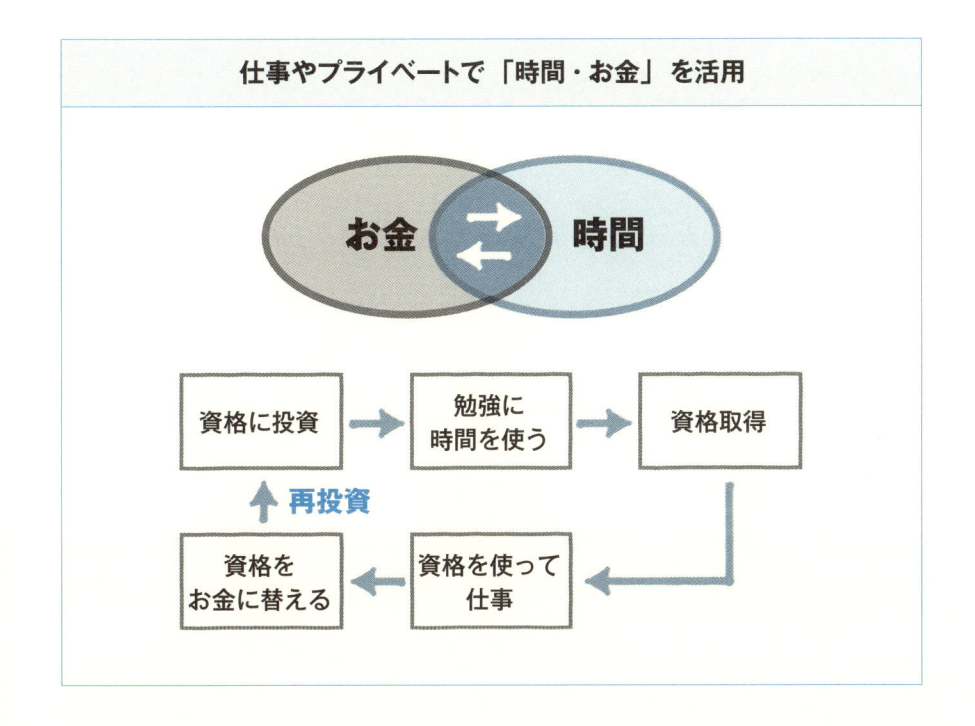

## 仕事やプライベートで「時間・お金」を活用

お金 ⇄ 時間

資格に投資 → 勉強に時間を使う → 資格取得 → 資格を使って仕事 → 資格をお金に替える → （再投資）→ 資格に投資

---

る時間にはコストがかかっています。あなたは自分の1分間の人件費がいくらか考えたことがあるでしょうか？

　年収600万円を例に考えてみましょう。1日8時間（480分）で年間250日稼働とすると、年間12万分です。年収600万円を12万分で割ると、1分間当たり50円です。しかし、オフィスの維持費や福利厚生などのさまざまな経費が年収と同じくらいかかります。これらを含めると、年収600万円の人の人件費は、1分間あたり100円になります。

　社員1人ひとりが、1分間100円の携帯電話をかけ続けていることを想像してみてください。いかに会社の経営にはコストがかかるかが想像できます。

　「タイム・イズ・マネー（時は金なり）」というように、**時間にはコストが発生します。人件費を超える利益を上げなければ、企業経営は成り立ちません。**

　仕事がなくても社員の給料は発生します。そこで、仕事の増減に合わせて、派遣社員を活用する企業が増えてきました。会社も人件費をシビアに考える時代になりました。成果につながる時間を増やし、時間あたりのアウトプットを増やす努力が求められています。

# 7章 限られた時間とお金で成果を高める [効率化フレームワーク]

## 戦略決定トレーニング　Let's try!
## 会社を貧乏ヒマなし状態にする営業主任

### 問題発生！ システムの仕様は不明のまま、金額のみ決めて受注

　IT企業の営業部のヤスイ主任の営業スタイルは、「他社が下げるなら、うちはもっと下げます」と、ムリな値下げで強引に受注するというもの。営業部長が、「なぜ、この価格でOKしたの？　システムの仕様はどうなっているの？」と尋ねると、ヤスイ主任は「いえ、システムの仕様についてはこれからゆっくり決めます。ご安心ください」と答えます。
　「ヤスイ君ねえ、受注金額が先ではなく仕様が先だよ。何をやるかわからないのに金額を決めるとオーバースペック（過剰仕様）になって、開発費が回収できないって何度も言っているじゃないか」と、いつものように怒られています。ヤスイ主任の営業スタイルのおかげで、会社はいつも貧乏ヒマなしです。

### フレームワーク活用の手順

**❶何を達成すべきか、プレリサーチをさせてもらう**
　システム開発の営業の傾向として、仕様が十分決まらないまま価格を決定することがよくあります。仕様書を可能な限り具体化するために、1～2ヶ月間、プレリサーチをさせてもらえば、見積もりの精度は上がります。

**❷アウトプットを達成するために必要な時間を積算する**
　仕様書では、何を達成すべきかのアウトプットを明確化します。それに基づいて開発工数やスケジュールを明確化します。アウトプットが明確にならなければ、必要な作業時間も計算できません。

**❸利益が出るように見積もり金額を試算する**
　見積金額は、仕様が明確になってからでないと計算できません。しかし実際は、金額が入札で決められる場合も多いようです。ヤスイ主任の場合は、プレリサーチを格安で受注して、リサーチ後に再見積もりを出す方向で交渉し直した方がよさそうです。

## 「時間・お金」の発想でよりよい人生戦略を立てる | 40

**解決のコツ** プレリサーチをもとに、人件費ベースで見積もり作成

採算を忘れて受注することが目的となる営業。その原因は利益額よりも受注金額がノルマになっていることが多いからです。受注しなければ社員の固定費を回収できませんが、赤字覚悟で受注すると貧乏ヒマなし状態を作ります。

システム開発の場合、すでに終了した過去の開発コストのデータが社内に残っています。しかしそれだけでは、見積もりの精度が確保できません。あるIT企業の社長は、「以前、類似の規模のシステム開発でかかった費用を元に見積もりを出したら、結果的に見積もりの2倍のコストがかかった」と落胆していました。

規模は同じでも、業務が複雑で、帳票類も2倍の種類必要だったので、開発人件費が膨らんだようです。「営業こそ、見積もりをきちんとやらないとかえって赤字になる。営業で収益は決まる」と断言していました。

ヤスイ主任は、クライアント企業に、200～300万円くらいの安い価格で、1ヶ月のプレリサーチの提案をしてはいかがでしょうか？　そこでSEが、概略の仕様設計をして、業務の実態を加味した見積もりを提案するのです。社員の投入予定時間を見積もりとしてお金で換算するのです。

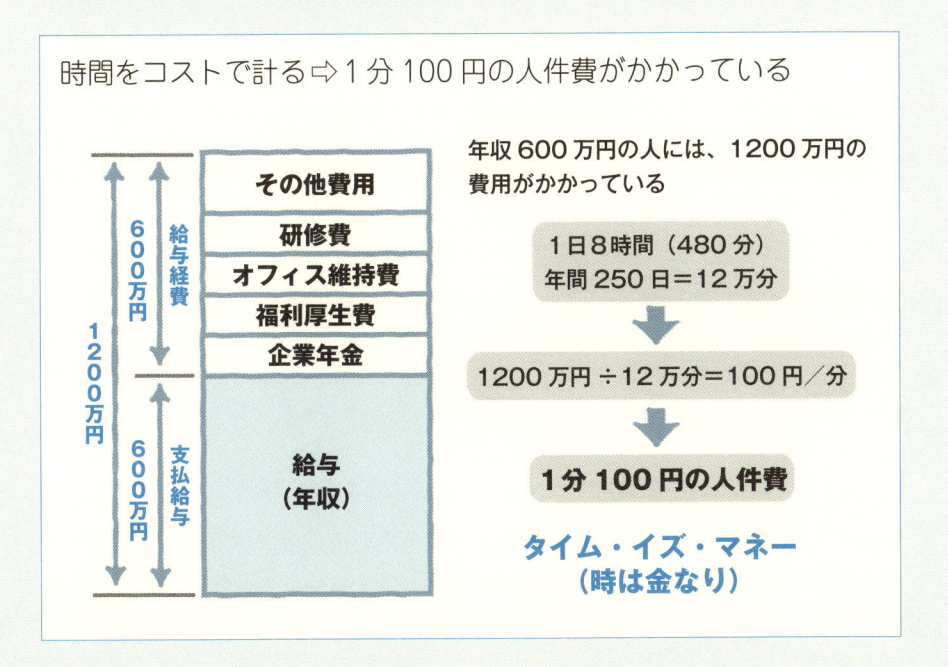

---

**時間をコストで計る ⇨ 1分100円の人件費がかかっている**

給与経費 600万円
- その他費用
- 研修費
- オフィス維持費
- 福利厚生費
- 企業年金

支払給与 600万円
- 給与（年収）

合計 1200万円

年収600万円の人には、1200万円の費用がかかっている

1日8時間（480分）
年間250日＝12万分
↓
1200万円÷12万分＝100円／分
↓
**1分100円の人件費**

**タイム・イズ・マネー**
**（時は金なり）**

7章　限られた時間とお金で成果を高める[効率化フレームワーク]

## 41 「サンダウンルール」「1日3分割法」で1日にメリハリをつける

漫然と過ごせば、1日はあっという間だ。「サンダウンルール」と「1日3分割法」でメリハリをつけることをおすすめしたい。惰性の残業、飲み会は禁物だ。

### サンダウンルール、1日3分割法とは｜日中にリミットを設定し、メリハリをつける

　サンダウンルールとは、ウォルマートで生まれた言葉で、その日のことは太陽が沈むまでにしなさいと言う意味です。これは今日の仕事を明日に延ばさず、夕暮れまでにすませなさいということです。ウォルマートはサム・ウォルトンが創業した世界最大のスーパーマーケットチェーンであり、低価格と徹底したコスト管理などで知られる企業です。

　また、1日3分割法は、1日を「朝、昼、定時後」に3分割することで1日にメリハリをつける考え方です。これを発展させた1日4分割法は、1時間程度早起きをして、早朝を加えて4分割にします。早朝の1時間を、自分が自由に使える時間にあてるのです。

### ポイント｜1日にメリハリをつけ、頭の切り替えを促す

　サンダウンルールがあれば、定時に帰宅するという目標設定ができます。定時で帰れるかどうかは別としても、目標設定なしで仕事をするよりも成果があります。**1日3分割法の考え方では、集中力がある午前中は頭を使う仕事、午後は体力を使う仕事や時間がかかる仕事にあてます。**

　さらに、1日4分割法で早朝の1時間を生み出すと、精神的なゆとりが持てます。今までできなかった趣味ができるようになったり、早朝出勤をすれば静かなオフィスで仕事に集中できます。

### アドバイス｜残業は惰性や義務でせず、自分の意志を何より大切に

　定時内は仕事という枠組みに縛られますが、定時後は自分が使い方を采配できる時間帯です。夜は自分の意志で時間の使い方を決められる、個人にとって大切な時間帯といえます。自分の意思で残業するもよし、定時で家に帰るもよし、寄

## 「1日を3分割＋早朝の時間を作る」一歩進んだ1日4分割法

|  |  |
|---|---|
| 早朝（1時間） | 早朝は自分磨きに使う<br>● 英語のヒアリング<br>● 資格取得の学習<br>● 読書をする |
| 朝（午前中） | 朝は知恵を使う仕事に使う<br>● 直感を働かせる仕事<br>● 企画的な仕事、アイデア発想<br>● 細々した仕事はさっさと片づける |
| 昼（午後の定時内） | 昼は腰を据えて体力仕事に使う<br>● やり方が決まった仕事<br>● 実施がともなう体力仕事<br>● 外回りの仕事、活動的な仕事 |
| 夜（定時後） | 夜は自分の意思で使い方を決める<br>● 定時で家に帰るもよし<br>● 残業するもよし<br>● 寄り道するもよし |
| 睡眠 | |

り道をするもよしです。ただし惰性や義務感で残業するのはやめましょう。残業もあくまで自分の意志で行うべきです。

夜は1日の気持ちをリセットできる貴重な時間です。何ごとに対しても、マンネリ化した時間の使い方を回避するよう心掛けましょう。マンネリ化した残業だけでなく、マンネリ化した飲み会にも注意して、自分の意思で時間の使い方を選択しましょう。

**今日は定時で帰ろうと決意すれば、いつまでにこれを終わらせようというように、かえって仕事にメリハリがつきます。**時間を能率よく使うために、より段どりを意識するようになります。

1日3分割法を意識できるようになったら、朝をさらに2つに分割して、1日4分割法にしましょう。朝1時間早く起きて、自分がやりたいことをする時間を確保します。1時間早く起きることで、自分の意志で自由に使える時間を確保するのです。慢性的な寝不足の状態にならないよう、1時間早く寝ることもおすすめです。

7章　限られた時間とお金で成果を高める［効率化フレームワーク］

## 戦略決定トレーニング　Let's try!
## "時間は有限"の意識がない部下

**問題発生！**　朝は出社時間ギリギリ、気ままに休憩で毎日終電

　イマダ君は自分は夜型だと言い張り、朝は毎日、出社時間ギリギリで駆け込みます。午前中は眠いのか、やる気がなさそうにしています。同僚たちは、イマダ君のやる気のなさに不快感を抱きますが、本人はおかまいなしです。

　午後になると少しずつやる気が出るようです。そして帰りはいつも決まって終電です。イマダ君は総じて時間にルーズです。会議には10分以上遅れてきます。休憩時間も気ままにとり、気が向いたら何十分でも休憩室に入り浸りです。

　時間のルーズさを指摘しても本人に反省の気持ちはないようです。イマダ君は納期にもルーズで、彼に仕事を頼むと間に合わなくなるので、最近は孤立しています。イマダ君に時間の意識を持たせるためには、どんな指導がいいでしょうか？

**フレームワーク活用の手順**

### ❶サンダウンルールを即実践する

　サンダウンルールを即実践しましょう。どうしても定時内に終わらないとわかっているのなら、1時間でも早く会社に出勤します。

### ❷1日3分割法で、朝、昼、夜のメリハリをつける

　1日3分割法で、朝、昼、夜の使い方を変えましょう。朝は最も能率が上がる時間帯です。朝の能率を上げるためには、前の日に睡眠を十分とります。そして、午前中に頭を使う仕事を優先するのです。

### ❸夜は早く寝て十分な睡眠をとり、その分、朝を有効活用する

　1日4分割法で、早朝の1時間を捻出すると、なおいいでしょう。早く起きた分、早く寝ます。深夜12時前に寝ないと、良質な睡眠がとれません。早寝早起きをすれば、スッキリした気分でスタートダッシュが切れます。

「サンダウンルール」「1日3分割法」で1日にメリハリをつける

**解決のコツ** 朝一番で、1日の仕事の手順を決める

　イマダ君は夜型を言い訳にしていますが、朝型に変更する決意が必要です。夜更かしはやめて、早寝早起きの1日4分割法を実践すべきです。

　1日の仕事のスタートは、仕事リスト（ToDoリスト）を作成することからです。まずは朝一番に仕事リストを作成して、やるべきことを書き出してみましょう。リストがないと、うっかり忘れのミスが起きやすくなります。

　仕事リストを作成したら、着手順を決めておくと仕事がスムーズに片づきます。会社での朝一番のメールのチェックは優先順位が高いでしょう。メールをチェックして、やるべき仕事が増えたら、仕事リストに書き加えましょう。

　午前中は頭を使う仕事と、スグに片づけられる仕事を優先します。午後はじっくり時間をかける仕事に割り当てます。また、自分の気分次第で、仕事の乗りがよさそうな順番で着手順を決めてもかまいません。

　個々の仕事に必要な時間を予測することは、タイムマネジメントで重要な考え方です。納期を厳守するためには、必要な時間の見積もり力が不可欠です。毎日見積もるうちに、見積もり精度はしだいに高まってきます。その結果、自分なりの標準時間を持つことが可能になります。

## 時間を大切にする人になろう

| 時間を大切にする人<br>（時間を何に使うかを真剣に考えている） | 時間を大切にしていない人<br>（楽しい時間が過ぎれば満足） |
|---|---|
| ● 時間は有限であることを認識している<br>● 標準時間を持っている<br>　（何をするのに何分かかるか予測できる）<br>● 遅刻しない、時間に正確<br>● 遅れるときは事前に連絡する<br>● アウトプットにつながる時間を重視する<br>● 他人の時間を自己都合で奪わない<br>● 目的がない雑談はきらい | ● 時間を気にしない、時間に流される<br>● どれだけかかるか予想もつかない<br>　（時間がどれだけかかるか予測できない）<br>● 遅刻の常習犯<br>● 遅れても平気、遅刻の自覚がない<br>● 他人の時間はタダだと思っている<br>● 他人の時間を自己都合で奪う<br>● 井戸端会議が大好き |

## 42 「仕事の足し算・引き算」で精度を上げ、納期を守る

仕事の納期が守れない、仕事の精度が低い……、こうした悩みのほとんどの原因は仕事を足し算でしていることにある。逆算をもとにした発想が大切だ。

### 仕事の足し算・引き算とは　やればやるほど仕事が減っていく状態

　仕事は、足し算と引き算どちらがいいでしょうか？　わたしは、仕事は引き算ですることをおすすめします。仕事の引き算とは、やればやるだけ確実に仕事が減っていく状態です。つまり、やるべき仕事の内容と量をモレ、ダブリなく明確にしておいて、それを1つずつクリアしていくというやり方です。

　こうして仕事を進めていけば確実に残りの仕事の数と量が減っていくのです。仕事が引き算になれば、完全に仕事を終わらせるために、あとどれくらいの時間が必要かを、ある程度予測することができます。仕事を1つずつ完了させて、残りの仕事をどんどん減らすことで、仕事が先に進んでいるという実感も味わえます。

### ポイント　仕事を足し算で行うと先が読めなくなる

　仕事のやり方を点検し、効率よく仕事を進めるコツが、仕事の引き算です。逆に、仕事が足し算になってしまうと、忙しい割に成果が見えにくくなります。**仕事が足し算になると、やればやるほど仕事が増えていきます。最初はすぐに終わるだろうとたかをくくっていたのが、その仕事をやればやるほど、やらなければいけない仕事が増えていく状態です。**

　仕事が足し算になってしまうと、先が読めなくなります。また納期を守ることもできなくなります。仕事の足し算は負けパターンです。仕事が増えたのではなく、見積もりが甘いために、多くのやるべきことが見えていなかったのです。

### アドバイス　着手する前に必要事項を洗い出し、作業時間を見積もる

　あなたの仕事の進め方は、足し算ですか？　引き算ですか？
　仕事が足し算になると、納期の保証がなくなります。

## 足し算 vs 引き算…考え方1つで納期は短縮できる

### 足し算
「面倒だな」

**「増えた仕事」を意識**
- 面倒だと思っていると、仕事がどんどんたまってくる
- 仕事がたまると整理できなくなる

### 引き算
「作業を確実に終わらせよう」

**「減った仕事」を意識**
- 仕事の手持ち在庫が減ると、1つひとつの仕事に集中できて効率アップ
- 仕事をテキパキ片づけよう

---

　ある会社では、仕事が足し算になっています。大型案件を受注しても、人材が足りないからという理由で、少人数の人員しか配置しません。しかし納期が近づくにしたがって、当初の人員では納期に間に合わせるのはムリだとわかってきます。せっぱ詰まって人員を大量投入するのですが、いきなり配置されて案件の内容を把握できていない人材が増え、大混乱を招きます。そして、結局最後はやっつけ仕事になるのです。

　最初にきちんとやるべき項目と作業量を見積もることが肝要です。この案件を完了するまでに、どのような作業が、どれくらいの時間必要なのかを明確にするのです。そうすれば、やった分だけ仕事は確実に減っていきます。最初に作業を見積もれないというのでは、プロとはいえません。

# 7章 限られた時間とお金で成果を高める［効率化フレームワーク］

## 戦略決定トレーニング　Let's try!
## 見積もった工数の倍かかる部下

**問題発生!** 何度痛い目にあっても安請け合いを繰り返す

　ハカナイ君は、新しい仕事にはいつも前向きです。商品開発プロジェクトリーダーを積極的に買って出ます。「楽勝ですよ、部長。こんなの、３ヶ月あれば十分です」と、安請け合いの典型のようなコメントです。

　本当に彼の言う通りに納品できるのならいいのですが、いつも倍の工数がかかってしまいます。ハカナイ君の口癖は、「やればやるだけ仕事が増えてくる。こんなはずじゃなかった」です。

　最近は、「話半分の男」というあだ名もつけられています。「アイツが２ヶ月と言えば、実際は４ヶ月かかる」と上司や同僚に言われる始末。彼の信頼を取り戻させる方法はあるのでしょうか？

### フレームワーク活用の手順

**❶目的と仮の納期の確認を行い、アウトプットリストを作成する**

　新しい仕事に取り組むとき、最初に取り組むべきは、目的と仮の納期の確認です。目的と納期を確認したら、その仕事が終了した時点で、何をアウトプットすればいいかを箇条書きにしてリスト化します。

**❷目的達成に必要な作業を絞り込む**

　目的達成するために必要な作業計画を作成します。アウトプットリストが明確だと、具体的な作業項目を出しやすくなります。リサーチ報告書、基本方針書、予算見積書などでアウトプットを明確にして、必要な作業を絞り込みます。

**❸場合によっては人員を補充する**

　仮の納期としたのは、目的とアウトプットの量によっては、とうてい納期が達成できないことがあるからです。「作業量＝人員×期間」と考え、適正な人員が配置されているかをチェックします。足りない場合は早めの補充を行います。

| 解決のコツ | プロジェクトマネジメントに有効な WBS を使う |

　下の図は、WBS（ワーク・ブレークダウン・ストラクチャ）という、プロジェクトマネジメントの手法です。半年〜1年にわたる大がかりなプロジェクトでは、仕事を3階層に分けて整理する必要があります。しかし、1ヶ月以内であれば2階層に分ければ十分でしょう。

　たとえば「リサーチ」に取り組むのであれば、どんな調査の内容があるのかを洗い出し、さらに具体的な調査方法を整理しておきます。

　これによって、作業のモレがないかがわかりますし、同じ作業を繰り返さなくてすみます。仕事を引き算できるため、時間を短縮できるのです。

## 仕事を引き算にするためにやるべき作業を洗い出す

| レベル1<br>着手が早い項目を<br>前に持ってくる | | レベル2<br>着手が早い項目を<br>前に持ってくる | | レベル3<br>作業が複数なので<br>手順はそれほど気にしなくていい | |
|---|---|---|---|---|---|
| 100 | リサーチ | 110 | ニーズ調査 | 111<br>112<br>113<br>114 | アンケート調査<br>ヒアリング調査<br>インターネット調査<br>ブランド力調査 |
| | | 120 | 市場調査 | 121<br>122<br>123<br>124 | 市場規模の調査<br>市場成長率の予測<br>シェア調査<br>販売チャネル分析 |
| | | 130 | 技術調査 | 131<br>132<br>133<br>134<br>135<br>136<br>137<br>138<br>139 | コミュニケーション技術調査<br>自動制御技術調査<br>情報システム技術調査<br>先端技術調査<br>特許技術調査<br>他社技術調査<br>アライアンス候補の調査<br>適用可能技術の選択<br>適用可能技術の追加調査 |
| | | 140 | 自社調査 | 141<br>142<br>143<br>144<br>145<br>146 | コア技術の調査<br>自社特許の棚卸し<br>経営資源の分析<br>生産ライン調査<br>社内アイデアの募集<br>自社有望技術調査 |

# 43 「価値工学（VE）」でコストダウンの正否を検討する

価値工学（Value Engineering）は、企業が提供する製品やサービスの価値を高めるために、機能とコストの二者択一を考える手法だ。

## VEとは 機能とコストのバランスで製品・サービスの価値を高める

価値工学（VE）は、価値（Value）、機能（Function）とコスト（Cost）のトレードオフ（二者択一）の関係で価値を高める手法です。ここでいう「価値」とは、簡単にいうと顧客に満足を与えるものを意味します。

**企業が苦境に立たされたとき、安易にコストダウンを図って解決を図ろうとする傾向がありますが、コストダウンを検討するにあたっては、本当に自社の製品やサービスの価値向上につながるかをチェックする必要があります。**

価値を高めるには、コストと機能のバランスを考慮しなければならないのです。

## ポイント コストダウンと製品改良に役立つVE

価値工学（VE）は、バランスのよいコストダウンと製品改良の実現に役立ちます。そのため、メーカーを中心にして進化してきた歴史があります。

VEは、価値（V）＝機能（F）／コスト（C）の計算式で価値を高めます。**機能を高めるだけが、価値を高める手段ではありません。機能を下げても、それ以上にコストを下げれば、価値は相対的に上がります。**機能アップだけとか、コストダウンだけの一方だけに偏りすぎると、価値向上の限界がすぐに来ます。V＝F／Cのバランスで価値を高める工夫が大切です。

## アドバイス 「機能が先、手段は後」が発想のセオリー

機能と手段を区別して考えることが改善アイデアを生む基本です。

わたしたちは手段に目を奪われて、本質的な機能を忘れがちです。たとえば鉛筆をナイフで削る手段を改善するために、いろいろな鉛筆削り機が開発されました。しかしシャープペンシルは、削るという手段そのものを排除することで便利さを飛躍的に高めました。

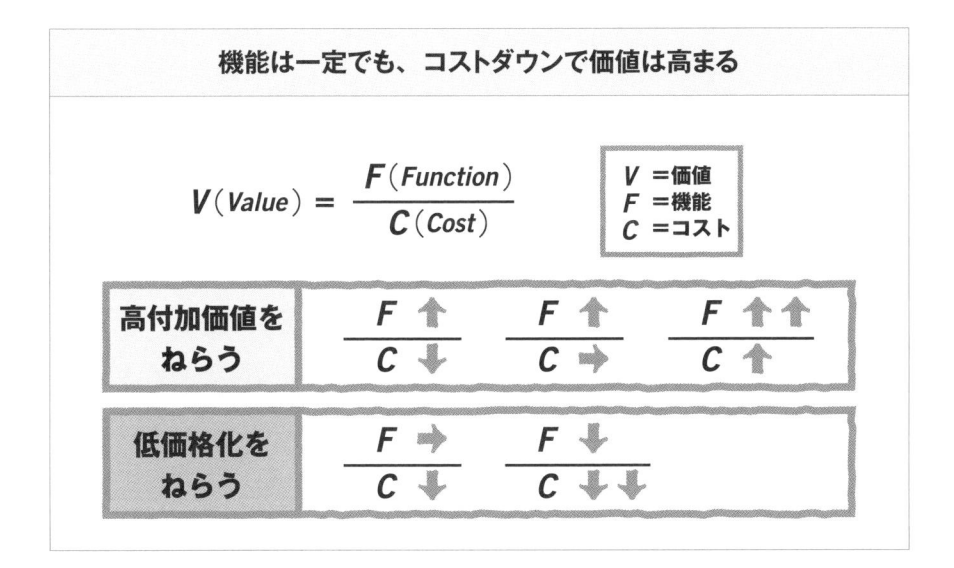

## 機能は一定でも、コストダウンで価値は高まる

$$V(Value) = \frac{F(Function)}{C(Cost)}$$

V = 価値
F = 機能
C = コスト

| 高付加価値を<br>ねらう | $\dfrac{F \uparrow}{C \downarrow}$ | $\dfrac{F \uparrow}{C \rightarrow}$ | $\dfrac{F \uparrow\uparrow}{C \uparrow}$ |
|---|---|---|---|
| 低価格化を<br>ねらう | $\dfrac{F \rightarrow}{C \downarrow}$ | $\dfrac{F \downarrow}{C \downarrow\downarrow}$ | |

　ふとん乾燥機も機能に着目した発明品です。「なぜ干すのか」→「水分を除去するため」と機能に目を向ければ、製品を改善するための手段は大きく広がります。温風を送って水分を除去するふとん乾燥機は、爆発的なヒット商品となりました。
　**「機能が先、手段は後」が発想のセオリー**となります。手段の選択は、V＝F／Cのバランスを考えつつ、機能を満たすために最適なものにします。
　このVEは、機能に着目して、設計・開発段階にさかのぼって機能改善を行う手法です。VEは、機能（Function）をコスト（Cost）で割り算したものを価値（Value）をとして計算式で定義します（図参照）。
　分子に機能、分母にコストを置いて、価値を高めることを考えます。機能が一定でもコストダウンすれば価値は高まります。一方、機能を高めれば、コストが一定でも価値は高くなります。またコストアップしても、それを大幅に上回る機能を実現できれば価値は高まります。コストダウンばかりでなく、飛躍的に機能を高める発想も大切です。

7章　限られた時間とお金で成果を高める [効率化フレームワーク]

戦略決定トレーニング　　　　　　　Let's try!
## コスト削減した結果、売上が半分以下に

**問題発生!**　安い商品を実現したのにぜんぜん売れない

「安くないと売れません」が、ヤスイ電気の営業担当者の口癖です。生産部門に対する営業不振の言い訳は、「もっと安くしないから売れない」です。

　生産部門としても、コスト削減は行っています。あまりに営業がうるさいので、半年前に製品の設計から、パソコンの大幅なコスト削減を実現しました。なんと従来の30％もコスト削減を達成したのです。

「これで売れなかったら、営業の責任だぞ」と、工場長は強気です。責められる立場から、やっと責める立場になったので内心いい気分です。

　ところが、販売は伸びるどころか激減してしまいました。単価を下げたうえに、販売数量も激減したので、売上は半分以下になってしまったのです。パソコンの起動時間があまりにも遅いと不評で、売上が激減したのです。彼らはどこで選択を間違えたんでしょうか？

**フレームワーク活用の手順**

❶ その商品にはどんな価値が必要か
　V＝F／Cのバランスを考えます。高付加価値で高くても売れる商品をめざす考え方と、安く売っても儲かる商品をめざす考え方があります。商品によって、使い分けが必要です。

❷ 機能を高めて、価値を高める
　高くても売れる商品をめざす考え方の場合は、F（機能）を高めてV（価値）を高めます。C（コスト）は可能な限り下げますが、Fを究極にまで高める場合は、販売価格の上昇分で回収できる範囲内にCの上昇分をおさめます。

❸ コストを抑えて、価値を高める
　F（機能）を現状維持または下げても、それ以上にC（コスト）が下がれば、相対的にV（価値）が高まります。Cを下げた以上にFが低下すると、今回のヤス

イ電気のようにＶが下がります。なお、ヤスイ電気のこれまでの企業イメージを考えると、安く売っても儲かる商品を中核にすべきでしょう。

> **解決のコツ** 安さを考える前に価値を高めることに注目する

　安さを追求するあまり、顧客から見た価値が下がりすぎては困ります。多くのメーカーの営業担当者は、口癖のように「安くないと売れない」「安くしないから売れない」と、工場側に言い訳をします。

　たしかに顧客は価格に敏感ですが、高いか安いかは、顧客から見た価値で総合的に判断すべきでしょう。

　Ｖ＝Ｆ／Ｃのバランスは、設計段階からすでにはじまっています。設計段階でＶ＝Ｆ／Ｃのバランスをどう決めるかが、商品戦略なのです。安い商品を作ることにこだわらず、Ｖ＝Ｆ／Ｃをもとに、コストの安さを実現しつつも、主眼は価値の高い商品を生み出すことに置くべきです。

　高付加価値で高くても売れる商品をめざす考え方と、安く売っても儲かる商品をめざす考え方のどちらを選択するかは、それまで培ってきた企業イメージがものを言います。ヤスイ電機の場合は安さが魅力のメーカーですが、今回はあまりにも安さばかりを考え、機能を無視してしまったために価値の低下につながってしまいました。次の商品は、コストを抑えつつも、それに見合う機能を追求するべきでしょう。

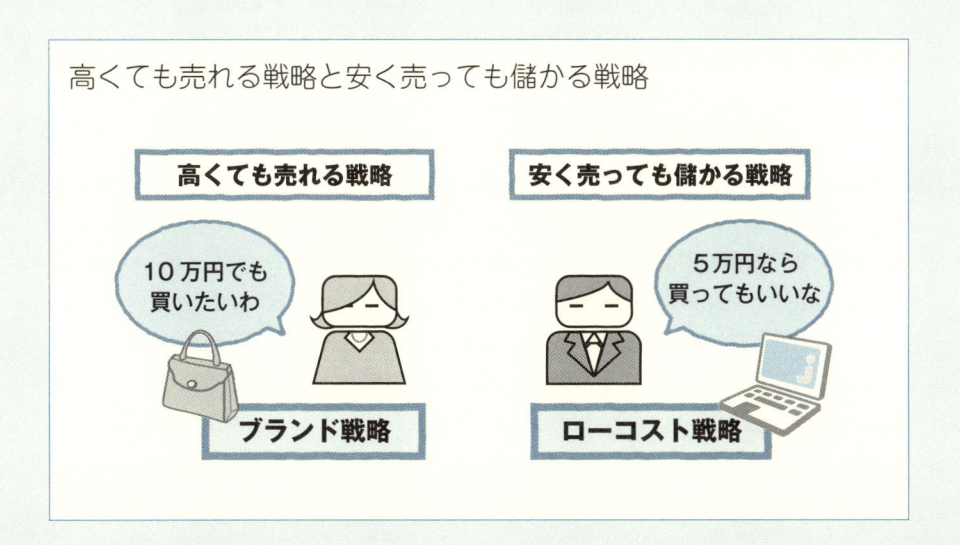

---

**高くても売れる戦略と安く売っても儲かる戦略**

高くても売れる戦略　　　　　安く売っても儲かる戦略

「10万円でも買いたいわ」　　　「5万円なら買ってもいいな」

ブランド戦略　　　　　　　　ローコスト戦略

## 44 「坪単価売上」と「客単価売上」で繁盛店をプロデュース

坪単価売上と客単価売上は、商売繁盛の指標だ。客単価売上と坪単価売上を上げることは、店舗の経営を改善する有効な戦略となるのだ。

### 坪単価売上、客単価売上とは　お店の売上増減のカギとなる、商売の効率指標

　坪単価売上と客単価売上は、商売の効率指標です。どれだけ効率的に収益を上げているかを測るモノサシということです。

　坪単価売上とは、お店の1坪あたりの月間売上高です。たとえば、50坪のコンビニで、30日間の売上が1800万円（1日60万円）の場合、1800万円÷50坪＝36万円／坪と計算します。

　客単価売上は、月間売上高÷月間客数です。月間2万人の来店数があれば、1800万円÷2万人＝900円／人になります。もし客単価が100円アップできれば、月間200万円の売上増になります。

### ポイント　データを分析して改善に結びつける

　まずは、坪単価売上、客単価売上の目標値を決定して、品揃えなどの改善につなげます。月間で集計する前に、日々の坪単価売上、客単価売上を把握して、こまめに改善をしていく方がいいでしょう。

　日々のデータを把握することで、曜日別、時間帯別などの傾向がつかめます。たとえば、平日と休日では、まったく異なる傾向が見られるかもしれません。また、午前、午後、深夜の顧客動向も把握できます。この動向をもとに品揃えなどを改善していくというわけです。

　商品1点ごとの販売情報を記録するPOS（販売時点）データを集計することで、さまざまな販売分析もできます。ただし、**POSデータは、現時点ではすべて過去のデータです。大切なのは、これから坪単価売上、客単価売上をどう伸ばしていくかに頭を使うことなのです。** POSデータはそのための材料でしかありません。

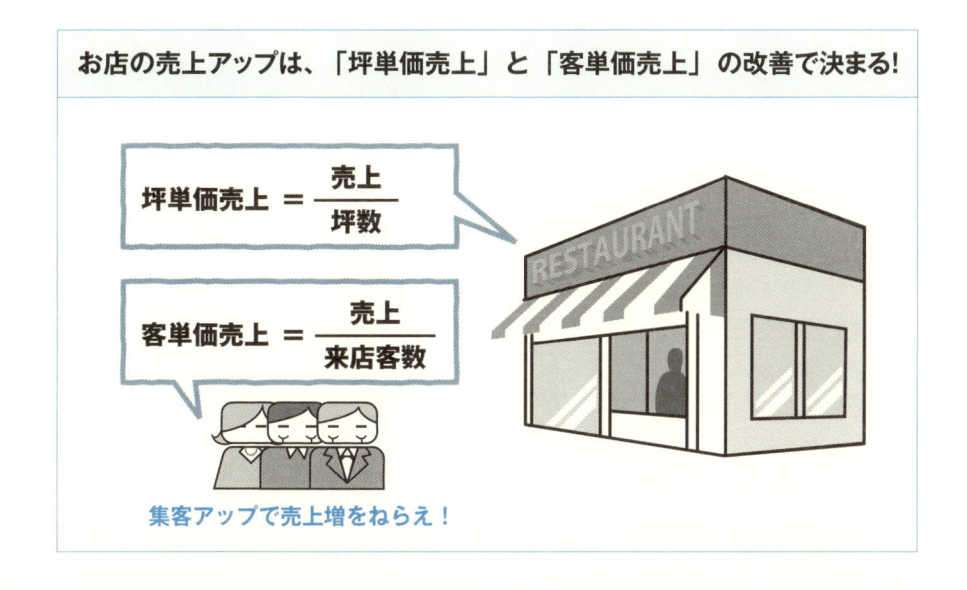

「坪単価売上」と「客単価売上」で繁盛店をプロデュース | 44

**お店の売上アップは、「坪単価売上」と「客単価売上」の改善で決まる！**

$$坪単価売上 = \frac{売上}{坪数}$$

$$客単価売上 = \frac{売上}{来店客数}$$

集客アップで売上増をねらえ！

### アドバイス 坪単価売上、客単価売上、両方の向上をめざせ

　店舗の販売面積は限られた経営資源といえます。販売面積を簡単に増やすことはできません。だから、**「坪単価売上」**が重要なのです。坪単価売上が増えれば、お店の月間売上高も上がります。

　坪単価売上を上げるためには、どのような工夫が必要なのでしょうか？
　1つめは、通路を除いた陳列スペースをいかに確保するかが重要です。
　2つめは、陳列の密度を高めることです。
　3つめは、魅力ある品揃えで、購買意欲をそそることです。

　もう1つの効率指標として、**「客単価売上」**があります。来店客数を簡単に増やすことが難しい場合、1人当たりの売上高を上げるのが効果的です。そのため、単価が高い商品の品揃えや、ついで買いへの誘導にも力を入れます。たとえば、レジ前にガムなどの小物を置いているのは、ついで買いをねらったものです。

　**売上＝客単価売上×来店客数です。売上を上げるためには、来店客数を増やす努力も必要です。**

　割引キャンペーンやイベントを行うことで、来店客数アップをめざすことも有効です。また、コンビニがATM（現金自動受払機）を設置するのも、来店客数アップをねらった仕掛けです。

**7章** 限られた時間とお金で成果を高める［効率化フレームワーク］

戦略決定トレーニング　　　　　　　　　　*Let's try!*
# 来客数は増えたのに売上が減ったスーパー

> **問題発生！**　品揃えと陳列を工夫したのが裏目に出た

　ヤスイスーパーは、品揃えと陳列方法を大きく変更しました。品揃えは、デフレ経済を反映させて、安い商品を増やしました。たとえば、ビールよりも雑穀酒の品揃えを充実させました。陳列は、詰め込み型の陳列方法をやめ、商品をさがしやすいように、ゆとりのある陳列配置に変えました。

　新装開店というふれこみもあり、客数は今までより10％アップしました。しかし、1ヶ月経って大問題が発覚しました。客数は増えているにもかかわらず、売上が5％も減っているのです。客数が減っているなら理解できますが、客数が増えたのに売上が減少するとは考えてもみなかった事態です。この危機を乗り越えるための改善策はあるでしょうか？

> **フレームワーク活用の手順**

### ❶ 坪単価売上、客単価売上が把握できる仕組みを構築する

　店舗の売上をアップさせるには、坪単価売上、客単価売上の指標が把握できる仕組みの構築が前提となります。近年の小売業は、POSデータのデータベースが高度化しており、過去データの集計が容易にできます。

### ❷ 坪単価売上をアップさせる施策を考える

　坪単価売上をアップさせるにはどうしたらよいのでしょうか。陳列スペースを容易に増やすことができないので、棚割（どこの棚に何を陳列するか）がカギとなります。また、スナック菓子のように、体積が大きい割に安い商品は、省スペースの陳列の工夫が必要です。「陳列効率＝単価÷体積」と考えましょう。

### ❸ 客単価売上をアップさせる施策を考える

　坪単価売上を高める一方で、客単価売上をアップさせる施策を考えます。レジ前にガムや小物を置き、レジ近くの棚の隅に新製品を陳列するなどの工夫で、衝動買いを狙います。

## 「坪単価売上」と「客単価売上」で繁盛店をプロデュース

**解決のコツ** 坪単価売上、客単価売上の両方の視点でチェック

　コンビニでは、坪単価売上を上げるために、必需品は１品種１メーカーを基本にしています。たとえば、単１乾電池は、１つのメーカーの１種類があれば十分という考え方です。

　一方、嗜好品の品揃えはある程度、力を入れています。たとえば、チョコレート類、クッキー類などは、さまざまなメーカーの商品を幅広く揃え、選ぶ喜びを提供しています。

　新製品が出たときは、最上段の棚に１週間、２週間めは上から２段めの棚というように、だんだん下に向かって置かれます。４週間めまで目立った動きがなければ、棚から消えていく運命の商品が多数あります。

　客単価売上の視点としては、衝動買いの製品を増やすこと、単価が高く省スペースの商品を置くことが挙げられます。

　たとえばコンビニの客単価を増やすための戦略に、スイーツ戦争があります。コンビニ各社は、シュークリームやケーキなど、おいしいスイーツを競って開発しています。「このスイーツもおいしそうだから買おう」と顧客に衝動買いをしてもらうことで、客単価を増やすきっかけを生み出しているのです。

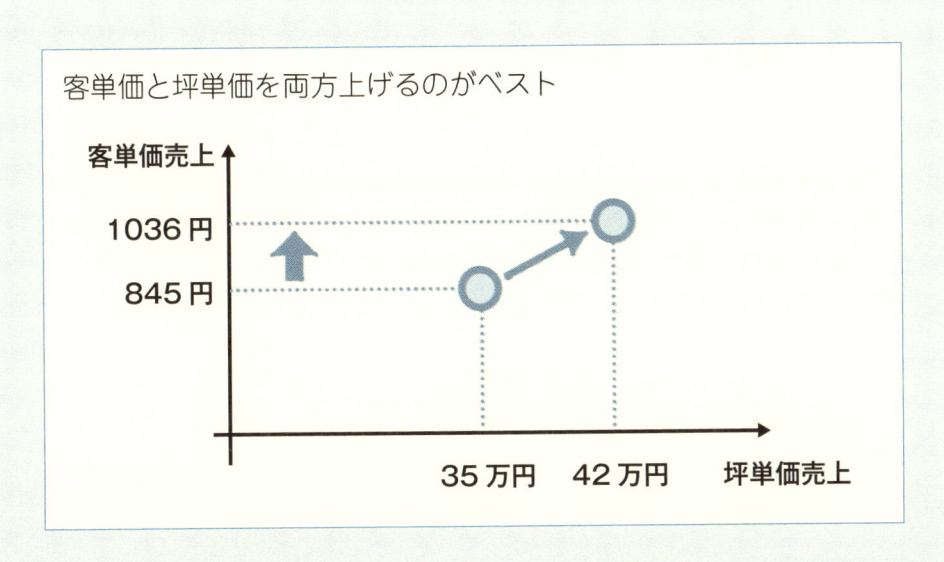

### 客単価と坪単価を両方上げるのがベスト

客単価売上：1036円、845円
坪単価売上：35万円、42万円

7章　限られた時間とお金で成果を高める [効率化フレームワーク]

## 45 「交差比率」をもとに回転率アップ、在庫ゼロを目指す！

在庫の儲けの度合いを知るための指標が交差比率だ。在庫が少なく利率も高ければ交差比率も高まるため、優良商品を一目瞭然にできるのだ。

### 交差比率とは　商品が儲かっているかをチェックする指標

　交差比率とは、商品回転率×粗利益率で、在庫の儲けの度合いを知るための指標です。粗利益率とは、企業の売上高に対して、粗利益（売上高から製造原価などの費用を引いた利益のこと）の占める割合をいいます。商品回転率は、商品が効率的に動いて売上につながっているかどうかを見る指標です。これは、一定期間の売上高を一定期間の平均在庫高で割ることで求めます。

　**交差比率が高いということは、在庫が少なく利益も高い商品であるということ**になります。つまり、よく儲かっている商品であるということです。交差比率をチェックすれば、どの商品が売上に貢献しているかが一目瞭然です。儲かっていない商品については、生産をやめたりするなどの改善策をとる必要があるのです。

### ポイント　モノの経営効率を把握して向上させよう

　交差比率を高めるには、商品回転率、粗利益率のいずれか、あるいは両方を高める必要があります。商品回転率が高いということは、少ない在庫で運用できているか、販売量が多いので回転数が高くなっているという意味です。

　**商品回転率を高めることで、少ない在庫金額でより多くの売上を確保できます。また在庫金額が少なければ、投資資金も少額ですむので、経営効率も高まります。**

　商品回転率は、1年間に在庫が何回転するかで算出します。アパレル業界では、流行や季節ものの衣類の移り変わりが速いため、売れない在庫を抱えやすくなります。そのため、流行や季節遅れの商品を特売して在庫を減らそうとします。売れない在庫を抱えていては、資金繰りが苦しくなるからです。

### アドバイス　「在庫を減らし、売上をアップ」が儲けの王道

　交差比率は、商品が効率よく利益を生み出しているかを測る指標です。交差比

## 交差比率で「儲かる業界」が見えてくる

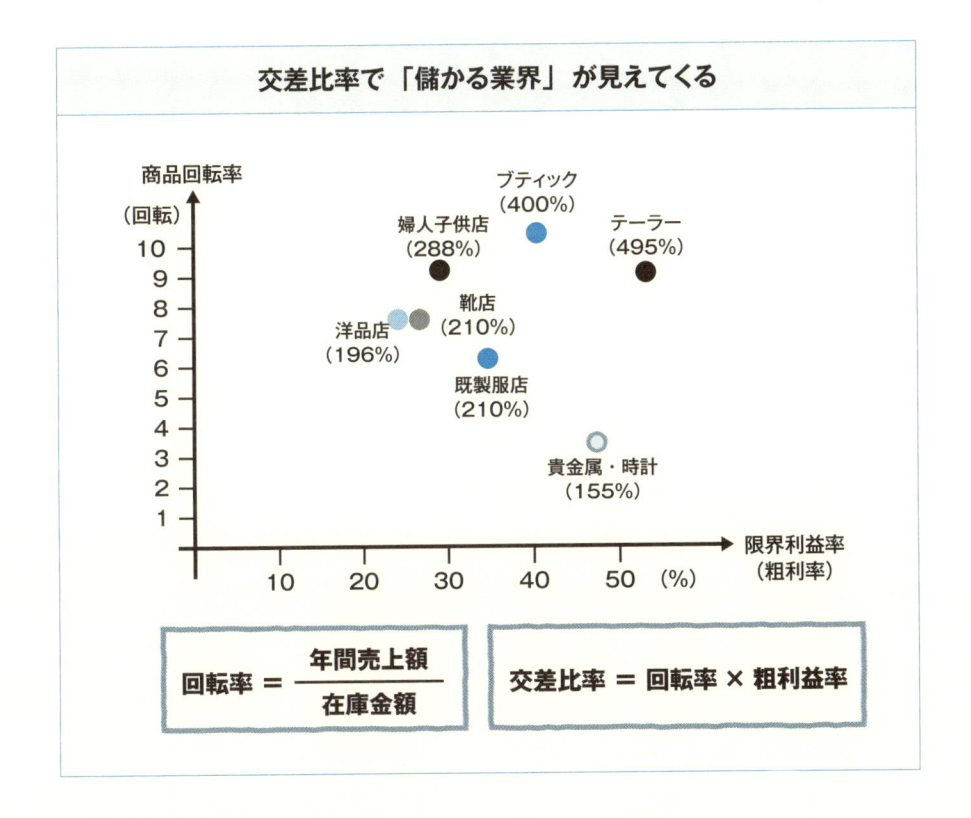

商品回転率（回転）軸（縦軸）と限界利益率（粗利率）（%）軸（横軸）のグラフ：
- ブティック (400%)：粗利率約40%、回転率約10
- テーラー (495%)：粗利率約50%、回転率約9
- 婦人子供店 (288%)：粗利率約28%、回転率約9
- 洋品店 (196%)：粗利率約25%、回転率約7.5
- 靴店 (210%)：粗利率約30%、回転率約7.5
- 既製服店 (210%)：粗利率約35%、回転率約6
- 貴金属・時計 (155%)：粗利率約47%、回転率約3.3

$$回転率 = \frac{年間売上額}{在庫金額}$$

$$交差比率 = 回転率 \times 粗利益率$$

率が高い商品ほど、利益貢献度が高く、効率よく利益を生み出しているということになります。

ちなみに、業界ごとの交差比率のデータを見てみると、テーラーやブティックといった業界は交差比率が高いことがわかります。テーラーでは粗利益率が50％以上、商品回転率が約9回転で、交差比率は495％です。ブティックでは粗利益率が約40％、商品回転率が約10回転で、交差比率は400％です。貴金属・時計店は、粗利益率が47％と高いものの、回転率が3.3回転で、交差比率は155％となっています。

この交差比率を上げるには、まず少ない在庫で多くの売上を上げる必要があるため、在庫の量を適正にコントロールしなければなりません。また、利益率を上げるために、価値のある商品を生産する必要もあるでしょう。

**効率的に儲けるためには、交差比率をもとに商品のラインナップを検討し、利益に貢献する商品で勝負することが求められているのです。**

## 7章 限られた時間とお金で成果を高める[効率化フレームワーク]

### 戦略決定トレーニング　　　　　　　　　　Let's try!
# 大量在庫を抱え、苦しい経営の洋品店

**問題発生!** 流行サイクルの速まりで、売れない在庫がたまる一方

　シズカ洋品店は、少し前まで若者向けのカジュアルで人気でした。安売りと大量陳列が功を奏したようです。

　シズカ洋品店の販売スタイルは、大量の商品を陳列するというもの。サイズやカラーも豊富に揃えます。しかし、若者向けのカジュアルは、流行で売上が大きく変動します。最近では流行が変わるサイクルが速まり、大量の在庫が流行遅れになることも日常茶飯事です。

　流行遅れの商品は、半額以下で販売しますが、なかなか売れません。流行遅れの上に、季節外れの在庫がたまるとダブルパンチです。一時期は好調だったシズカ洋品店も最近では苦しい経営に追い込まれています。改善策はあるでしょうか？

**フレームワーク活用の手順**

**❶目標の数値を設定する**

　交差比率（商品回転率×粗利益率）の経営目標を設定します。シズカ洋品店はブティックなので、比率を業界平均である400％以上に設定します。思いきってテーラーの500％の交差比率を目標にするという選択もあります。

**❷商品回転率を高める施策を考える**

　交差比率500％として、粗利益率12回転（1回転／月）を目標としましょう。粗利益率の目標を約42％（500％÷12回転）以上にする必要があります。そのためには、商品回転率を高める施策を考えなければいけません。

**❸粗利益率を高める施策を考える**

　粗利益率を高める施策も必要です。粗利益率の目標42％は、季節外れの商品の安売り、売れ残りの廃棄分も含めた平均粗利益率です。シーズン中にできるだけ値下げしないで売り抜ける施策が必要です。売れる品揃えが重要です。

「交差比率」をもとに回転率アップ、在庫ゼロを目指す！

**解決のコツ** **商品を絞って在庫を減らす**

　シズカ洋品店の現在の商品回転率は10回転、粗利益率は35％です。交差比率は、350％（35％×10回転）と、業界平均の400％を大きく下回っているので抜本的な対策が必要です。

　商品回転率を10回転から12回転にするには、大量陳列を限定商品に絞るなどの施策で、在庫金額をある程度、絞り込む必要がありそうです。

　一方、粗利益率を35％から42％に高めるには、ディスカウントせずに販売できるシーズン中の販売量を増やす必要があります。

　また、高粗利商品を増やしてもいいでしょう。売れ残りを減らすためには、流行に対応した品揃えに加え、売れ残る確率が高い大きいサイズの商品を減らす必要があります。

　シズカ洋品店は、大きいサイズの品揃えを大幅に減らす選択をしました。大きいサイズについては、2件となりのＬＬ洋品店と提携することにしたのです。シズカ洋品店に大きいサイズがない場合は、ＬＬ洋品店にお客様を紹介しています。ＬＬ洋品店とシズカ洋品店は、お客様を紹介し合うことで、Ｗｉｎ－Ｗｉｎの関係（お互いがメリットのある関係）を構築しました。

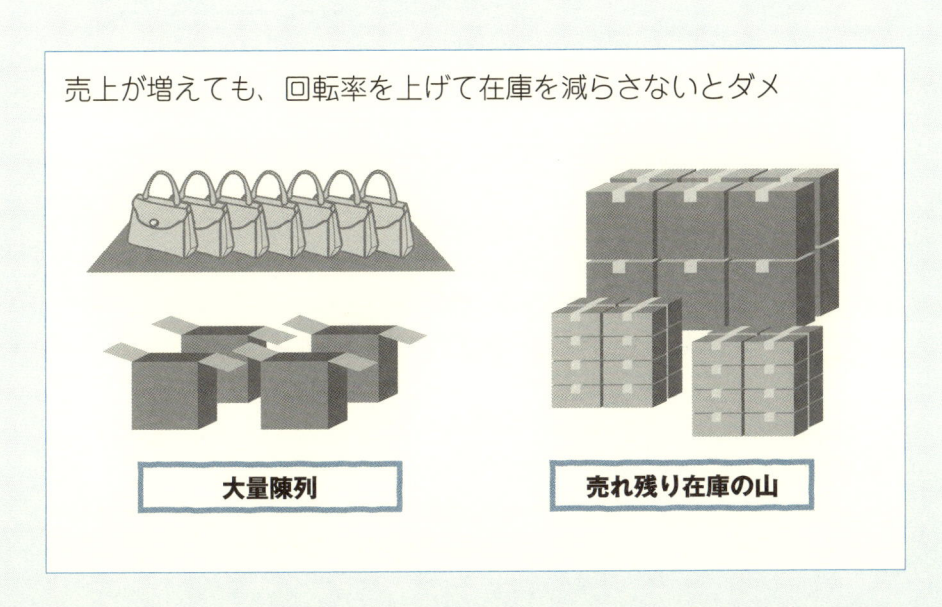

売上が増えても、回転率を上げて在庫を減らさないとダメ

大量陳列

売れ残り在庫の山

決断の速い人が使っている

# 戦略決定フレームワーク 45

本書で紹介したフレームワーク全45の図解を一覧表示します。
コピーしてノートや手帳に貼り付けるなど、ご活用ください。

## 撤退←→新規

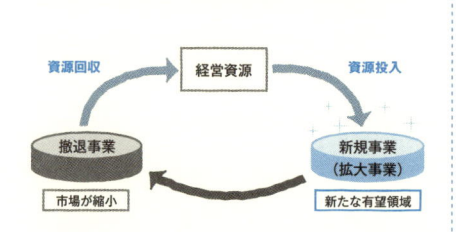

- 資源回収
- 経営資源
- 資源投入
- 撤退事業（市場が縮小）
- 新規事業（拡大事業）
- 新たな有望領域

## 選択―差別化―集中（3S）

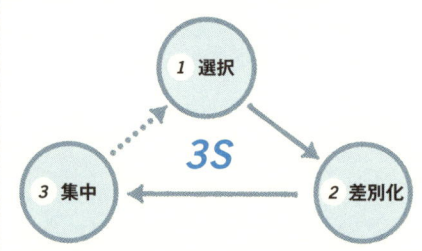

1. 選択
2. 差別化
3. 集中

## ドメイン

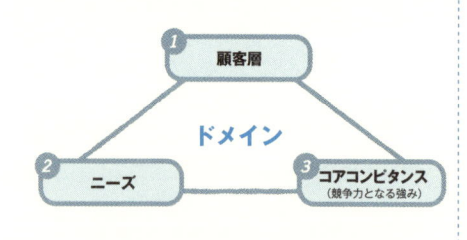

1. 顧客層
2. ニーズ
3. コアコンピタンス（競争力となる強み）

## ヒト・モノ・カネ・情報

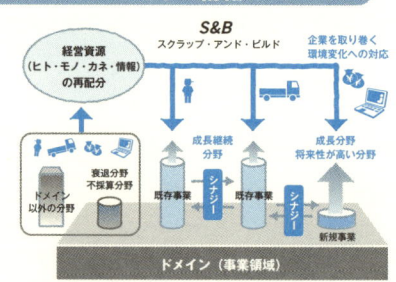

- 経営資源（ヒト・モノ・カネ・情報）の再配分
- S&B スクラップ・アンド・ビルド
- 企業を取り巻く環境変化への対応
- ドメイン以外の分野
- 衰退分野／不採算分野
- 成長継続分野
- 成長分野
- 将来性が高い分野
- 既存事業
- シナジー
- 新規事業
- ドメイン（事業領域）

## ポーターの3つの基本戦略

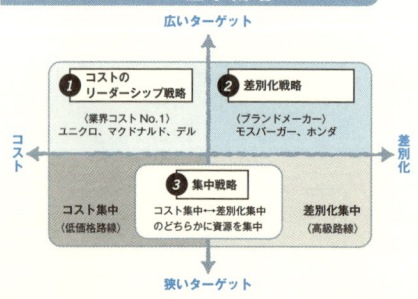

広いターゲット／狭いターゲット／コスト／差別化

1. コストのリーダーシップ戦略（業界コストNo.1）ユニクロ、マクドナルド、デル
2. 差別化戦略（ブランドメーカー）モスバーガー、ホンダ
3. 集中戦略 コスト集中↔差別化集中のどちらかに資源を集中

- コスト集中（低価格路線）
- 差別化集中（高級路線）

## ポーターの7つの参入障壁

1. 規模の経済
2. 製品差別化
3. 巨額の投資
4. 仕入先を変更するコスト
5. 流通チャネルの確保
6. 規模とは無関係なコスト面の不利
7. 政府の政策

## ブルー・オーシャン

レッド・オーシャン ✕ → ブルー・オーシャン ◯

- 競争による血の海（市場）
- 過当競争、勝者がいない戦い

- 競争がない海（市場）
- 競合がいない市場を開拓

## アクションマトリックス

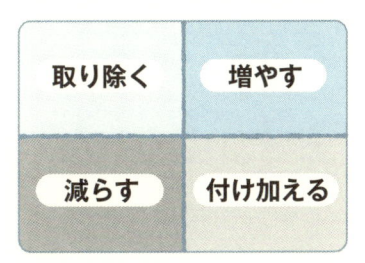

| 取り除く | 増やす |
|---|---|
| 減らす | 付け加える |

## PPM

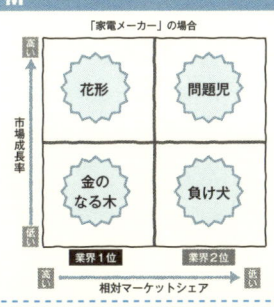

「家電メーカー」の場合

縦軸：市場成長率（低い←→高い）
横軸：相対マーケットシェア（高い←→低い）

| 花形 | 問題児 |
|---|---|
| 金のなる木 | 負け犬 |

業界1位　　業界2位

## GEの9次元PPM

縦軸：業界の魅力度（小・中・大）
横軸：自社の強さ（小・中・大）

| | 小 | 中 | 大 |
|---|---|---|---|
| 大 | 選択成長投資 | 成長投資 | 優位死守 |
| 中 | 選択衰退 | 現状即応 | 利益最大 |
| 小 | 損失最小撤退 | 選択的収穫 | 利益最大コスト最小 |

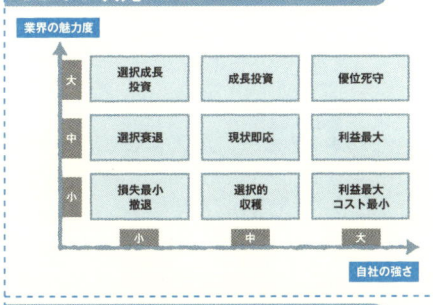

## イノベーションの7つの機会

**産業の外部にある機会**
- 人口構造の変化（総数、年齢構成、職業分布など）
- 認識の変化（受け止め方）
- 新しい知識の獲得（技術、情報ネットワーク）

**産業の内部にある機会**
- 予期せぬこと（予期せぬ成功と失敗）
- ギャップの存在（技術上、業績上、認識）
- ニーズの存在（ニーズを明らかにする）
- 産業の構造変化（技術、ベンチャー、アウトソーシング）

## マーケティングのR—STP—MM

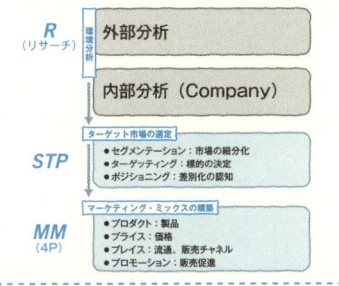

**R（リサーチ）** 環境分析
- 外部分析
- 内部分析（Company）

**STP** ターゲット市場の選定
- セグメンテーション：市場の細分化
- ターゲティング：標的の決定
- ポジショニング：差別化の認知

**MM（4P）** マーケティング・ミックスの構築
- プロダクト：製品
- プライス：価格
- プレイス：流通、販売チャネル
- プロモーション：販売促進

## 市場の3つの価値観

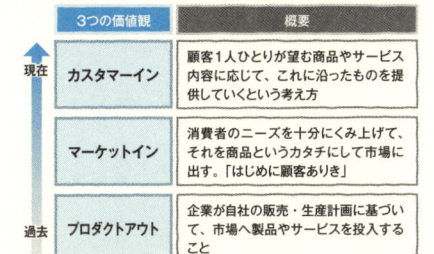

過去←→現在

| 3つの価値観 | 概要 |
|---|---|
| カスタマーイン | 顧客1人ひとりが望む商品やサービス内容に応じて、これに沿ったものを提供していくという考え方 |
| マーケットイン | 消費者のニーズを十分にくみ上げて、それを商品というカタチにして市場に出す。「はじめに顧客ありき」 |
| プロダクトアウト | 企業が自社の販売・生産計画に基づいて、市場へ製品やサービスを投入すること |

## 「弱者の戦略」と「強者の戦略」

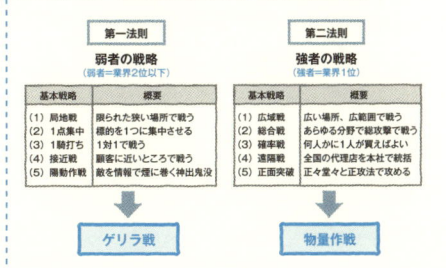

**第一法則　弱者の戦略（弱者＝業界2位以下）**

| 基本戦略 | 概要 |
|---|---|
| (1) 局地戦 | 限られた狭い場所で戦う |
| (2) 1点集中 | 標的を1つに集中させる |
| (3) 1騎打ち | 1対1で戦う |
| (4) 接近戦 | 顧客に近いところで戦う |
| (5) 陽動作戦 | 敵を情報に巻いて煙に神出鬼没 |

→ ゲリラ戦

**第二法則　強者の戦略（強者＝業界1位）**

| 基本戦略 | 概要 |
|---|---|
| (1) 広域戦 | 広い場所、広範囲で戦う |
| (2) 総合戦 | あらゆる分野で縦攻撃で戦う |
| (3) 確率戦 | 何人かに1人が買えばよい |
| (4) 遠隔戦 | 全国の代理店を本社で統括 |
| (5) 正面突破 | 正々堂々と正攻法で攻める |

→ 物量作戦

219

## ナンバーワン戦略

- 商品ナンバーワン戦略
- 地域ナンバーワン戦略
- 顧客ナンバーワン戦略

## グー・パー・チョキ理論

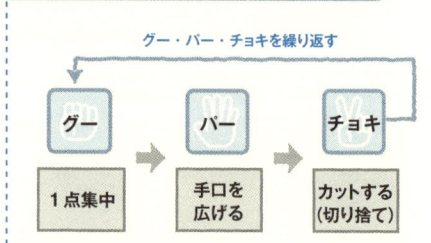

グー・パー・チョキを繰り返す

グー(1点集中) → パー(手口を広げる) → チョキ(カットする(切り捨て))

## シェアの法則

| シェア | シェア区分 |
|---|---|
| 73.9 % | 独占市場シェア |
| 41.7 % | 相対的安定シェア |
| 26.1 % | 市場影響シェア |
| 19.3 % | 並列的上位シェア |
| 10.9 % | 市場認知シェア |
| 6.8 % | 市場存在シェア |
| 2.8 % | ……… |

## 小が大に勝つ3つの戦法

| | 戦法 |
|---|---|
| 局所優位主義 | 勝負の要に兵力を集中させる |
| 少数精鋭 | 結束力、機動力、闘争心などの「質」を充実させることで、大兵の「量」を超えることができる |
| 奇襲戦法 | 敵の不意を突く<br>陽動作戦（情報などで敵を攪乱） |

## 小組織の5つの利点

小組織の利点
1. 命令の徹底
2. 機動力
3. 一体感
4. 造反が少ない
5. 少数精鋭の力

## 組織敗北6つの状態

| 敗け方 | 解説 |
|---|---|
| 走（そう） | 1の力で10の敵と戦わせる |
| 弛（ち） | 幹部が弱く、部下が強いとき |
| 陥（かん） | 幹部が強く、部下が弱いとき |
| 崩（ほう） | 最高責任者と幹部が対立するとき |
| 乱（らん） | 最高責任者が優柔不断なとき |
| 北（ほく） | 最高責任者が場当たり的に判断するとき |

## 逆転の発想

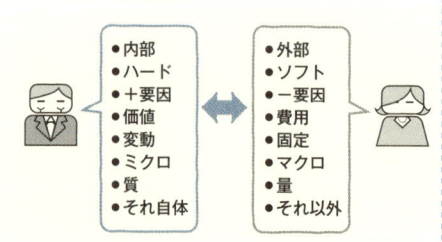

内部 ⇔ 外部
- 内部／外部
- ハード／ソフト
- ＋要因／ー要因
- 価値／費用
- 変動／固定
- ミクロ／マクロ
- 質／量
- それ自体／それ以外

## 有から新しい有

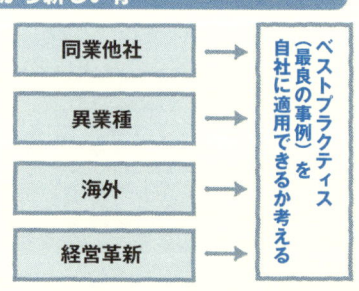

- 同業他社 →
- 異業種 →
- 海外 →
- 経営革新 →

ベストプラクティス（最良の事例）を自社に適用できるか考える

## MUST／WANT

| MUST（マスト） | WANT（ウオント） | |
|---|---|---|
| どうしても やらねばならないこと | High WANT | ・重要度が高い<br>・かなりやった方がよい<br>・完成度を高める |
| ・時間を優先的に確保するためにスケジュール表に書き込む<br>・責任感を持って達成する<br>・信用を失墜させないようきちんと約束を果たす | Middle WANT | ・重要度は普通<br>・やらなくてすめばラッキー<br>・完成度は普通を目指す |
| | Low WANT | ・重要度が低い<br>・やらなくていいことが多い<br>・完成度へのコダワリを捨てる |

## パレートの法則・みこし担ぎの法則

**パレートの法則**
上位20%が、全体の売上の80%を占める
ロングテール
20／80の法則

**みこし担ぎの法則**
Aランク 上位20%
Bランク 中間60%
Cランク 下位20%
ABC管理

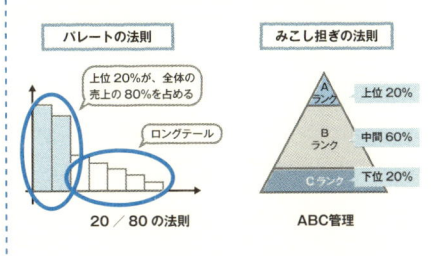

## 左脳モード⇔右脳モード

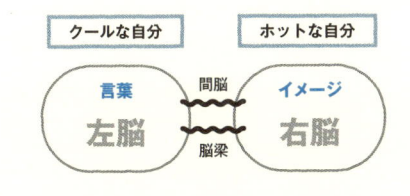

クールな自分　　ホットな自分
言葉　　　　　　イメージ
左脳　間脳／脳梁　右脳

## 帰納法と演繹法

調査が先
A事業から撤退すべきだ
帰納法
① A事業は20億の赤字を出した
② これ以上の赤字は放置できない

調査が後
もっと安いメニューを作れば売れる
演繹法
② 280円の牛丼が売れている
① デフレ経済では安いものが売れる

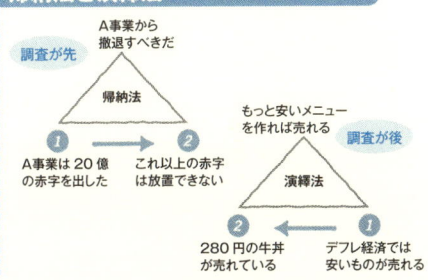

## 基準と実際のギャップ

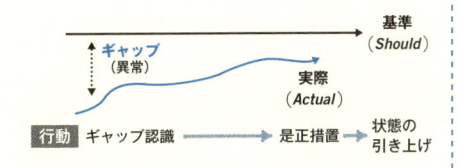

ギャップ（異常）
基準（Should）
実際（Actual）
行動　ギャップ認識 → 是正措置　状態の引き上げ

## ダラリの法則

**ムダ**
・歩くムダ
・運ぶムダ
・やり直しのムダ
・調整のムダ
・監視のムダ
・待つムダ
・探すムダ
・チェックのムダ
・在庫のムダ
・作りすぎのムダ
・複雑さのムダ
・手間をかけるムダ

**ムリ**
・ムリな計画を立てる
・ムリな納期を引き受ける
・残業が慢性化する（体のムリ）
・ムリな値下げをする
・ムリに担当を押しつける
・力のいる仕事
・不自然な姿勢
・注意のいる仕事

**ムラ**
・仕事のやり方のムラ（標準化ができていない）
・忙しさのムラ（特定の人や職場に仕事が集中）
・気分のムラ（上司の気分で判断基準が変わる）
・成果のムラ（仕事の仕上がり品質にムラがある）

## フォーマル／インフォーマル

フォーマル組織（公式的な組織）

インフォーマル組織（非公式的な組織）

## ホウレンソウ

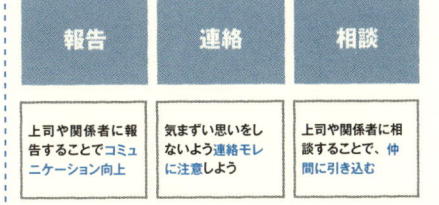

| 報告 | 連絡 | 相談 |
|---|---|---|
| 上司や関係者に報告することでコミュニケーション向上 | 気まずい思いをしないよう連絡モレに注意しよう | 上司や関係者に相談することで、仲間に引き込む |

## オズボーンのチェックリスト

1. 他に利用したらどうか？
2. アイデアを借りたらどうか？
3. 大きくしたらどうか？
4. 小さくしたらどうか？
5. 変更したらどうか？
6. 代用したらどうか？
7. 入れ換えたらどうか？
8. 反対にしたらどうか？
9. 結合したらどうか？

## Before / After

| 今まで（Before） | | これからの3年間（After） |
|---|---|---|
| ・今の仕事をきちんとこなす<br>・体調管理に留意する | 方針 | ・主体的に行動できるようにする<br>・時間を捻出して新しいチャレンジ |
| ・与えられた仕事がきちんとできる<br>・残業が慢性化<br>・専門分野があいまい | 仕事 | ・積極的に改善を提案する<br>・週2日は18時までに帰る<br>・専門スキルを向上する |
| ・趣味の時間を確保する<br>・健康のため夜更かしをしない | 自分 | ・株を買って経済動向に関心を持つ<br>・朝早起きをして散歩をする |
| ・賃貸マンションに住んでいる<br>・通勤時間が1時間以上かかる<br>・家族を大切にする | 家庭 | ・マンションなどの持ち家を買う<br>・通勤時間を30分以内にする<br>・日曜日は家族で出かける |

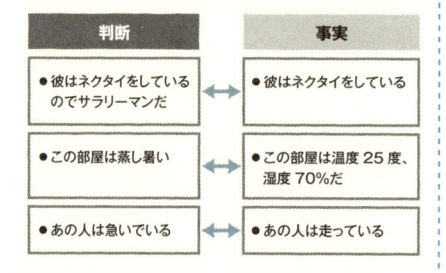

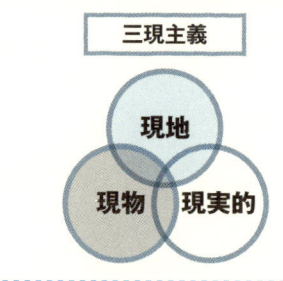

## 事実と判断

| 判断 | | 事実 |
|---|---|---|
| ・彼はネクタイをしているのでサラリーマンだ | ⇔ | ・彼はネクタイをしている |
| ・この部屋は蒸し暑い | ⇔ | ・この部屋は温度25度、湿度70%だ |
| ・あの人は急いでいる | ⇔ | ・あの人は走っている |

## 三現主義

三現主義
- 現地
- 現物
- 現実的

## 独立関係／従属関係

- 独立関係
- 従属関係
- 一部従属関係

## 原因と結果

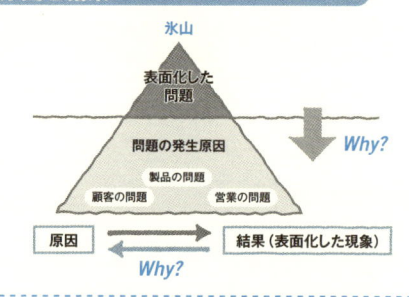

氷山
- 表面化した問題
- 問題の発生原因
  - 製品の問題
  - 顧客の問題
  - 営業の問題

原因 ⇔ 結果（表面化した現象）
Why?

## is ／ is not

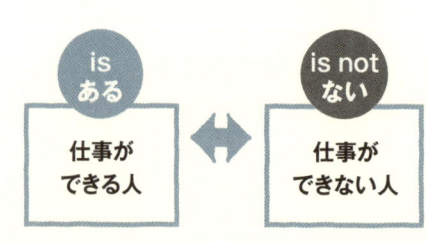

- is ／ ある ／ 仕事ができる人
- is not ／ ない ／ 仕事ができない人

## 成功体験／失敗経験

| 成功体験 | なぜ成功したのか？ |
|---|---|
| 失敗体験 | なぜ失敗したのか？ |

## 仮説―実行―検証

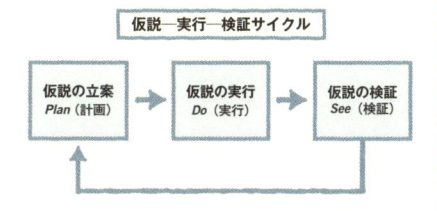

仮説―実行―検証サイクル

仮説の立案 Plan（計画） → 仮説の実行 Do（実行） → 仮説の検証 See（検証）

## 時間・お金

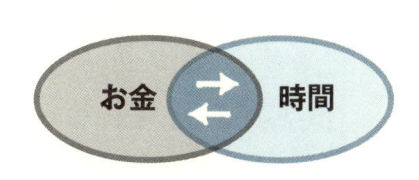

お金 ⇄ 時間

## サンダウンルール・1日3分割法

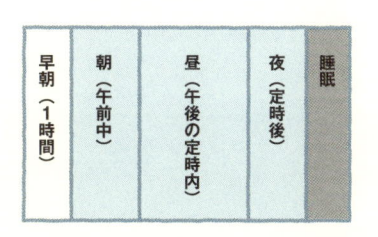

| 早朝（1時間） | 朝（午前中） | 昼（午後の定時内） | 夜（定時後） | 睡眠 |

## 仕事の足し算・引き算

足し算「面倒だな」　引き算「作業を確実に終わらせよう」

## 価値工学（VE）

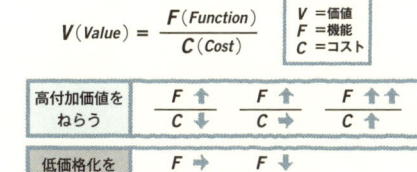

$$V(Value) = \frac{F(Function)}{C(Cost)}$$

V＝価値
F＝機能
C＝コスト

高付加価値をねらう：
$\frac{F \uparrow}{C \downarrow}$　$\frac{F \uparrow}{C \rightarrow}$　$\frac{F \uparrow\uparrow}{C \uparrow}$

低価格化をねらう：
$\frac{F \rightarrow}{C \downarrow}$　$\frac{F \downarrow}{C \downarrow\downarrow}$

## 坪単価売上と客単価売上

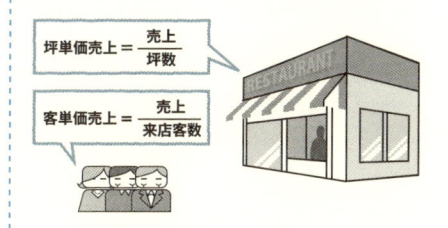

$$坪単価売上 = \frac{売上}{坪数}$$

$$客単価売上 = \frac{売上}{来店客数}$$

## 交差比率

商品回転率（回転）

- ブティック（400%）
- 婦人子供店（288%）
- テーラー（495%）
- 靴店（210%）
- 洋品店（196%）
- 既製屋店（210%）
- 貴金属・時計（155%）

横軸：限界利益率（粗利率）（％）

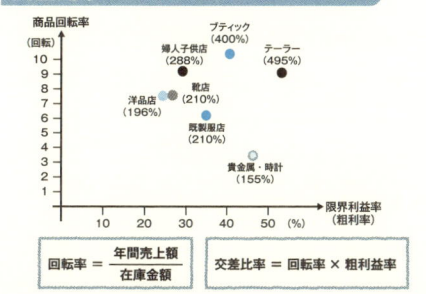

$$回転率 = \frac{年間売上額}{在庫金額}$$

$$交差比率 = 回転率 × 粗利益率$$

## 学研パブリッシング　西村克己の本

**ビジネスの地頭力がアップする！
最強思考ツールの
「仕組み」と「使い方」**

- 序　章　フレームワークの準備知識
- 第❶章　頭を整理し、行動力を高めるフレームワーク
- 第❷章　分析力を高めるフレームワーク
- 第❸章　視点を変え、新たなビジネスを生み出すフレームワーク
- 第❹章　ビジネスの落とし穴を見つけるフレームワーク
- 第❺章　優先順位を決定するフレームワーク
- 第❻章　プレゼンに役立つフレームワーク
- 第❼章　日常で広く使えるフレームワーク

仕事の速い人が使っている
**問題解決フレームワーク44**

定価 1500 円＋税　四六判・224 ページ
ISBN978-4-05-405114-0

---

決断の速い人が使っている
# 戦略決定フレームワーク45

2012 年 3 月 19 日　第 1 刷発行

| | |
|---|---|
| 著　者 | 西村克己 |
| 発行人 | 脇谷典利 |
| 編集人 | 土屋俊介 |
| 編集長 | 倉上　実 |
| 発行所 | 株式会社　学研パブリッシング<br>〒141-8412<br>東京都品川区西五反田 2-11-8 |
| 発売元 | 株式会社　学研マーケティング<br>〒141-8415<br>東京都品川区西五反田 2-11-8 |
| 印　刷 | 中央精版印刷株式会社 |
| 装　丁 | 萩原弦一郎（デジカル） |
| 編集協力・<br>DTP | アスラン編集スタジオ |

〈各種お問い合わせ先〉
・編集内容については
　☎ 03-6431-1473（編集部直通）
・在庫・不良品（落丁・乱丁）については
　☎ 03-6431-1201（販売部直通）
・学研商品に関するお問い合わせ先
　☎ 03-6431-1002（学研お客様センター）
・文書の場合
　〒141-8418
　東京都品川区西五反田 2-11-8
　学研お客様センター
　『決断の速い人が使っている
　戦略決定フレームワーク45』係

©Katsumi Nishimura 2012 Printed in Japan
本書の無断転載、複製、複写（コピー）、翻訳を禁じます。
本書を代行業者等の第三者に依頼してスキャンやデジタル化することは、たとえ個人や家庭内の利用であっても、著作権法上、認められておりません。
複写（コピー）をご希望の場合は、下記までご連絡ください。
日本複写権センター　☎ 03-3401-2382
http://www.jrrc.or.jp　E-mail: info@jrrc.or.jp
R〈日本複写権センター委託出版物〉
学研の書籍・雑誌についての新刊情報、詳細情報は、下記をご覧ください。
学研出版サイト　http://hon.gakken.jp/